약선음식

MEDICINAL FOOD

약선 책을 만들며

이제마는 모든 병의 원인은 마음心에서 생긴다고 하였습니다. 그래서 장수하기 위해서는 음식飮食과 심화心火(마음속 화)를 조절하고 약물의 남용과 오용을 경계해야 한다고 하였습니다. '동무' 이제마의 의학 사상을 발전시키게 한 원전은 당시 300년 전 허준이 저술한 『동의보감東醫寶鑑』(1611)이 그 바탕입니다. 허준은 노화로 인하여 정精이 줄어 들었을 때 양생관으로 몸을 보하고 정기를 소진하지 말아야 한다고 주장한 반면, 이제마는 모든 병은 희노애락이 근원이라고 하여 연령에 따른 양생법을 발전시켰습니다. 그러나 두 사람 모두 음식으로 병을 고치고 심신을 편안히 해야 한다고 하였습니다.

약선음식은 동양의 전통 의학 이론에 근거한 사기·오미 중심의 효능을 중시합니다. 약선음식은 건강한 사람이든 그렇지 않은 사람이든, 아픈 사람이든 아프지 않은 사람이든 누구나 건강하고 장수하는 것을 목적으로 하는 치료 보조 역할을 중시하는 식사 대용이자 식사와 같이 겸하거나 식사와는 별도로 식재와 약재를 섞어 조리된 음식을 섭생하는 것입니다.

우리는 최근 100세 시대를 접하고 있습니다. 그러나 오래 산다는 의미보다 좀 더 건강하고 행복하게 살기를 원합니다. 건강한 신체를 만들기 위해서는 일상적인 섭생인 식사가 제일로 중요합니다.

이 책에 구성된 약선 이론과 약선음식은 기초 단계로, 누가 먹어도 보양이 되는 보편적인 음식들로 구성하였습니다. 특히 우리나라 전통 음식에 사용되는 기본적인 식재료를 활용하여 밥, 죽, 면, 국, 탕, 찜, 조림, 구이, 기타 반찬들과 후식으로 나누어 식재료의 기능성을 살려 만들었습니다.

그리고 그 음식에 한약 재료를 추가하여 약이 될 수 있는 음식들을 만들어 보았습니다. 그중 반 이상의 음식들이 고서적 속 음식과 조선 시대 초기 왕의 주치의였던 전순의가 쓴 식이 요법 서적인 『식료찬요』에 수록된 음식들입니다. 모든 전체적인 음식과 식품 구성에 대한 기본적인 식재료의 기능 성분이나 약성 등의 지식은 『동의보감』과 한의학 사전인 『한국본초도감』에 기록된 내용을 그대로 응용하였습니다. 이 책은 이해를 돕고자 식품 재료의 사진들을 많이 수록하였습니다. 그리고 식품 재료의 기능 성분을 『동의보감』과 『한국본초도감』에 수록된 내용들을 표로 구성하여 약선음식 조리에 응용하여 참고하도록 하였습니다.

이 책은 누구나 읽고 이해할 수 있도록 최대한 쉽게 쓰려고 노력하였습니다. 많이 지적해 주십시오. 더 많이 연구하고 개발하겠습니다.

다음에는 질환별 식이 요법서를 많은 서적과 선인들의 사례를 참고 삼아, 또한 현대인들의 식습관을 바탕으로 구성하여 보려 합니다. 좋은 정보를 많이 주시고 부족한 내용들 지적하여 주시기를 바라겠습니다.

저자 일동

이 책을 감수하며

“먹는 것”은 인류가 존재하는 한 생존과 오감五感의 욕구 충족을 위하여 영원히 존재할 것이다. 그런데 우리가 지금 마음 놓고 먹을 수 있는 음식들은 사실 수많은 이전 사람들의 희생에서 비롯된 것이다. 지구상에 존재하는 동식물, 심지어 광물까지도 사람들은 그 쓰임을 경험적으로 체득하였고, 후세에 전하면서 자연히 독毒이 들어 있는 재료들은 일상적으로 먹는 음식에서 제외되어 왔다. 식약의 재료에 대하여 동양에서는 신농씨神農氏에 의하여 연구되었고, 후세에 의하여 『신농본초경神農本草經』이라는 책을 통하여 이론이 체계적으로 정립되었다. 그 핵심은 단연 기미론氣味論이다. 음식마다 온溫(따뜻한 기운), 열熱(뜨거운 기운), 량涼(서늘한 기운), 한寒(추운 기운)의 4가지 기운과 산미酸味(신맛), 고미苦味(쓴맛), 감미甘味(단맛), 신미辛味(매운맛), 함미鹹味(짠맛)의 5가지 고유의 맛을 가지고 있다는 것이다. 이러한 이론에 의하여 일상적으로 먹는 음식과 질병의 예방과 치료에 쓰이는 약물을 구분하게 되었고, 이를 운용하는 방식의 근거로 계속 활용되어 왔고 현대에 이르러서도 여전히 유효함을 알 수 있다.

일반적으로 재료의 성질과 맛이 너무 강하여 한쪽으로 편중된 것과 독이 있는 것은 적절한 분량과 수치修治(특정한 방법으로 독의 작용을 완화하거나 재료의 성질을 변화시켜 사람에게 부작용 없이 약으로 사용할 수 있게 하는 한의학의 여러 방법)를 통하여 약재로 사용되어 왔고, 기미가 비교적 평이한 것들은 먹는 음식으로 활용되어 왔다. 물론 일상적으로 먹는 음식이면서 약으로서도 활용할 수 있는 것들도 많고 그것이 주로 약선에 사용되었다.

약선藥膳이란 말 그대로 “약이 되는 음식”이다. 우선 음식으로서의 기능이 중요하니 맛을 포함한 인간의 오감을 만족해야 하고, 약으로서도 당연히 치료 효과가 있어야 하는 것이다. 약은 일종의 독으로서 성미가 한쪽으로 치우침이 강한 것이니 몸이 약한 사람은 이를 감당할 수 없고, 냄새나 맛의 특이함으로 이를 의식적으로 거부하거나 몸에서 받아들이지 못하는 사람도 있으며, 맛이 없으니 오래도록 복용하기 힘든 단점이 있다. 이러한 약점들을 보강해 주는 것이 바로 약선이다. 음식으로서 맛도 좋고, 치료 효과도 있고, 오래도록 먹을 수도 있으니 안성맞춤이다.

예전에는 식의食醫가 있어 환자들을 진단하고 치료함에 있어 그에 맞는 음식을 처방하여 이러한 기능을 담당해 왔는데 요즘은 그렇지 못한 형편이다. 물론 감수자와 같이 환자에게 체질과 증상에 맞는 식이요법을 해야 한다고 주장하며 실행하고 있는 한의사들도 있지만 보편적인 것은 아니다. 또한 한의사가 환자에게 맞는 식약 공용 약재들을 추천해 줄 수는 있지만 요리의 전문가가 아니라서 구체적으로 어떻게 조리해서 먹을 수 있는지를 지도하기는 어려운 것이 현실이다. 마찬가지로 요리하는 분들은 식재료나 한약재의 한의학적 효능에 대한 이해가 한의사만큼은 깊지 못하고, 대개 서양 의학이나 영양학에 기반한 지식으로만 무장되어 있어 성분이나 영양학적인 관점에서만 음식을 접근하여 완전한 약선음식을 만들고 적용하는 데 어려움을 겪는다. 물론 가장 이상적인 것은 당연히 동서양의 이론을 적절히 융합하여 환자의 체질과 증상에 맞는 맛있고 효과 좋은 약선을 만드는 것이라고 본다. 따라서 식품, 요리, 한의학의 전문가가 만나 합심한다면 매우 의미 있는 작업이 될 것이다.

마침 이번에 요리 전문가인 복혜자 선생과 여러 공동 저자들의 노력으로 좋은 약선 책이 출간된다 하여 감수를 요청받고 흔쾌히 수락하였다. 참으로 다양하고 좋은 약선들이 망라되어 있으니 이 책을 통하여 자신의 체질과 증상에 맞는 음식을 선택하여 맛을 포함한 오감의 만족은 물론 치료 효과까지 얻기 바란다.

물론 이 책에 소개된 대부분의 약선들은 대체적으로 음양의 조화를 이루었고, 재료들 또한 너무 한쪽으로의 극성이 편중된 것들은 배제되어 보편적이고 대중적으로 먹을 수 있는 것들로 구성되어 큰 문제는 없으리라 본다.

요리 부문에서 이미 일가一家를 이룬 분들이 질병의 예방과 치료에도 관심을 가지고 적지 않은 나이임에도 불구하고 계속해서 한의학을 공부하고 이를 음식에 접목하여 맛있는 약선藥膳을 창조하여 많은 사람들에게 먹는 즐거움과 치료의 이로움을 동시에 선사하는 필자들의 향학열과 박애 정신에 존경과 감사의 말씀을 드린다. 모쪼록 이러한 노력과 시도들이 좋은 결실을 맺어 음식 한류飮食韓流를 이루어 우리나라뿐 아니라 전 세계 식문화의 발전과 건강 유지에도 기여할 수 있기를 기원한다.

감수 이병삼

차례

PART 01
약선 조리 이론

PART 02

약선 조리 실무

CHAPTER 01 주식류와 약선음식

밥

죽

면

CHAPTER 02 부식류와 약선음식

탕

PART 01

약선 조리 이론

CHAPTER 01

약선음식의 역사와 개념 및 특성

1. 약선음식의 역사

1 | 우리나라 약선음식의 역사

이제마*는 모든 병의 원인은 마음心에서 생긴다고 하였다. 그래서 장수하기 위해서는 음식飮食과 심화心火(마음속 화)를 조절하고 약물의 남용과 오용을 경계해야 한다고 하였다. '동무' 이제마의 의학 사상을 발전시키게 한 원전은 당시 300년 전 허준**이 저술한 『동의보감東醫寶鑑』(1611)이 그 바탕이다. 허준은 노화로 인하여 정精이 줄어 들었을 때 양생관으로 몸을 보하고 정기를 소진하지 말아야 한다고 주장한 반면, 이제마는 모든 병은 희노애락이 근원이라고 하여 연령에 따른 양생법을 발전시켰다. 그러나 두 사람 모두 음식으로 병을 고치고 심신을 편안히 해야 한다고 하였다.

* 이제마(李濟馬, 1837~1900)는 사상의학의 창시자로, 조선 후기의 한의학자이자 문관, 무관, 시인이며, 조선 왕족의 방계 혈족이다. 본관은 전주(全州), 자는 무평(務平), 호는 동무(東武)이다.

** 허준(許浚, 1539~1615)은 자는 청원(淸源), 호는 구암(龜巖), 본관은 양천(陽川)이다. 30여 년 동안 왕실 병원인 내의원의 어의로 활약하는 한편, 『동의보감(東醫寶鑑)』(1611)을 비롯한 8종의 의학 서적을 집필한 조선을 대표하는 의학자이다.

(1) 부족 국가 시대의 약선 문화

우리나라의 최초의 약선음식은 마늘과 쑥으로 추측할 수 있다. 『삼국유사』에 인용된 고기古記에 환웅 천왕이 곰과 호랑이를 인신人身으로 '화' 하기 위해 마늘과 쑥을 사용하였는데, 이는 단군 시대부터 이미 사용되어 오던 것으로, 중국의 문헌 『신농본초경神農本草經』에는 수록되어 있지 않았다.

고대 부족 국가 부여, 고조선, 옥저, 예맥, 한사군 등의 풍습과 생활을 기록한 한서 『삼국지三國志』 「위지동이전魏志東夷傳」에 의하면 오곡을 재배하였고, 육축六畜(6종류의 가축인 소, 돼지, 닭, 오리, 개, 양)을 길렀으며, 어패류가 풍부하였고 논농사를 통하여 벼와 곡식 등을 수확하였고, 과일로는 밤과 잣 등이 풍부하였다고 전해진다. 또 큰 도마 모양의 판 위에 음식으로 큰 짐승을 잡아 위에 올려 제천 행사에 사용하였으며, 발효 음식인 장양과 술 등을 만들어 하늘에 제사를 지냈음을 알 수 있다.

(2) 삼국 시대와 통일 신라 시대의 약선 문화

우리나라의 삼국 시대는 중국의 한나라에서 수·당에 이르는 시기이다. 이 시기 우리나라의 약선 문화는 『삼국사기』나 『삼국유사』의 문헌을 보아 추측할 수 있다. 당시 고구려, 백제, 신라는 들과 산야에 산출되는 약재 등이 많이 있었고, 인삼이나 오미자 등 우수한 약재 등이 이미 재배되고 있었다. 또한 이미 중국과 멀리 메소포타미아 지역과 이슬람 문화와도 교류가 있었던 것이나, 중국의 『황재내경』이나 『신농본초경』 등 많은 약선 의학서나 한의학서 등의 수입, 그리고 민간 치료법이 발달한 우리나라의 역사를 추정할 삼국의 약선 식문화는 치료와 함께 섭생의 기본으로 약선을 적용했으리라 추정할 수 있다.

통일 신라 시대는 이미 당의 학문과 정치·경제·문화를 연구하고 수입하기 위해 유학생을 파견한 시기로, 『식료본초』, 『천금방』 등의 한의학서가 통일 신라에 전해졌을 것으로 추측할 수 있다.*

* 조정순 외(2012). 『약선조리 이론과 실제』. 교문사.

(3) 고려 시대의 한의학과 약선 문화

전기(918~1018) 고려는 창업 초부터 불교의 자비와 유교의 어진 정치를 표방했으며, 보건 의료 기관을 정비·강화하여 모든 군현에 의사를 배치했다. 이는 수·당의 의학에 영향을 받은 신라 의학 전통을 어느 정도 계승한 것이다. 또한 국력 강화를 위해 인구 증가에 많은 관심을 보였으며, 지배층의 건강 증진을 위해 보건 의료 사업에 깊은 관심을 표명했다.

중앙 보건 의료 기관으로 중앙의 지배 계급의 건강 증진과 질병 치료를 담당한 전의사(사의서, 태의감 등의 명칭으로 변경되기도 하였다)와 왕궁 내의 어용 보건 의료 기관인 봉의사(1357년 상의국, 1363년 봉어서, 1372년 봉의서 등으로 명칭이 변경), 사선서(국왕의 식사 담당 기관), 다방(차·보약 등을 끓여 제공하는 기관), 약장랑(왕세자의 건강과 보육을 책임지는 직제), 한림의관(왕과 귀족의 질병을 치료하는 직제) 등이 있었다.

서민들을 위해 혜민국惠民局, 동서대비원東西大悲院, 제위보濟危寶 등을 설치하여 자선 의료 활동을 했다. 지방 의료 기관으로는 행정 단위인 주·부·현에 약점藥店을 설치했다. 신라의 구제도에 따른 의학 교육 제도를 실시하면서 과거법을 새로 제정하여 의사를 육성·선발했는데, 의약 교육의 질을 높이는 한 방편으로 평민들도 의과 과거에 응시할 수 있게 했다.

중기(1018~1259) 고려 의학이 발전하는 중흥 시기로, 중국의 신흥 국가인 송나라와의 접촉이 활발해지면서 의학 교류가 장려되어 의학 서적, 약물, 의료인의 교류가 여러 형태로 진행되었다. 또한 인쇄술의 발달로 인도의 의학 서적이 보급되기 시작했다. 이에 따라 중기 후반에는 여러 지식들이 융합되어 고려 자체의 경험방들이 편집되고, 향약에 대한 경험방도 간행되었다.

고려는 거란을 물리친 후 국력이 세계적으로 위력을 떨쳤고 그에 따라 대외 교류가 활발해졌다. 고려 정부는 품질이 우수한 약재 생산과 무역을 적극적으로 장려했다.

당시의 고려는 막강한 국력으로 여진, 송, 일본은 물론 멀리 남방의 제국가와 아랍의 여러 나라와도 직접 약재 교류를 했다. 특히 송나라와는 약재의 교류뿐만 아니라 서적과 인적 자원의 교환이 빈번히 이루어졌다. 주요 약품으로는 고려에서 송나라로 인삼, 향유, 송자松子를 수출했으며 송나라로부터 각종 향료, 서각, 용뇌龍腦 등을 수입했다. 이러한 의학적인 교류는 고려의 의학 발전에 많은 영향을 미쳤다.

신라 의학의 전통을 이은 고려 의학이 인도 의학의 영향을 받았으리라는 것은 짐작할 수 있는 일이다. 국교가 불교였던 고려에서는 인도 의학에 대한 신념이 깊었고, 당시의 명승들 중 의술에 정통한 승의들이 인도 의술을 보급했을 것으로 추정된다.

12세기 후반 향약(우리 고유의 의약)이라는 용어가 기록에 나타난다. 고려의 통치자들은 신라와 마찬가지로 우리나라에서 생산되는 약재는 천시하고 중국에서 수입한 당재만을 중히 여겼다. 그래서 왕이 병이 들면 비싼 당재를 사들이고 중국의 의료인을 초빙했다. 그러나 가난한 민중들은 산지에서 직접 약초를 채취하여 사용하기 시작했으며, 해외와의 의약품 교역과 그 실제적인 사용을 통해 많은 사람들이 우리 산천에서 나는 의약재가 우수하다는 사실을 알게 되었고, 그로 인해 향약이 발전하기 시작했다. 그에 따라 12세기에 접어들면서 향약에 대한 좋은 책들이 서술되기 시작했다. 특히 『향약구급방鄕藥救急方』은 그 처방이 자세하고 누구나 사용할 수 있었으며, 이름 그대로 급한 시기에 의사를 청할 수 없을 때 사용할 수 있는 것이었다.

몽골 제국인 원나라와 오랜 전란을 마친 고려는 특별한 관계로 발전하여 왕래가 잦아지면서 남방 열대산 약재 수입이 더욱 왕성해졌다. 중기 후반부터 연구되어 오던 향약의 전문 방서들을 더욱 발전시켜 고려 의학의 자주적 기초를 더욱 굳게 했다.

고려는 원나라와 모든 문물의 교류가 원활하게 이루어졌으며, 특히 의학 교류에 있어서는 왕비가 병들었을 경우 원나라 의사를 초청했으며, 원나라에서도 제왕이 고려의 의원을 초청해 가곤 했다. 이처럼 100여 년 간 원나라와 20여 회에 걸쳐 의약품을 상호 교역했으며, 중요한 의약품이 오갔다. 고려에서는 인삼, 향다香茶, 수과水果, 송자, 탐라소유耽羅蘇油, 오매烏梅 등을 보냈으며 원나라에서는 포도주, 앵무, 공작, 황향 등을 보내왔다.

당시 몽골 제국의 판도는 중앙 아시아에서 유럽 일부에 걸쳐 있었으므로 원나라 관리 중에는 많은 서역인들이 있었고, 그에 따라 많은 서구 의학적 요소와 접할 수 있었다.

중기 후반부터 싹트기 시작한 향약에 대한 연구와 믿음은 많은 의학 관련 서적을 편찬·간행하게 만들었으며, 후기에 들어서면서 더욱 활발해지고 전문성을 띠게 되었다. 정도전은 1389년 맥법을 쉽게 해설한 『진맥도결診脈圖訣』을 편찬했다. 그 밖에 『삼화자향약방三和子鄕藥方』, 『향약고방鄕藥古方』, 『동인경험방東人經驗方』, 『향약혜민경험방鄕藥惠民經驗方』, 『향약간이방鄕藥簡易方』 등이 있었다. 비록 이들은 지금은 실전되어 전해 내려지지 않고 있으나, 조선 시대에 간행된 『향약집성방鄕藥集成方』에 처방 내용이 인용되어 있어 어느 정도 짐작할 수 있다.

(4) 조선 시대의 한의학과 약선 문화

14세기 말 고려 봉건 정부의 국방 중추를 담당하고 있던 신흥 군벌 세력인 이성계 일파는 세기말적 정치 혼란이 심해지고 사회·경제가 악화된 시기에 왕조를 일으켰다. 그러나 실제로 사회적인 생산 수단의 발전이나 소유 관계의 변화가 없는 왕조의 변화였기 때문에 고려의 여러 상황과 제도를 답습했다. 고려 시대부터 큰 발전을 이룩한 인쇄술은 조선 시대에 들어서면서 급격한 발전을 거듭했으며, 유교를 표방한 정치 이념에서 많은 책들이 인쇄·보급되었고, 『농사직설農事直說』, 『금양잡록衿陽雜錄』 등 농업 과학 기술 서적의 보급도 늘어나 조선 시대 경제의 토대가 되는 농업의 증대가 일어났으며, 그와 함께 수공업의 발전으로 국내외 상업의 발전도 가져왔다. 이러한 경제적 토대하에 역학, 지리학, 의학 등 자연 기술 과학이 여러 방면에서 발전하기 시작했고 세종대왕의 한글 창제와 출판·인쇄술의 발전으로 이러한 기술 과학 서적들이 보편적으로 보급되기에 이르렀다.

전기(1392~1592) 조선이 건국하면서 민중의 사회적 지위의 향상, 과학 기술과 문화의 발전, 특히 한글 창제에 따른 의약 서적 편찬 사업의 확대·보급, 보건 의료 체제의 강화 등 사회적 요인이 의학의 발전을 가져왔다.

중앙 의료 기관으로는 내약방, 전의감, 혜민국, 동서활인원(또는 동서대비원), 제생원, 종약색, 의학 등이 있었고, 지방 의료 기관으로는 의원, 의학교수원, 의학교유, 의학원, 의학승 등이 있었다.

내약방內藥房은 왕실에서 상용되는 내약 전담 기관으로 세종 때 내의원內醫院으로 명칭이 바뀌었으며, 관직은 도제조, 제조, 부제조, 첨정, 판관, 주부, 직장, 봉사 등이 있었다.

전의감全醫監은 국내 의료 행정을 총괄하는 중앙 관서로, 의학 교육 및 과거의 직무까지 겸했으며, 관직은 판사, 감, 소감, 승, 겸승, 주부, 겸주부, 직장, 박사, 검약, 조교 등으로 구분되었다.

혜민국惠民局은 고려 때의 기구를 답습한 것으로, 일반 민중들의 질환을 구치하는 기관이었고, 동서활인원東西活人院은 도내의 환자들 중 무의탁 환자와 전염병 환자를 주로 취급했다.

제생원濟生院은 혜민국과 함께 일반 민중을 위한 구료 기관으로, 의녀 양성과 함께 각 지방의 향약재의 수납과 『향약제생집성방鄕藥濟生集成方』 등의 편집과 같은 중요한 의료 사업을 했다. 종약색種藥色은 약초를 재배하는 곳으로 설립된 후 곧 전의감에 통합되었다.

의학醫學은 병, 율, 자, 역, 산학 등과 더불어 6학의 하나로 설치된 의학 교육 기관이었으며 중앙 의료 기관인 전의감, 제생원, 혜민서 등에는 각각 의생방을 설치하여 의사를 양성했다. 이는 의료 기관에 의사 양성소를 병설한 조선 특유의 제도였다.

조선 건국 후 많은 의학 서적이 편찬·보급되었는데, 특히 1399년(정종 1) 제생원에서 『향약제생집성방』 30권(338증, 2,803방)을 편찬했고, 1432년(세종 13)에 이를 보완하여 『향약집성방』 85권(959증, 1만 706방, 1,479종의 침구법, 694종의 약재)을 간행했다. 이 책들은 우리나라 향약이 풍토병에 더 효과적이라는 것을 밝혔으며, 그에 따라 국내 각 지방을 조사하여 향약의 실태를 조사하고 향약 채취의 시기를 정한 『향약채취월령鄕藥採取月令』을 간행했고, 향약의 채취를 이 『향약채취월령』에 따라 채취·처리했다.

또한 1445년 우리나라에 전해오는 한의방서들을 분류·정리하여 자주적 입장에서 노중례, 김예몽, 전순의 등이 집대성한 『의방유취醫方類聚』 266권 264책을 편성·간행했다. 그리고 형사 재판에서 법의학적 지식을 요하는 검시 제도를 실시하기 위해 원나라 왕여가 편술한 『무원록無冤錄』에 음주音註를 붙인 『신주무원록新註無冤錄』을 1438년에 간행하여 전국에 배포하고 사체 검안서에 의해 재판을 실시하도록 했는데, 절차는 초검, 복검, 삼검 등의 3검 제도를 시행했다.

후기 200여 년 동안 안정기였던 조선은 1592년 임진왜란이 일어나면서 큰 변화를 겪게 되었다. 즉 일본과 명나라에 의해 서양 의학과 문물을 간접적으로 접할 수 있게 되었다. 또한 명나라의 도움을 받은 조정은 사대주의가 심화되었고, 그로 인해 새로운 신흥 강국인 청나라와 2차례에 걸친 전쟁으로 민생이 피폐해졌다. 이로 인한 정치적인 부패는 더욱 심해졌고 의약 기술의 발전도 침체에 빠졌으며, 19세기에 들어서면서는 열강들의 문화적 침투가 시작되었다.

1593~1800년의 조선 사회는 임진왜란과 2번에 걸친 호란을 겪으면서 안정을 잃어가고 있었다. 더구나 통치 계급의 부정 부패, 권력 쟁탈을 위한 당쟁, 극심한 친명 사대주의 등으로 인해 사회 전반에 걸쳐 심각한 침체기였다. 이러한 사회 전반적인 보수 성향과 사대주의는 우리 전통 의학에 억압을 가하게 되었고 전통적인 의학 서적이나 의료인들에게 많은 핍박이 가해졌다.

또한 조선 초 장려되어 어느 정도 활기를 띠던 향약의 수탈이 강화되면서 약초 밭은 황폐화되기 시작했고, 약재의 전반적인 부족 현상이 심화되었다. 그러나 경제적인 문제와 더불어 인구 증가 및 질병 치료를 위해 더욱 많은 약재가 필요했으므로 약령시라고 하는 약재 시장을 만들어 약재의 유통과 생산을 원활하게 하고자 했다.

의학에 대한 사고가 지배 계급에서는 사대주의 경향을 띠면서 다소 추상적인 형태였던 반면, 실제로 의료 일선에서 활약하던 의사들은 보다 자주적이고 임상적인 면을 강조한 의료 기술을 습득하려고 노력했다. 이러한 노력의 결실은 가장 어려운 시기에 의약 활동을 한 명의 허준에 의해 1621년 『동의보감』 25권 25책으로 편성되었다. 이는 매 편이 모두 전문 의학 저서의 면모를 갖추고 있는 저술로서 중국, 일본 등 동양의 여러 나라 의학계에 많은 영향을 주었다. 『동의보감』은 내경편, 외형편, 잡병편, 탕액편, 침구편으로 이루어져 있으며, 근세 임상 의학의 각 과를 망라한 한방 의학의 백과사전으로서 청나라와 일본에서도 출판되어 현재까지도 한의학에 많은 영향을 주고 있다. 이러한 『동의보감』의 전통을 이어 18세기 전반에 많은 의학 저서가 편찬되었다.

청나라와의 전쟁에서 패한 조선은 왕자 2명을 포함하여 많은 신하들이 인질로 잡혀갔고, 그들은 청나라에서 많은 서양 문물을 접하게 되었다. 서양 문물 중에는 천주 교리의 내용을 담은 서적이 많았는데, 그러한 서적 중에는 의학에 관한 내용이 함께 수록된 서적이 많이 있었다. 이러한 서양 문물과 그 영향을 받은 중국의 변화된 문화는 조선에도 많은 영향을 주어 18세기에 들어서면서 실학 사상이 대두되기 시작했고, 이러한 사상은 의학계 전반에 영향을 미쳤다. 그에 따라 이익의 『성호사설星湖僿說』에서는 서양 의학의 생리학 분야와 혈액, 호흡, 신경계 등에 관해 기술하고 있다.

이헌길의 『마진방麻疹方』이나 정약용의 『마과회통麻科會通』 등 전염병에 대한 책이나, 자신들의 임상 경험을 살린 경험 방서들의 서적들이 간행·출판되었다. 특히 『마과회통』에는 천연두 치료를 위한 제너Jenner, E의 종두법이 소개되어 있다. 그러나 이러한 서적들은 대부분 당시 집권 세력이 아닌 남인들에 의해 연구·발전되었으므로 불행히도 사회 전반에 폭넓게 수용되지는 못했다.

18세기부터 싹트기 시작한 자본주의는 19세기에 들어서면서 더욱 성장하여 새로운 자본주의적 관계와 낡은 봉건적 관계의 모순이 한층 심화되었다. 한편 구미 열강의 침략 활동은 19세기 중엽부터 본격적으로 감행되었다. 이러한 세계 정세에서 국가 부강을 위해 낡은 제도를 청산하고 생산력을 강화하는 새로운 질서와 사상이 필요하다는 개화사상이 태동하기 시작했다. 개화사상은 자본주의 발전이 미숙했던 당시에 중간 계층이며 어느 정도의 지식을 습득하고 있던 중인과 선구적인 양반층에서 시작되었으며, 이러한 사상은 당시 중인이 대부분이었던 의학계에도 큰 영향을 미쳤다. 근대 초기의 한방 의학은 『동의보감』에서 많은 영향을 받았다. 특히 황도연의 『부방편람附方便覽』(14권), 『의종손익醫宗損益』(12권), 『의방활투醫方活套』(1권), 황필수의 『방약합편方藥合編』(1권) 등은 『동의보감』 중 실용에 긴요한 처방들을 실제 의료에 맞게 편집한 것이다. 또한 사상의설四象醫說을 주창한 이제마의 『동의수세보원東醫壽世保元』(3권)과 부양론扶陽論을 강조한 이규준의 『의감중마醫鑑重磨』 등이 있다.

서양 의학의 본격적인 전래는 1876년 일본과 불평등 조약인 강화도 조약이 성립되면서 일본 거류민들을 보호한다는 구실로 서울, 부산 등 각 개항지에 서양 의학에 의한 병원을 개설하고 의료 사업을 본격적으로 실시하면서 시작되었다.

1877년 부산 제생의원濟生醫院은 일본이 우리나라에 처음으로 개설한 서양식 의료 기관이다. 그 후 계속해서 원산에 생생의원生生醫院, 1883년 인천 일본영사관에 일본병원, 같은 해 서울 일본 공사관에 일본관의원 등을 설치했다. 이러한 일본의 서양식 의료 기관은 물론 자신들의 건강과 생명을 위한 것이었지만 우리나라 의료계에도 영향을 미쳤다. 그리고 일찍이 정약용의 『마과회통』에서 소개된 종두법은 우리나라의 일부 지역에서 시행되다가 서학과 천주교의 박해로 중단되었는데, 19세기 말인 1880년대에 들어와서 박영선, 지석영 등에 의해 실시되어서야 비로소 전국적으로 보급되었다.

조선 정부는 갑신정변 이후 보건 의료 문제에 대해 형식적으로나마 변화를 시도하여 갑신정변 당시 많은 활약을 했던 알렌Allen, H. N을 중심으로 1885년 왕립 병원인 광혜원廣惠院(2주일 뒤 제중원으로 개칭)을 설립했다. 이 병원은 개원 당시부터 미국 선교회의 도움을 받았으며, 그 후로도 조선 정부의 재정 상태 악화로 더욱 미국 선교회에 의존했다. 미국 선교회는 전국 각지에서 선교를 목적으로 많은 의료 활동을 했다.

1884년 개혁자들의 갑신정변 실패와 계속되는 외세의 침략 및 통치권 내부의 부패와 무능은 1894년 갑오농민전쟁을 일으켰다. 그러나 이를 수습하는 과정에서 외세의 힘에 의존하려던 조선 정부는 결국 조선 침략에 대한 빌미를 주게 되었다. 이에 혁신 관료들은 1894년 갑오개혁을 단행했고, 그에 따라 보건 의료 제도도 근대화의 길을 걷게 되었다. 이들 혁신 관료들은 내정 개혁을 추진하기 위해 군국기무처를 창설했고, 이 기구에 의해 의료 사업은 내무아문에 소속된 위생국이 맡게 되었다. 이에 따라 의과시 제도가 폐지되고 의사 임명 및 등용이 새로운 관리 임용법에 따라 진행되었다. 또한 약재의 생산, 판매 등에서도 구법이 폐기되었다. 1897년 근대식 병원인 내무병원을 설립하고 다음 해에 광제원으로 이름을 바꾼 후 일반 구료 사업과 죄수 치료, 전염병 치료 시설을 갖추었으며, 1906년부터 창녀들의 검사를 실시했다. 1907년 의정부 직할 대한의원이 설립되어 광제원의 역할을 계승·담당하고 교육부, 위생부를 증설했다.

의학 교육 제도로는 1899년 학부 직할로 서양 의학을 가르치는 관립 의학교가 설립되었다. 이것은 1907년 대한의원이 설립되면서 대한의원교육부로 개칭되었다가 1910년 대한의원 부속 의학교가 되면서 의학교 내에 의학과와 약학과를 두었으며, 산파 및 간호과도 병설했다. 그 밖에 대구, 평양 등에 의학강습소가 있었으며, 사립 의학교로는 제중원의 제중원의학교가 1904년 미국의 도움으로 세브란스 병원·세브란스 의학교로 이름을 고치고 1908년 첫 졸업생을 배출했다. 1909년 사립 세브란스 병원의학교로 정부 인가를 받았다.

2 | 중국 약선음식의 역사

구석기 시대 신농씨神農氏가 약초 재배법을 가르친 것이 그 시초로, 한의약과 약선음식의 시조라고 할 수 있다.

춘추 전국 시대 서주 시대에 『주례周禮』라는 책은 음식의 특성과 사기론四氣論, 음양오행 오방론 등을 적어 놓아 음식의 배합에 중점을 두었다.

삼국 시대 『황제내경黃帝內經』에서는 음양오행설과 함께 예방과 보건이 질병을 막는 올바른 생활이라면서 자연 변화에 적응하고 규칙적인 식사와 심리적인 안정을 취해야 질병을 막는 길이라고 하여 마음의 안정을 주장하였다.

『신농본초경神農本草經』은 365종의 약초의 약리 효과와 적응 등을 적은 책으로, 약재의 성분과 효능을 상품, 중품, 하품으로 구분해 약의 효과와 섭생의 시기 등을 구체적으로 제시하였으며, 음식 조리에 있어 사기와 오미의 기본적인 이론을 제시하여 약선음식과 보양식의 체계를 갖추어 발달하는 계기가 되었다.

남북조 시대 『제민요술齊民要術』은 조리서로, 생산지 기술 품종과 가공법, 과학적 기술이 서술되어 있으며, 약선음식의 발달에 기여하였다.

당 『식료본초食療本草』가 발간되었는데, 260종의 식품이 수록되어 식품 재료의 특성과 약효, 편식의 위험성 등을 기술하여 식이요법과 약선음식의 발달에 영향을 미쳤다.

송·원 린홍이의 요리서 『산가청공山家清供』은 끓여서 조리하는 민간요법식의 식이요법 요리서로, 약재의 배합을 최대한 줄여 조리에 응용하여 효과를 높여야 된다며 약초보다는 식품 자체의 효능을 중시하였다.

원의 『음선정요飮膳正要』는 궁중 요리와 식이요법 처방서로, 약 복용 시기와 함께 상극 음식을 식食에 의지할 것을 주장하였다.

명·청 중의학이 발전한 시기로, 약의 기본이 되는 본초학의 이론 정립과 당신미의 『증류본초證類本草』가 유명한데, 이시진의 『본초강목』의 근간이 된 책이다.

특히 청대에는 『식양요법食養療法』, 『음식십이합론』 등 많은 서적들이 출간되어 약선 식문화의 발달에 기반을 확고하게 하였다.

2. 약선음식의 개념

약선이란 약藥과 선膳(반찬)이 근본적으로 같은 것이라는 인식 아래 생약이나 그 밖에 약용 가치가 높은 음식을 잘 배합하여 조리한 음식을 말한다. 약선은 한의학 이론을 비탕으로 현대의 식품학과 영양학, 조리학, 위생학 등의 관련 지식을 활용하여 건강의 증진과 함께 질병의 예방과 치료를 목적으로 그 음식을 먹는 사람의 체질과 유형에 적합하게 만들어진 음식이다.

약선은 미리 모든 질병이 발생하지 않도록 선상을 유시하고 비리 맛있고 보양이 되는 음식을 섭취하여 체력을 증진시켜 혹시라도 질병이 발생할 경우 치료를 도우며 건강의 회복을 위해 사용하는 일체의 음식을 포함한다. 즉, 약선이란 한약재나 양약재를 넣은 음식뿐만 아니라 건강 보조 식품인 비타민류, 가정이나 외식업체에서 섭취하는 몸에 이롭고 장수하여 생명을 연장시킬 수 있는 모든 음식이 다 포함된다고 할 수 있다.

표 1-1 | 일반 음식, 약선음식, 약의 비교

분류	기본 이론	대상	주요 목적	이용법	구성
일반 음식	서양 과학 이론에 근거한 물리·화학적 성분 중시	모든 사람	영양적·기호적 목적의 측면 강함	먹을 수 있는 식품 재료를 조리 가공해 먹음	식재료
약선 음식	동양 전통 의학 이론에 근거한 사기·오미·중심의 효능 중시	건강인, 불건강인, 질병인	건강의 유지·증진과 치료 보조 역할 중시, 수명 연장	식사 대용, 식사와 겸용, 식사와 별도 식용	식재+약재
약	양약과 한약으로 분류	불건강인, 질병인	치료 목적과 질병 완쾌	식사와 별도로 복용	약재

그러나 되도록 자신의 체질과 잘 적응이 되는 식품을 섭취하는 것이 좋으며 약재를 사용하는 것도 보편타당하고 누구나 먹어도 보양이 될 수 있는 식품이어야 한다. 그러므로 특정한 질병의 경우 의료진과 약선 전문가의 식이요법에 의한 맞춤 식이로 식사요법이 될 때 최상의 약선음식이 될 것이다.

3. 약선음식의 특성

약선음식이란 질병 치료와 예방, 생명의 노화 방지와 수명 연장을 목적으로 하는 식이요법이다. 약선음식은 사기四氣와 오미五味를 음양오행에 맞추어 각 연령에 맞게 사상 체질에 따라 하는 식이요법으로, 사람의 건강 상태에 따라서 병이 만성적일 때는 약선 식품 자체로 구성해 사상 체질과 기미론에 의거하여 약선 식이를 하여 질병 예방과 치료를 한다.

반면, 병이 급성적 일때는 우선 약물 치료를 한 다음 약재가 가미된 맞춤식 약선 식이(식이요법)로 치료를 하면서 점차 일반적인 약선음식으로 치료를 하고 수명을 연장시켜 건강한 신체를 만든다.

CHAPTER 02

사상 체질 이론*

한국인의 체질과 적응 식품

이제마는 사상의학론을 "인간학이면서, 체질 의학이고, 철학이다"라고 하였다. 사상의학은 인간을 연구하는 학문으로 인간학은 도덕적으로 완성된 인간을 추구하며, 또한 체질 의학은 의학적으로 건강한 인간을 추구하는 것으로 통합적인 인간에 대한 철학인 것이다.

사상 체질 의학을 제창한 이제마李濟馬는 전주 이씨로, 태조 이성계의 고조高祖인 목조穆祖의 2남 안원대군安原大君의 19대손이다. 1837년(헌종 3) 3월 19일 갑신일 오시에 함경남도 함흥군 주동사면 둔지리 사촌에 있는 반룡산 자락 아랫마을에서 진사 이반오李攀五와 경주 김씨 사이에서 장남이자 서자로 태어났다. 호는 동무東武이고, 자는 무평懋平 또는 자명子明이다. 초휘는 제마濟馬라 하였으나, 전주 이씨 안원대군파 『선원속보璿源續譜』에는 그의 이름이 섭운燮雲, 섭진燮晉으로 되어 있다.

이제마의 사상의학은 인간에 대한 관점에서 동양 의학의 자연 순응自然順應

* 이제마(1901), 『동의수세보원』, 이민수 역(2001), 을유문화사.

적인 관점과는 큰 차이를 보이고 있는데, 사상의학의 인간관은 성명론性命論적, 지행론知行論적인 바탕을 가지고 있으며, 인간의 주체적이고 자율적 입장을 중시하고 있음을 알 수 있다. 사상의학의 인간관은 사심신물事心身物이라는 사상 구조적 본체론 안에서의 인간에 대한 인식에서 출발하고 있다. 따라서 이제마의 사상 체질론은 생년월일 등에 의해 결정되는 것이 아니라 인간의 형태 및 성격, 병증 등 인간 본질적인 측면에서 접근하였다는 점에서 인간 중심적 체질론이라고 볼 수 있다.

이제마가 저술한 『동의수세보원』의 성명론에서는 하늘은 인간을 중심으로 한 외부 환경적인 조건이고 사람은 인간의 당위적 조건이며 생명은 혜각과 자업으로 설명되며 이를 지행으로 실천하여 도덕이 된다고 하여, 인간의 주체적, 자율적 입장을 중시하였다. 또한 사상의학에서는 인체 내부 장기 기능의 크고 작음에 따라 사람의 체질을 태음인, 소음인, 태양인, 소양인으로 나누고 태양인은 폐대간소肺大肝小(폐가 크고 간이 작다)하고, 소양인은 비대신소脾大腎小(비장이 크고 신장이 작다), 태음인은 간대폐소肝大肺小(간이 크고 폐가 작다), 소음인은 '신대비소腎大脾小(신장이 크고 비장이 작다)로 그 특징을 나타내었다. 각 체질별 특성은 크게 외모, 심성, 병증으로 나뉘고 비중에 있어서는 심성의 중요성이 강조되는데, 그 특징은 다음과 같다.

1 | 태양인

태양인太陽人은 목덜미에 일어난 세가 웅장하고, 허리둘레의 서 있는 자세가 외롭고 약하다. 상체가 발달했으며, 마른 사람이 많다. 성격은 남성적이며, 사고력과 진취성이 강한 반면 계획성이 적고 남을 잘 공격하고 후퇴할 줄 모른다. 성정은 언제나 급박한 마음을 가져 분노하는 마음과 슬퍼하는 마음을 경계해야 한다. 태양인 여성은 건장하기는 하나 간이 작고 옆구리가 좁아서 자궁이 넉넉하지 못하므로 생산을 하는 일이 드물다.

태양인에게 잘 생기는 병은 열격(물만 먹어도 토하는 증상)과 반위, 해역 등 증세가 있다. 영웅심과 자존심이 강하면서 두뇌가 명석한 반면 사회에 잘 적응하지 못하는 사람이 간혹 있다. 전체 인구의 5% 정도가 태양인이다.

- 태양인이 좋아하고 체질에 맞는 식품과 음식은 담백하고 서늘한 음식을 좋아한다. 태양인에 적합한 음식류는 담백한 불고기나 녹황색 채소류이다. 과일로는 앵두, 다래, 포도, 감 등이다. 어패류로는 붕어, 잉어, 낙지, 문어, 조개, 오징어, 전복, 맛살 등이며, 음료로는 모과차, 생맥주, 오가피술, 모과술 등이 좋다. 적응 약재를 첨가하여 음식의 약효를 극대화할 수 있는 식품은 오가피, 모과, 다래, 솔잎, 붕어 등이다.
- 태양인이 피해야 할 음식은 지방질이 많은 고기나 생선류, 잣 등이다.

2 | 태음인

태음인太陰人은 간이 크고 폐가 작으며, 이목구비가 크고 골격이 굵고 살찐 사람이 많다. 남성의 경우 범상처럼 성난 인상을 주며, 허리가 발달되었으나 목덜미가 허약하다. 태음인은 언제나 겁내는 마음이 있다. 만약 겁내는 마음이 두려워하는 마음에 이른다면 큰 병이 생겨서 정충증이 된다. 한번 시작한 것은 끝까지 붙들고 늘어지는 지구력이 있어 성공하는 사람이 많다.

성격적 특징은 겉으로는 점잖으나 속마음을 드러내지 않는다. 마음이 넓을 때는 바다와 같고 고집스럽고 편협할 때는 바늘구멍처럼 좁다. 뻔히 잘못된 일인 줄 알면서도 무모하게 밀고 나가려는 우둔성이 있다. 큰 기업체를 운영하는 사람 중에 태음인이 많다. 전체 인구의 30% 정도가 태음인이며 대부분 남성이 많다. 태음인에게 잘 생기는 병은 고혈압, 간경화증, 폐결핵, 당뇨, 중풍 등이다.

- 태음인이 좋아하고 체질에 맞는 식품과 음식으로 다음과 같다. 태음인은 폭음이나 폭식을 하는 경향이 있으며 체질에 맞는 음식은 더운 음식이 좋다. 적응 식품으로는 소고기, 청어 등이 좋으며, 곡류로는 콩, 밀, 율무 등이 좋다. 과일이나 채소는 밤, 잣 등이 좋으며, 기타 오미자, 살구, 매실, 도토리, 칡, 도라지, 버섯, 미역, 다시마 등이 좋다
- 적응 약재를 첨가하여 음식의 약효를 극대화할 수 있는데, 그 예를 살펴보면 산약, 오미자, 원육, 갈근, 녹용, 웅담, 사향, 맥문동 등이다.

3 | 소양인

소양인少陽人은 비장이 크고 신장이 작다. 머리는 앞뒤가 나오거나 둥근 편이고 눈가에 웃음이 많으며, 입은 크지 않고 입술이 얇으며, 턱이 뾰족하다. 손이 가늘고 피부가 희다. 하체보다 상체가 발달했으며 상체에 비해 하체가 짧은 사람이 많다. 성격은 비교적 급하고 남의 일에는 희생을 아끼지 않으나 자신의 일이나 가정일에는 경솔하다. 기획력은 있으되 마무리 능력이 부족하며 솔직 담백하다. 성정은 고요하고 맑아서 겉보기에는 소음인과 흡사하다. 그러므로 병세와 증상을 자세하게 살펴야 한다. 두려운 마음이 커지면 건망증으로 발전될 수 있으며 항상 슬퍼하는 마음과 분노하는 마음을 잘 다스려야 한다.

- 소양인은 더운 음식보다 찬 음식을 좋아한다. 소양인은 속에 열이 많은 사람으로 더운 음식과 기름기가 많은 음식은 안 맞으며 찬 음식이 좋다. 특히 삼계탕이나 보신탕 등은 열기가 많은 음식으로 중풍의 원인이 될 수도 있다.
- 적응 음식으로는 가자미, 복어, 전복, 해삼, 우렁이, 생굴 등이 좋으며, 과일이나 채소로는 토마토, 딸기, 오이, 배추 등과 같이 수분이 많은 것이 좋다. 곡류로는 녹두, 보리, 쌀, 팥, 옥수수 등이 좋으며, 피로에는 구기자차가 좋

고 변비 증상에는 알로에를 복용하면 좋다.

4 | 소음인

소음인少陰人은 신장이 크고 비장이 작다. 대체로 균형이 잘 잡혀 있으며 이목구비가 뚜렷하며 미인형이다. 몸은 비교적 마른 편이며 일할 때 눈웃음을 치며 침작하고 조리가 있다. 성격은 내성적이고 소심하며, 외유내강하다. 작은 일에도 마음이 끌리어 늘 불안정한 마음을 가져 신경성 질환이 많다. 머리가 총명하며 판단력이 있고 사무적인 성격이 강하다. 소음인의 건강 상태는 허한이 있다면 큰 병이며, 평시에 호흡이 고르나 한숨을 쉬는 일이 있다. 또한 만약 학질에 걸려 오한이 난다 해도 냉수를 마시지 못하며 소음인이 설사가 그치지 않으면 배꼽 밑이 얼음처럼 차게 된다.

- 소음인은 특별하지 않고 양이 적은 음식을 좋아하며 찬 음식보다는 더운 음식이 좋다. 적응 음식으로는 닭고기, 염소 고기, 꿩고기, 노루 고기, 개고기, 미꾸라지, 갈치 등이 좋으며, 곡류로는 찹쌀, 차조가 좋다. 과일이나 채소로는 복숭아, 귤, 대추, 당귀, 두충, 파, 마늘 등이 좋으며, 인삼, 꿀도 좋은 보양식이다.
- 소음인 적응 약재를 첨가하여 음식의 약효를 극대화할 수 있는데, 인삼, 부자, 황기, 당귀, 천궁, 계피 등이 있다.

CHAPTER 03

약선의 기초 이론

음양오행 이론

1 | 음양오행 이론의 배경

음양이란 자연계에서 상호 관련이 있는 모종의 사물과 현상이 대립되는 두 속성의 개괄概括과 대립 통일對立統一의 개념을 함축하고 있다. 즉, 모든 것은 유기적으로 연계된 하나의 통일체라는 뜻이다.

음양오행은 동양의 사상서인 『주역週易』의 이론으로 도교적 배경이며 음양론적 철학(신선술)이다.

음과 양에 대한 이제마 사상은 음과 양의 기가 상호 작용하는 과정에서 우주의 기초를 이루는 목木(나무), 화火(불), 토土(흙), 금金(쇠), 수水(물)가 생기며, 이것들이 조화를 이루어 만물이 생겨나고 사람이 탄생한다고 하여 사람이 곧 '우주'라면서, 이제마는 사상론을 음양 사상과 비교하면서 우리 민족의 정서에 맞게 발전시켰다.

2 | 오행의 개념

오행五行이란 우주 만물을 구성하는 목, 화, 토, 금, 수, 이 5가지 물질의 운동 변화를 말한다.

- 목木에 해당하는 신체 부위로는 간, 쓸개, 힘줄, 눈, 모발, 두 손, 간장, 집게 손가락, 둘째 발가락이며, 맛은 신맛을 감지하고 계절로는 봄에 해당한다. 색은 푸른색이 어울리며, 식품은 봄에 나는 식품이나 열매를 맺는 식품, 나무에서 나는 과일이 좋다.
- 화火에 해당하는 것은 기의 성질로 다리, 지각(아래턱의 끝 부위), 얼굴, 혀, 심장, 소장, 가운뎃손가락과 가운뎃발가락이고 계절로는 여름에 해당하며, 붉은색을 상징한다. 맛은 쓴맛을 추구하며 여름에 나오는 식품이나 곡식이 어울린다.
- 토土에 해당하는 신체 부위로는 가죽, 살, 무릎, 가슴, 갈비뼈, 두 발, 어깨, 등, 목, 입, 입술, 잇몸, 비장, 엄지손가락, 엄지발가락 등이 이에 해당한다. 색으로는 노란색이 어울리며, 단맛을 추구하고 뭍에서 자란 식품이 좋다.
- 금金에 해당하는 신체 부위로는 근골, 코, 폐장, 대장, 약손가락, 넷째 발가락이고 계절로는 가을에 속하며, 가을에 나는 매운맛 성분이 이에 해당한다.
- 수水에 해당하는 신체 부위로는 신腎, 방광, 뼈, 귀, 피, 기침, 가래, 오줌, 허리, 새끼손가락, 새끼발가락이며 겨울이 해당되고 검은색이 어울리며, 물에서 나는 식품으로 조리한 것이 좋으며 짠맛이 해당한다.

CHAPTER 04

약선 재료의 기미론 성질

기미론氣味論이란 대자연 속에서 인간의 질병 치료를 위해 통용되는 본초本草 약리론의 이론으로서, 광의로는 한약의 배합과 효능을 나타내는 약물 고유의 성질인 사기와 5가지 맛에 따른 오미와의 상관관계를 말한다.

1. 약선의 사기

사기四氣는 온溫(따뜻한 기운), 열熱(뜨거운 기운), 량涼(서늘한 기운), 한寒(추운 기운) 등 대자연에 존재하는 식품과 약초의 성질, 일상의 음식과 병을 치료하는 한의약에서도 병의 치료를 위해 약재를 구별하는 성질이다. 중국 『신농본초경』에는 '한寒을 치료하는 데 열약熱藥을 쓰고, 열熱을 치료하는 데 한약寒藥을 쓴다"라고 되어 있다.

기미론에 있어 음식에서도 사기는 식품 성분의 효능을 나타낸다. 평소 신체 상태가 냉한 사람인데 찬 음식을 섭취케 한다면 그 사람은 냉병으로 고생할 것이나, 뜨거운 음식을 섭취시키면 몸의 상태는 평平의 상태가 되어 아무런 질병을 나타내지 않는다.

그 예로, 돼지고기의 찬 성질과 마늘의 뜨거운 성질은 잘 어울리는 음식 궁합이고, 영양 면에서도 서로 보조 역할을 하는 식품이다. 마늘을 먹을 때 톡 쏘는 것은 알리신allicin이라는 성분 때문인데, 이것은 피 속의 콜레스테롤 수치를 낮추어 주는 역할을 하며, 면역력을 증진시키는 효과가 있다. 또한 돼지고기에 들어 있는 비타민 B_1의 흡수를 도와주는 역할을 알리신 성분이 한다. 돼지고기와 마늘은 체내에 있는 중금속을 체외로 배출하는 효능도 있다.

1 | 따뜻한 성질

만물이 소생하여 발육이 시작되는 봄의 기운과 유사하며, 대부분의 음식물이나 보양약들이 이에 속하며 몸을 보양시킨다.

- 인삼, 삽주, 황기, 까치공, 감초, 대추 등으로, 이 약재들은 소화력을 높인다.
- 삽주, 곽향은 경락을 잘 통하게 하고 피를 잘 통하게 하며, 설사를 멎게 한다. 오매烏梅, 석류 껍질은 차가운 성질로 인해 감기를 치료한다. 계피, 차조잎, 목련 꽃봉오리, 생강, 파 등은 한증을 몰아내고 체온을 상승시킨다.
- 쑥, 정향은 단전을 따뜻하게 한다.
- 녹용, 음양곽, 두충, 자하거紫河車(산모의 태반), 해마는 담을 없앤다.
- 반하, 겨자 등이 따뜻한 성질의 식품에 속한다.

2 | 뜨거운 성질

만물이 번영하는 여름의 기운과 비슷한 성질로 손발이나 아랫배가 찬 증상, 배탈, 설사 등의 한증을 치료하며 땀을 나게 한다.

- 부자附子, 마른 생강, 계피, 후추 등이며 이 약재들은 성 기능을 왕성하게 한다.
- 해구신 등도 성 기능을 왕성하게 한다.

3 | 서늘한 성질

만물이 수렴되고 조락하는 가을의 기운과 유사하다.

- 음을 보한다
- 잔대, 맥문동, 둥굴레, 구기자는 열로 인한 출혈증에 지혈 작용이 있다.
- 오이풀 뿌리, 회화나무 꽃은 화를 내리는 작용이 있으며, 풍열증의 감기나 고혈압, 두통 등을 치료한다.
- 박하, 우엉 씨, 국화꽃, 칡뿌리 등이 서늘한 성질의 식품에 속한다.

4 | 찬 성질

만물이 침잠하고 칩거하는 겨울의 기운과 유사하며 소염, 해열, 항균 작용이 있다.

- 석고, 갈대 뿌리, 하늘타리 뿌리, 대나무 잎, 치자 열매, 꿀풀, 인동 등은 지혈 작용을 한다.
- 코뿔소 뿔, 측백나무 잎, 소리쟁이 뿌리, 생지황은 허하여 생기는 열을 치료한다.
- 구기자 뿌리
- 대황, 망초, 알로에는 열로 인한 변비를 치료한다.

5 | 평이한 성질

열과 한에 치우치지 않은 약성으로 주로 음식물에 많다.

- 삼씨, 오미자

2. 약선의 오미

1 | 오미의 생리 작용

오미五味란 음식물의 5가지 맛을 말하는데, 산미酸味(신맛), 고미苦味(쓴맛), 감미甘味(단맛), 신미辛味(매운맛), 함미鹹味(짠맛)을 음식의 기본적인 맛 오미라 한다.

혀에서 맛을 느낄 수 있는 분포를 관찰하면 단맛은 혀의 중앙, 쓴맛는 혀의 하단, 매운맛은 혀의 끝, 신맛은 혀의 좌우 양단, 짠맛은 혀의 전체에서 감지되는데, 일부 겸미兼味, 즉 다른 맛도 있어 일부분에서는 다른 맛을 맛볼 수 있다.

2 | 오미와 오장과의 관계

(1) 신맛과 간과의 관계

신맛은 간에 속하며, 심장의 박동력을 절약하고 축적하며, 수렴 작용을 하기 때문에 구강 내의 근육을 수축시킨다. 그런 연유로 기의 발산을 멈추게 하고 마른기침이나 소변이 원활하지 않을 때 사용되며, 수렴收斂, 수습收濕, 염산斂散

(흩어진 것을 모은다), 염열斂熱(열을 모은다), 활혈活血, 고표固表 시킬 목적이 있을 때에 신맛의 약물을 활용한다.

(2) 쓴맛과 심장과의 관계

쓴맛은 주로 침정 작용沈靜作用이 있다. 그러므로 하제下劑는 주로 쓴맛이 있는 약물을 사용하며, 하열 침정下熱沈靜, 강설降泄의 작용이 있다. 쓴맛은 심장에 작용하여 피로를 경감시키면서 심장을 안정시키고 피로를 회복하게 하며, 위액의 분비를 촉진한다.

(3) 단맛과 비장과의 관계

단맛은 비장과 관계가 있으며, 구강 내에서 단맛을 느낄 때 긴장된 모든 근육의 활동을 이완시키며 완화·해독 작용이 있다. 또한 단맛은 비위장脾胃腸의 기능을 보호해 주고 모든 약을 완화시키는 작용이 있다.

(4) 매운맛과 폐장과의 관계

매운맛이 나는 약물은 폐장과 관계하며 혈액 순환을 왕성하게 하고 풍한風寒이 흩어지게 하고 위액의 분비를 촉진시켜 식욕 부진에 많이 이용된다(입맛이 없을 때 매콤하게 음식을 조리하여 먹으면 식욕이 당기는 원리이다).

표 4-1 | 육류의 기미론적 성질 및 적용 체질

분류		개고기	염소 고기	소고기	닭고기	돼지고기
기미적 특성	효능	수캐: 5로 7상을 보하고 기력 증강	허로 치료, 한랭 치료	소갈 치료, 수종 제거, 토설 치료	붉은 수탉: 적백붕루(赤白崩漏), 보허(補虛)	해열 작용, 수은 독 치료
	사기	온	열	평온	온	한냉
	오미	산	감	감	고	고
오행 적용 체질		목	화	토	금	수
사상 적용 체질		소음	소음	태음	소음	소양

(5) 짠맛과 신장과의 관계

짠맛은 신장에 관계가 되며, 뻣뻣한 것을 유연하게 하는 작용이 있다. 담미淡味(싱거운 맛)도 신장에 관계되며 인체의 배설 작용을 담당하는 식품의 맛 성분이다.

3 | 오미와 오장과의 상극 관계

쓴맛을 과량 복용하면 폐장에 직접 작용하여 사瀉(쏟아 버린다)가 된다. 단맛은 과량 복용하면 신장에 직접 사가 되고 다량 복용하면 뼈와 모毛에 직접 사가 된다. 신맛을 과량 복용하면 간장에 직접 사가 되고 다량에서는 근육과 조爪에 직접 사가 된다. 짠맛을 과량 복용하면 심장에 직접 사가 되고 다량에서는 혈색血色에 직접 사가 된다. 오미를 적당량 복용하면 오행 관계의 상생 작용에 의해서 직간접으로 장기에 이득을 가져온다.

4 | 오미의 성질과 신체에 반응되는 증상

(1) 신맛

신맛은 수렴 작용이 있는데, 인체의 기와 혈의 흐트러짐으로 인하여 일어나는 병증에 기혈을 수렴함으로써 치료하는 것을 말한다. 점막의 표면에 작용하여 체액의 분비를 억제하고 궤양과 상처를 치료하는데, 석류를 먹으면 장의 분비가 억제되고 수렴되어 설사가 치료된다.

신맛은 감기나 감염성 질환이 있을 때는 병의 기운을 안으로 끌어 들여오므로 삼가야 한다. 오미는 진액을 생성하여 소화를 촉진시킨다. 오미자나 매실 등은 소화액이 부족하여 소화가 잘되지 않을 때 좋다.

(2) 쓴맛

쓴맛은 기운을 아래로 내리는 작용이 있다. 쓴맛은 변비가 있을 때 설사를 하게 하여 아래로 내리는 용설涌泄의 작용이 있고 살구씨와 같이 기가 위로 거슬러 올라오는 기침을 치료하는 강설의 작용이 있다. 또 열이 있을 때 아래로 열을 내림으로써 해열하는 청설의 작용이 있다. 쓴맛은 건조한 성질이 있어 몸의 습을 치료하는데, 습에는 열로 인한 경우와 한으로 인한 경우가 있으며, 이러한 경우 쓴맛과 따뜻한 성질을 가진 약으로 치료한다. 성분이 너무 써서 음식물로는 사용되지 않는다. 그러나 과다한 쓴맛의 약을 복용하였을 때는 위액의 분비를 억제하고 식욕을 떨어뜨리는 경우가 있으며, 과다한 쓴맛은 진액을 상하게 하므로 음액이 부족한 사람에게는 좋지 않다.

(3) 단맛

단맛은 완화 해독 작용이 있어 긴장된 근육을 이완시킨다. 음식의 단맛은 기운을 길러 주는데, 단맛이 피로 회복을 도와주는 효과도 같은 원리이다. 단맛의 식품은 대개 몸을 보하는 작용이 있다. 인삼, 황기, 사삼, 맥문동 등이 이에 속한다.

또한 단맛은 독성을 감소시키거나 작용이 강한 성질을 누그러뜨려 조화시킨다. 감초는 조화시키고 긴장을 풀게 하며 통증을 멎게 하는 해독의 효능이 있으며, 대추나 꿀 등이 이에 속한다. 단맛은 음식물을 자양시키고 윤활 시키는데, 몸의 일부분이 건조하여 나타나는 증상을 치료한다. 그러나 단맛을 많이 먹으면 습濕이 지나치게 많아져 소화 기능을 저하시키므로 경계해야 할 식품이다.

(4) 매운맛

매운맛은 피를 잘 돌게 하며 기의 흐름을 왕성하게 하는 발산 작용이 있어 정체된 기분도 산뜻하게 한다. 보통 향신료는 매운맛을 말하는데, 감기 같이 우리 몸에 병독이 들어오려는 상황에서 면역과 병독이 싸울 때 몸의 정기를 도와 병독을 몰아내게 하는 것이 매운맛이다. 또한 기와 혈을 촉진시키는 것이 매운맛이고, 귤껍질과 천궁, 잇꽃 등이 이에 속한다. 감기 증상이 있을 때 매운맛의 생강과 말린 귤껍질을 달여 상복하면 기분도 상쾌해지고 감기도 치료된다.

(5) 짠맛

짠맛은 단단하고 뻣뻣한 것을 유연하게 하는 작용이 있다. 이러한 음식으로는 다시마, 해조류 등이 있다. 짠맛은 오행 중에 수水에 해당하여 신장으로 들어가 신양을 보하는 정력제로 알려져 있는데, 짠맛이 있어 정력제로 알려진 보약으로는 녹용과 자하거가 있다.

CHAPTER 05

약선음식의 기본적인 조리론

약선음식은 단일한 식재료가 아닌 다양한 식재료가 결합되어 완성된다는 점에서 집중적 치료를 목적으로 몇 가지 약재를 농축한 한약과 동일하게 치료 목적을 달성할 수 있느냐는 우문을 가질 수도 있다. 그러나 우리나라의 전통적인 식이요법과 한의학의 임상 치료의 예를 빌리지 않더라도 약선음식의 치료는 당뇨병과 같은 만성적일 때의 식이요법이면서, 질병의 예방적 차원인 식이이자 노화 예방과 장수를 위한 식이라는 점에서 급성적일 때의 치료 목적과는 구별할 수가 있다.*

약선음식을 조리할 때 제일 중요한 원칙은 누구나 먹어도 해가 되지 않아야 한다는 것이다. 특정한 기능성 식품을 지나치게 많이 넣고 조리하거나 특정 체질에 좋다고 특정 식품을 조리하는 것은 보편적인 약선음식으로 적당하지 않음을 항상 명심하면서 평이하고 독이 없는 식품으로 적당한 양의 조절로 몸에 보양이 되는 식품으로 약선음식을 조리해야 한다.

그러나 특정한 체질이거나 암 등 신체적인 질환별 증상에 따른 약선음식 조리는 반드시 의료진인 전문가의 지도와 식이요법의 구성에 따른 약선 조리가 되어야 한다.

* 복혜자 · 이귀주 · 송주은(2005). 「약선음식 개발을 위한 전통 식품재료와 한의학이론의 적용방향에 관한 연구」. J East Asian Soc Dietary Life 15(3).

1. 약선음식 조리의 기본

1| 약재 달이기*

약선음식은 음차류뿐만 아니라 밥, 죽, 탕, 조림 등 모두 약재 우린 물을 사용하여 조리하는 것이 보편적이다. 그 이유는 약재의 독특한 향미나 식감 등으로 인한 맛의 거부감을 줄이며 약효를 최대한 살려 약선음식으로서의 기능을 하여야 하기 때문이다. 그러한 이유로 약재를 우려내 조리하는 것은 약선음식의 기본적인 조리법이다. 약선음식을 조리하기 전 약재를 달이는 방법과 용기, 전처리, 물의 양을 숙지하여 조리하는 것이 최대한 약효를 살리면서 맛있는 약선음식을 만드는 시초라고 할 수 있다.

(1) 약재 달이는 용기

약재 달이는(끓이는) 용기는 옹기, 도기, 유리, 스테인리스 등이 좋다. 철이나 동, 주석 등은 침전이 발생할 수 있으며 용해도가 줄어들 수 있다. 또 화학 반응을 일으켜 약재의 성분이 충분하게 우러나지 않을 수 있다.

(2) 물의 종류와 물의 양

약재 달이는 물은 특히 중요하여 전에는 샘물이나 폭포수, 쌀뜨물 등을 사용하기도 하였으나 최근에는 정제된 물이나 생수 등을 사용한다. 물의 양은 약재 30g 정도에 물 300cc 정도면 되는데, 음식 재료가 잠기고 물의 높이는 5cm 올라오게 부으면 적당하다. 그러나 뿌리나 열매 등은 물을 많이 필요로 하므로 조절하여 끓여야 한다.

* 조정순 외(2012), 『약선조리 이론과 실제』, 교문사.

(3) 한약 재료 전처리

마른 약재는 기본적으로 깨끗이 씻어서 찬물에 30분 정도 담가 우러난 물을 버리지 말고 끓이면 된다. 두꺼운 것은 얇게 썰거나 잘게 썰어 끓여야 약 성분이 잘 우러난다.

(4) 한약 재료 끓이는 불의 세기

전처리된 약재를 처음에는 센 불로 끓여 불순물을 제거한 후 중간 불로 끓이다가 약재 물이 2/3 정도 졸여지면 약한 불로 줄여 반 정도 양이 되도록 끓인다.

(5) 약재의 끓이는 시간

진한 보약류에 해당하는 약재와 홍삼 등은 1~2시간 동안 달여야 하고, 일반 약재는 30분에서 1시간 정도가 적당하다. 국화나 박하 등의 약재는 10~15분이 적당하며, 패각류나 광물성 약재는 먼저 달이다가 다른 약재를 넣고 방향성이 있는 백두구나 사인 등은 마지막에 넣어 10~30분 잠깐 달인다.

2. 약선음식의 곡류 식품 조리

1 | 약선 밥 조리 방법

약선 밥은 식재료와 약선 밥의 성질과 특징에 따라서 약재와 쌀을 함께 넣고 끓이는 방법과 약재 달인 물을 넣고 끓이는 방법이 있다. 물을 많이 부어 끓이는 죽과 달리 밥은 잘 퍼지고 충분한 뜸이 들면서 한약 재료의 독특한 향미가 되도록 많이 나지 않게 밥 고유의 식감과 맛을 살려야 하는 어려움이 있다. 쌀알이 부슬부슬하지 않고 고슬하게 물의 양을 조절하여 조리해야 맛있는 약선 밥을 만들 수 있다. 약선 밥을 할 때에는 먼저 쌀을 1시간 이상 불려야 한다. 현미는 압력솥에 할 때는 5시간 이상, 일반 전기밥통에 할 때는 10시간 이상 불려야 맛있는 밥을 만들 수 있다. 물의 양은 약재를 미리 끓여 밥을 할 경우 보통 밥 조리할 때와 비슷한 양을 조리하면 되지만 종실이나 약재료를 쌀과 함께 조리할 때는 미리 전처리하여(삶거나 불림) 조리해야 한다.

2| 약선 죽 조리 방법

죽은 식이요법으로서의 약의 기능 외에도, 보양의 기능과 맛으로 먹는 등 다양한 측면의 기능이 있다. 약선 죽의 조리 방법은 다음과 같다.

(1) 한약 재료와 쌀을 함께 끓여 죽을 끓이는 방법

용안육, 산약, 의이인(율무), 연자, 백자인 등 한약 재료를 함께 넣어 죽을 끓이는 방법이다. 쌀을 충분히 불린 다음 용안육 등은 깨끗이 씻어 넣으면 되며, 연자 등은 국산은 껍질을 까서 파는 것이 귀하지만 외국산은 껍질을 까서 팔고 있으므로 전처리해서 조리해야 한다.

(2) 한약 재료를 가루로 준비하여 죽을 끓이는 방법

강황 가루, 산약 가루, 도라지 가루, 갈분 등으로 죽을 끓이는 경우 곡분도 약재와 유사하거나 동일하게 가루로 만들어 조리하면 식감이 훨씬 좋다.

(3) 한약 재료를 달인 물에 죽을 끓이는 방법

인삼이나 녹각, 대추 등을 미리 끓여 한약재 성분이 충분하게 우러나면 면보에 깨끗하게 받쳐 쌀을 넣는 다음 한약재 달인 물과 물을 섞어 쌀 분량의 5~6배 정도의 물 양을 한꺼번에 넣고 중간 불에 나무 주걱으로 저으면서 끓인다. 유의해야 할 점은 한약 재료 성분이 우러나면서 나는 한약 재료 특유의 독특한 향이나 쓴맛 등을 약하게 느끼도록 조리해야 하는 것을 잊지 말아야 한다. 정량 대로 사용하고 약재에 대한 지나친 욕심을 버려야 한다.

(4) 약선 재료를 끓인 국물로 끓이는 방법

육류나 어패류 등의 조리 시에 해당한다. 예로 삼계죽, 오리죽, 잉어죽 등이 있다. 충분히 약재가 우러나도록 끓인 후 체와 면보에 받쳐 약재 물이 한약재 건더기로 식감을 떨어뜨리지 않도록 유의하여 죽을 끓인다.

3 | 약선 만두·수제비·국수 조리 방법

만두 약선 만두는 만두탕을 육류나 한약 재료를 우려서 준비할 수도 있으며, 만두피도 밀가루 반죽 시 약재나 기능성 식품을 함께 섞어 사용하여 만들 수 있다. 또한 만두소로 식품의 영양성을 이용할 수도 있고 기능성 식품이나 한약 재료 등을 사용하거나, 용안육이나 맥문동 등을 함께 넣어 아삭하고 쫄깃한 맛을 즐길 수 있다.

수제비 약선 수제비는 국물을 한약 재료로 우려낼 수 있다. 수제비는 밀가루나 메밀가루, 쌀가루를 반죽하여 국물에 반죽을 넣는 것으로 끈기가 있어야 한다. 우엉 등 기능성 식품 재료를 갈아서 밀가루와 쌀가루를 섞어 반죽하여 국물에 끓이는 방법도 있으며 갈분이나 산약 가루 등으로 반죽할 수 있는데, 식감과 함께 맛과 기능성을 동시에 취할 수 있는 음식이다. 그러나 반죽의 특성상 풀어지기 쉬우므로 약재와 곡분 가루의 적절한 배합 과정이 요구된다.

국수 약선 국수는 국물을 약재로 우려내 준비할 수 있으나 강하지 않은 것으로 준비해야 한다. 국수는 시중에 팔고 있는 칡 국수, 마 국수, 메밀국수 등이 다 약선 식품이 될 수 있다.

3. 약선음식의 육류 조리

1 | 찜 약선음식 조리

갈비찜 등 찜 약선음식 조리는 육류 음식 중에서 제일로 하기 쉽고 또한 약재의 충분한 기능을 살릴 수 있는 음식이다. 우선 약재를 충분히 우린 다음 체에 받쳐 놓고, 갈비는 찬물에 30분 정도 담가 핏물을 충분히 뺀 후 칼집을 낸다. 그런 다음 우려낸 약재에 갈비와 마늘, 생강, 그리고 준비한 갈비 양념 1/3을 넣고 끓인다. 마, 밤, 당근 등을 넣을 때에는 미리 끓는 물에 80% 정도 데쳐 갈비가 거의 다 졸여지면 넣고 두세 번 저어 주어 부재료에 간이 배도록 한다. 표고버섯이나 대추 등은 미리 밤 등을 넣기 전에 넣고 끓인다. 주의할 점은 음식은 식감이 중요하므로 한약재 중 검은색이 많이 나는 것은 사용하지 말아야 한다. 소갈비, 돼지갈비, 닭갈비, 양 갈비 등 모두 사용 가능하다.

2 | 국 약선음식 조리

국 종류의 약선음식은 국물에 맛 성분이 많이 추출되야 하므로 고기를 찬물에 넣고 끓이다가 불의 세기를 줄여서 콜라겐이 젤라틴화될 때까지 졸여 주어야 한다. 국 음식도 한약 재료 달인 물을 따로 준비한 후 고기가 충분히 익으면 한약재 물을 섞어 조리하는 것이 부드러운 식감을 맛볼 수 있다. 소고기를 사용할 때는 양지 부위나 사태, 뒷다리살 등이 좋다. 닭은 전체를 다 사용하여 끓여낸 후 살을 발라 사용한다. 돼지고기는 국 음식에는 적당하지 않으나 식성이나 취향에 따라서 조리하면 된다.

3 | 뼛국, 수프 등의 약선음식 조리

뼛국, 수프 등의 약선음식은 뼈나 꼬리 사태, 고기 부위 등을 끓는 물에 삶아 뽀얀 국물을 추출하여 먹는 음식으로 국물 자체가 약선이 된다. 특별하게 인삼이나 기타 향이 진하지 않은 약재를 넣고 끓일 수 있다. 누린내를 방지하기 위해 정향이나 후추 등을 넣을수 있다.

4 | 편육, 제육 등의 약선음식 조리

편육이나 제육의 고기는 구수한 맛이 고기에 배도록 끓는 물에 삶아 고기만 취하는 조리법이다. 삶을 때 생강이나 마늘, 된장 등을 넣어 누린내를 제거하기도 하지만 한약 재료 등을 고기와 함께 넣어 약선 재료의 기능이 고기에 배게 하는 조리 방법이다. 삶는 시간은 3~4시간 정도 삶아야 콜라겐이 충분하게 젤라틴화되어 맛있게 된다. 삶는 즉시 면보에 싸서 성형한 후 반드시 식혀서 썰어 낸다.

4. 약선음식의 어패류 조리

어패류는 비린내가 많이 난다. 신선하게 조리하려면 구입 즉시 조리하는 것이 좋다. 어류의 특이한 비린내는 트리메틸아민trimethylamine과 피페리딘piperidine 때문인데, 이 비린내는 수용성이므로 물로 씻으면 비린내가 제거된다. 식초나 과즙, 된장, 우유 등에 담갔다가 씻으면 비린내가 훨씬 제거가 잘된다. 또한 조리할 때 황 화합물을 함유한 파, 마늘, 생강 등을 넣으면 비린내 성분을 제거할 수 있다.

어패류의 약선 조리는 한약 재료를 우려내 조린 후 어패류에 양념으로 사용할 수도 있고, 약재를 어패류와 함께 조리하는 방법도 있다. 전처리는 충분하게 우려낸 후 누구나 먹어도 해가 없고 지나치지 않은 평이한 성질의 약재를 사용하여 조리하는 것이 좋다. 조림이나 구이는 약재를 끓여 타지 않도록 졸인 후 구이에 바르거나 조림 양념으로 사용한다. 찌개는 약재를 재료와 함께 끓이는 방법으로 조리하면 좋다. 튀김 종류는 한약 식품 재료나 식품 자체를 튀기는 방법으로 조리하면 좋다. 전유어로는 어패류 자체를 사용하는데, 식품 재료와 함께 사용하는 것도 좋으며 직접 먹을 수 있는 한약 재료를 식품 재료와 함께 섞어 조리하는 방법으로 약선음식을 만들어도 좋다. 그러나 누구나 먹어서 좋은 평이한 재료를 섞어 조리하는 것이 최상의 보양 음식임을 잊지 않아야 한다. 만 등 질환별 약선 식이는 식이요법에 알맞게 의료진이나 전문가(임상 영양사, 약선 전문가)의 처방에 따라 약선 식이를 하는 것이 좋다.

5. 약선음식의 전·적류 조리

'전'은 여러 재료를 다지거나 먹기 좋은 형태로 만들어 성형하거나 모양을 만들어 밀가루와 계란 등에 묻혀 프라이팬에 지지는 과정이다. 약재 우린 물로는 만들 수 없고 기능성 식품 재료나 약재를 직접 다지거나 사용하여 식품 자체의 성분을 통한 약선적 음식을 취할 수 있다. 그러기 위해서는 약선 재료의 성미와 특성, 식품 재료의 성미와 특성을 잘 이해하여 서로 보완될 수 있도록 배합해야 한다. 그래서 성미는 평이 되어 누구나 먹어도 보양이 될 수 있는 보편적인 약선음식을 만들어야 한다. 그 후 차차 가정이나 특별한 경우(외식 음식점)에서는 개인 질환별, 사상 체질별 식품 재료의 특이적 반응 등을 고려한 맞춤별 약선음식으로 발전하는 것이 무난할 것이다.

한 예로 이 책의 '파프리카두부해물전'은 재료의 특성을 살려 약선음식을 만들었다. 우선 파프리카는 비타민 C가 많은 식품이다. 새우는 달고, 짜며 따뜻한 성질을 가졌다. 보신장양, 자음 식품이다. 오징어도 성질이 평이하다. 신맛이 약간 있지만 전체적인 조화로 맛이 평이하다. 오징어는 의지를 강하게 한다. 홍합淡菜는 따뜻한 성질을 가졌으며 오장을 보하고 허리와 다리에 이롭고 양사를 더한다. 거기에 당귀 잎 한약재를 섞었다. 당귀 잎은 감신온甘辛溫으로 달고 따뜻하다. 피가 부족해 안색이 창백한 사람에게 보혈 효능이 있다. 항산화, 항염증 항방사능의 효능이 있다. 재료들이 모두 무난하여 보양 기능이 있으며 특히 중년 이후 남성은 물론이고 여성에게 좋은 약선이다.

'적' 음식은 꼬치에 꿰어 만드는 음식으로, 전과는 다르게 조리되어야 한다. 한 예로 당귀 잎과 산적구이를 버섯과 함께 만들 수도 있고, 두릅전 등 먹을 수 있는 식품 재료나 한약 재료인 잎을 이용하여 약선음식을 만들 수 있다.

6. 약선음식의 나물류 조리

유근피(느릅나무 껍질)를 끓여 소스로 사용하면 좋다. 잎은 나물이나 기타 재료로 사용한다. 유근피는 맛이 달고 성질이 평이하며, 독성이 없는 식품이기에 꾸준히 먹으면 좋다. 예전 선조들로부터 꾸준히 이용되어 온 식품이다. 유근피는 끓여서 물을 차로 마셔도 되고, 졸여서 양념이나 소스로도 사용한다. 오래 몇 번을 끓이면 물렁물렁한 젤리 같은 게 생기는데, 염증을 완화하는 성분이다. 나물을 무칠 때나 건조한 나물을 조리할 때 물 대신 유근피 삶은 물을 넣으면 맛이 달아서 식감도 좋다. 또한 호박오가리 나물처럼 들깨가루를 넣어 볶아도 들깨의 약선적 성분으로 약선음식이 된다. 약재나 식품 재료의 성미가 감甘으로 되어 있는 것은 맛이 달다는 것으로, 나물을 무치거나 볶을 때에 사용하면 좋다.

봄에는 나물 자체가 약선 식품이다. 땅의 기운을 받고 자란 나물은 봄에 꼭 먹어 주어 기운을 함께 받는 것이 최상의 약선음식을 섭취하는 것이다. 고추장으로 나물을 무칠 때는 식초를 사용한다. 오미자는 재료 자체의 신맛 성분과 약재 성분이 강해 좋다. 오미자의 효능으로는 혈당 강하, 입이 마르는 노인, 기력이 없는 사람에게 좋다. 오미자청과 고추장을 섞어 나물을 조리할 수도 있고, 두릅회나 생선회를 먹을 때도 좋다. 문헌에 보면 선조들은 여러 종류의 식품 재료로 식초를 집에서 담가 그것으로 조리하였다. 식초는 발효되면서 더욱 좋은 성분을 낸다. 집에서 담근 발효된 식초로 조리하는 것도 약선음식 조리 방법 중 하나이다.

7. 약선음식의 찬류 조리

생선 조림을 할 때에도 유근피 삶은 물을 사용하면 좋다. 유근피는 한약 재료이지만 냄새가 거의 없어 조림에 사용한 간장 국물 맛에 감칠맛이 돌아 아주 맛이 좋다. 또 고춧가루를 넣는 조림에 사용해도 좋다. 유근피를 끓인 국물로 간장 게장을 담그면 맛이 아주 좋다. 특히 유근피는 살균 작용과 식중독을 막아 주는 효능이 있어 일본의 횟집에서나 우리나라의 일식집에서 많이 사용하기도 한다.

찬류 역시 한약 재료를 사용하지 않을 때에는 식품 자체의 약선적 기능을 이용하기도 한다. 발효된 무장아찌는 자체가 약선음식이다. 무의 소화 기능과 발효된 성분으로 위장을 편안하게 한다. 또 한 예로 부각 같은 음식을 조리할 때에는 찹쌀가루 대신 복령 가루나 산약 가루 등을 사용해 부각을 만들어도 맛있다. 고문헌 『주방문』*에 수록된 '육장'은 소고기를 말려 가루로 만든 후 메줏가루와 섞어 된장을 만드는 법인데, 거기에 도라지 가루나 천초 가루, 회향 가루를 넣어 주면 향미와 식중독 예방을 도와주는 아주 고급스러운 양념류 식품이 된다. 쌈장으로 사용해도 되고 나물 소스로 사용해도 되며, 된장국을 끓여도 맛있다. 된장은 발효 식품으로, 대두를 이용한 어떤 식품보다 소화가 잘되고 탈이 없는 최상의 식품이다.

8. 후식류의 약선 조리

후식류·음청류는 식재료 자체가 약선 재료이다. 오미자보리수단, 식혜, 도라지맥문동배숙, 원소병, 매화차, 도라지차 등은 모두 약선 재료이면서 선조들이 마셔 왔던 귀한 음청류이다. 선조들은 평상시에도 약선 재료를 마시면서 건강한 식생활 문화를 실천한 것으로 보여진다. 이 책에 실린 한방차 5선은 『동의보감』에 실린 그대로 재현하였다. 다만 맛을 위하여 생강이나 감초, 대추 등을 몇 개 더 첨가하였다. 이 책에서는 이러한 한방차도 응용하였지만, 특히 '총명차신선로' 같은 맛있는 보양 음식도 있다. 사물 설기떡(재료를 가루로 내 쌀가루와 섞어 떡을 찜), 십전대보탕 돌솥밥(십전대보탕을 끓인 후 밥을 하여 곤드레 나물과 비벼 먹거나 그냥 먹음), 사군자 설기떡(사군자 재료를 가루로 내 쌀가루와 섞어 떡을 찜) 같은 음식들은 이미 여러 방법으로 응용되어 일반 외식 음식점에서 인기리에 팔리고 있거나 연구 논문으로 많이 적용되는 것들이다. 이 책에 실린 한방차 5선은 한의사들이 인정한 탕제들로 만들어진 정말 효능

* 하생원(1600년대 말), 『주방문』, 이효지 외 역(2013), 교문사.
육장 만드는 법: 메줏가루에 소고기 가루를 섞은 후 소금물을 타고 깨를 넣어 항아리에 넣고 숙성 후 먹는다. 보통 숙성은 한 달 이상 쯤이면 된다.

이 좋은 약이면서 음료이다.

한과류나 떡류의 약선 조리도 배합의 원리에서는 동일하다. 찬 성질의 식품과 따뜻한 성질의 식품을 함께 배합하여 평의 성질로 만들어 누구나 먹어도 평이한 재료로 구성해야 한다. 약선삼색매작과도 찬 성질과 따뜻한 성질 혹은 설탕의 단맛을 가감하여 평이 되게 하였다.

CHAPTER 06

보양 식품의 성질과 효능[*]

1. 보기 식품의 성질과 효능

기가 허하면 땀이 나고 가슴이 두근거리며 기운이 없어진다. 보기 식품은 이러한 사람에게 보가 되는 식품으로, 기가 허한 것을 보충해 주는 식품이다. 몸의 기氣, 혈血, 음陰, 양陽을 보익함으로써 기를 북돋아 신체를 양생하여 질병에 대한 저항력을 높여 허약한 증상을 치료한다. 특히 보기 식품이란 몸의 기를 보익함으로써 각 장기의 기능과 활동력을 높이고 기허를 치료하는 작용이 있다. 보기 식품으로는 인삼, 마, 고구마, 생강, 파, 감자, 유자, 잣, 앵두, 꿀, 수수, 찹쌀, 잉어, 미꾸라지, 장어, 대구 등이 있다.

인삼 단맛이 있고 쓰며, 온성溫性을 나타내고 비경脾經(위장에서 소화된 음식의 영양 물질을 온몸으로 고루 공급한다)과 폐경肺經으로 돌아와 몸을 보호한다. 일반적으로 오장의 기능이 왕성해지고 피로감이 없어진다. 정신이 안정되고 진액이 생성되어 갈증이 없어지며, 눈이 밝아지고 사고력이 명석해진다.

* 김호철(2006), 『건강기능음식』, 경희대학교 한의대임상영양연구소.
안덕균(2003), 『한국본초도감』, 교학사.

또한 면역 글로불린globulin의 양과 림프 세포의 수를 늘리며 동맥 경화를 예방하고 조혈 기능을 자극하여 적혈구, 혈색소, 백혈구의 양을 늘려 준다. 췌장에서는 인슐린insulin의 분비를 자극하여 혈당을 낮추고, 간에서의 지질 합성을 축적하며, 항암 작용과 방사선의 피해를 방지해 주고, 자궁 수축 등에 효과가 있다.

마 마는 맛이 달고 성질이 평이하다. 비경, 폐경, 신경으로 귀경한다. 기력을 나게 하고 음을 자양하며 양생에 우수하다. 그리고 뇌 기능을 튼튼히 하며 모발을 윤기 나게 하고 눈을 밝게 하며 항노화 작용이 있다. 또한 콩팥의 호르몬hormone을 자극하여 몸의 저항성을 높이고 녹말의 소화를 촉진시킨다.

대추 얼굴빛을 좋게 하고 노화를 막아 준다.

밤 맛은 달고 따뜻하며 흡수는 비장脾臟과 위장胃臟, 신경腎經으로 들어간다. 강장과 양생에 좋으며 날마나 먹으면 신장을 보호하고 허리와 근골을 튼튼하게 하고, 기를 더하며 장을 튼튼하게 한다.

닭고기 달고 따뜻하며 흡수된 성분은 비경脾經, 위경胃經으로 들어간다. 음식으로 몸을 보할 때 왕으로 불리며, 기를 보하고 정을 더하게 한다. 병후·수술 환자, 산후 조리자, 노인에게 좋다.

꿀 성질이 달고 평이하다. 흡수된 성분은 위장과 폐장, 대장경으로 들어간다. 오장을 보호하고 중초를 보하며 경직된 것을 풀어 준다. 또한 정신을 안정되게 하며 폐를 촉촉이 적셔 주며 피부를 윤택하게 한다. 기침을 멈추고 눈과 귀를 밝게 해 주고 노화를 방지하여 수명을 연장시키며, 장을 매끄럽게 하여 대변의 소통을 조절시킨다.

2. 보양 식품의 성질과 효능

보양 식품은 양陽이 허한 것을 보충해 주는 식품으로, 양이 허하면 허리와 무릎이 시큰거리면서 아프거나 힘이 없고 찬 느낌을 받는다. 보양 식품은 인체의 양기를 보조하며 인체의 기능 활동과 추위를 이기는 능력을 증강시킨다. 대부분 동물성 원료가 많으며 보하는 작용은 비교적 좋은 편이다.

보양 식품으로는 오가피, 콩나물, 마늘, 미나리, 부추, 쑥, 두충, 해삼, 전복, 염소 고기, 닭고기, 꿩고기, 개고기, 오리고기, 사슴 고기, 돼지고기, 삼씨, 겨자씨 등이 있다.

동충하초 성질이 달고 따뜻하여 신경과 폐경에 작용한다. 평상시에 먹으면 폐와 신장, 정기를 보호해 준다. 땀이 나며 추위를 타는 사람, 노년에 체력이 허약한 사람에게 좋다.

부추 씨 성질이 맵고 달며 양기를 튼튼하게 하며, 정액을 굳게 지키게 하고 허리와 무릎을 따뜻하게 하며, 위로 거슬러 내리는 기운을 제거해 주어 구토를 멎게 한다.

호두 성질이 달고 따뜻하며 신경, 폐경으로 들어간다. 정액이 저절로 흐르는 것을 막아 주고 안색을 좋게 하며, 노화를 방지해 준다. 폐를 튼튼하게 하고 장을 튼튼하게 하며, 노인이나 어린이, 산모에게 좋다.

해삼 성질이 달고 짜며 따뜻하다. 바다의 인삼이라고 하며, 신기를 보호해 주고 정과 혈을 보호해 준다. 오장을 윤기 있게 해 주며 신체를 튼튼하게 해 주고, 노화 방지, 수명 연장과 소화력을 도와준다.

3. 보혈 식품의 성질과 효능

보혈 식품은 인체의 혈액이 부족하여 얼굴색이 누렇게 뜨고 입술과 손톱, 발톱 색깔이 창백한 사람, 가슴이 두근거리며 머리가 어지럽고 숨결이 거친 사람에게 좋은 식품이다. 그러므로 보혈 식품은 인체의 혈을 보호하고 장부 조직을 자양滋養(몸에 영양이 됨)시키며 인체의 생리 활동을 유지시킨다.

보혈 식품으로는 연근, 당귀, 도라지, 냉이, 시금치, 대추, 오미자, 복숭아, 토마토, 가지, 붕어, 소라, 꽁치, 소고기, 메추라기, 다시마, 미역, 국화 등이 있다.

돼지 간 성질이 달고 쓰며 서늘하다. 간경으로 들어가 혈을 자양시켜 주며 간을 보호하여 눈을 밝게 한다.

소간 성질이 달고 평이하며 위경으로 들어가 정과 혈을 보호해 주며, 허리와 다리를 튼튼하게 해 주고 위액과 피부를 촉촉이 적셔 주며, 종기를 없애 새살을 돋게 하고 젖을 잘 나오게 한다.

우족 성질이 따뜻하다. 또 공복에 먹어야 좋다. 몸이 부었을 때, 배가 더부룩할 때 사용한다.

4. 보음 식품의 성질과 효능

보음 식품은 음陰이 허한 것을 보충해 주는 식품이다. 진액津掖, 정精, 혈血 등이 부족하면 손바닥, 발바닥, 가슴 등이 달아오르고 조열潮熱(괜히 몸이 더워져

열이 나는 증상)이 나고 몸이 마르며, 식은땀이 나고 입과 목이 마르는데, 보음 식품을 섭취하면 인체의 음액을 보양시켜 주고 오장육부를 회복시켜 주며 인체의 생리 활동을 유지시켜 주며, 신체를 튼튼하게 하여 음이 허한 증후와 속이 건조한 증후에 사용한다.

보음 식품은 대부분 달고 차며 기름기가 있어 몸을 자양시키고 보한다. 그러나 보음 식품은 위를 손상시키므로 담습이 있고 변이 묽은 사람, 소화기가 약한 사람에게는 별로 안 좋으니 다른 식재료와 함께 섞어 음식을 요리한다. 보음 식품으로는 당근, 더덕, 무, 우엉, 토란, 달래, 상추, 질경이, 수박, 모과, 오이, 호박, 땅콩, 밤, 콩, 율무, 메밀, 옥수수, 가물치, 쏘가리, 청어, 조개, 돼지고기, 자라 고기, 버섯, 두부, 들깨, 참깨 등이 있다.

둥굴레 성질이 달고 평이하며 비경, 폐경, 신경으로 들어간다. 폐음을 회복시켜 주고 신腎을 보호하며, 인대를 튼튼하게 해 주며 정액을 채워 준다. 노년의 신체 허약, 어린이, 부녀자에게 좋으며, 가을철에 식용으로 하면 더욱 좋다.

구기자 맛이 달고 자극이 없고 강장제, 해열제, 허리 요통에 효과가 있으며 눈을 보호한다. 구기자를 오래 복용하면 몸이 단단해지고 노화를 예방할 수 있으며 검은 머리를 나게 한다. 눈을 과도로 혹사시키는 사람, 피부가 마르고 건조한 사람, 신체를 튼튼하게 하고자 하는 사람에게 식용으로 하면 좋다.

오골계 성질이 달고 평이하며 간경, 신경으로 들어간다. 간과 신경을 보호해 주고 음과 혈을 자양시켜 주며, 열을 내려 주고 소화 기능을 보해 주며, 피부를 윤기 있게 해 주고 몸이 허약한 사람, 병후 환자 등에게 좋다.

굴 성질이 달고 짜며 평이하다. 정신을 편안하게 해 주고 독을 풀어 주며, 결핵으로 신체가 허약한 사람에게 좋다.

참깨 성질이 달고 평이하며 간경, 신경으로 들어간다. 간과 신을 보호하며 눈과 귀를 밝게 해 주고 기력을 보태 주며, 장을 매끄럽게 해 준다. 노화를 방지해 주고 청각 기능이 약한 사람에게 좋다.

5. 온리 식품의 성질과 효능

연어 성질이 달고 따뜻하며 비경, 폐경으로 들어간다. 중초를 따뜻하게 해서 기력을 길러 주고 피부를 윤기 있게 해 주며, 소화 기능이 허약하고 속이 찬 체질, 대변이 묽은 사람, 피부가 건조한 사람에게 좋다.

계피 성질이 맵고 달며 뜨겁다. 신경, 비경, 폐경으로 들어간다. 소화기를 따뜻하게 해 주며 찬 것을 세거해 주고, 발기 불능, 부녀사의 월경통, 복부가 찬 사람, 기혈이 허약한 사람에게 좋다.

마른 생강 성질이 맵고 뜨거우며 심경, 폐경, 비경, 신경으로 들어간다. 양기를 회복시켜 정맥을 통하게 해 주고 폐를 따뜻하게 해서 담을 제거해 주며, 찬 것을 몰아내어 저린 것을 제거해 주므로 소화기가 차서 설사하는 사람에게는 좋다.

6. 이기 식품의 성질과 효능

이기 식품은 기기氣機를 잘 소통시켜 주어 우울한 것을 풀어 주고, 기를 내려 주며 오장육부의 기능을 조정해 주는 식품이다. 대부분 향기가 있고 따뜻하며 맵고 쓰므로, 잘 흩뜨려 주거나 기를 내려 준다.

귤 성질이 달고 시며 서늘하다. 위경, 폐경으로 들어가 기기를 소통시켜 위의 소화를 도와주고 술독을 풀어 주고 진액을 생성시켜 폐를 윤기 있게 해 주며, 식욕이 부진한 사람, 식후에 배가 더부룩한 사람, 신체가 허약한 사람에게 좋다.

귤청 귤을 꿀에 절여 만든 것으로, 성질이 달고 약간 따뜻하다. 담습으로 기침을 하는 사람, 설사가 나는 사람, 심장병, 괴혈병에 좋다.

귤껍질 성질이 맵고 쓰며 따뜻하다. 폐경으로 들어가 기기를 소통시켜 주고 습담을 제거해 준다. 오심, 구토, 산후 젖 분비, 뚱뚱한 체질에 좋다. 끓는 물에 담갔다가 차처럼 마신다.

메밀 성질이 달고 시원하며 비경, 위경, 대장경으로 들어간다. 기를 내려 주어 장을 소통시켜 주며, 위를 깨끗이 청소해 주고 체한 것을 내려 준다. 기름기를 좋아하는 사람, 위장이 깨끗하지 못한 사람이 먹으면 좋다.

7. 이혈 식품의 성질과 효능

이혈 식품은 인체의 혈을 조리하는 식품으로, 보혈, 양혈, 온혈 식품은 물론이고 지혈과 활혈 식품이 포함된다.

연근 성질이 달고 차가우며 비경, 위경으로 들어간다. 생으로 사용하면 어혈을 없애 주고 열을 내려 진액을 생기게 하며, 술독을 풀어 준다. 열이 많은 체질, 소변이 붉은 사람, 진액이 소모되어 속이 건조한 사람에게 좋다.

잇꽃 성질이 맵고 따뜻하며 심경, 간경으로 들어간다. 혈액 순환이 잘 되지 않는 사람에게 좋다.

8. 소식 식품의 성질과 효능

소식 식품은 소화 기능을 증진시켜 식품의 소화를 촉진시키고, 음식물에 의하여 체한 증상을 치료하는 것이 주요 작용인 식품을 가리킨다.

무씨 성질이 맵고 달며 평이하다. 폐경, 위경으로 들어가 음식물이 체하거나 기가 원활하지 못할 때, 더부룩할 때, 가래, 기침과 숨이 찰 때, 백일해, 보약을 잘못 먹어 탈이 났을 때 등에 탕으로 끓여 마신다.

산사 성질이 시고 달며 약간 따뜻하다. 음식에 체한 것을 없애 주며, 혈액을 잘 돌게 하고 어혈을 풀게 한다. 비만인 사람, 술을 많이 마시는 사람, 어혈이 있는 사람에게 식용으로 하면 좋다.

닭 모래주머니 성질이 달고 평이하며 비경, 위경, 소장경에 좋다. 결석을 없애 주어 소화기에 좋다.

맥아 보리를 싹틔운 것이다. 성질이 달고 따뜻하며 음식을 소화시켜 속을 편안하게 한다.

9. 거습 식품의 성질과 효능

거습 식품은 체내의 수분을 조절해 주어 수습水濕으로 인한 증상을 치료해 주는 식품으로, 소변의 양을 조절해 주고 소변을 통하여 수습을 배출시키는 역할을 하는 식품이다. 방향성의 식품을 섭취함으로써 몸의 습을 없애는 식품이 있고, 열을 내리게 하는 식품 등이 있다.

사철쑥 성질이 쓰고 매우며 약간 차다. 간경, 담경, 비경으로 들어가 열을 내리게 하고 습을 조절해 주므로 습이 많은 체질이나 여름철 무더위나 장마에 식품으로 사용하면 효과가 있다.

잉어 성질이 달고 평이하며 비경, 신경으로 들어간다. 체내 수분 대사를 원활히 하며 부종을 감소시키고 기를 내려 주며, 젖을 잘 나오게 하므로 허약 체질이나 임신부 등에 좋다.

붕어 성질이 달고 평이하며 비경, 위경, 대장경으로 들어간다. 소화기를 보호하고 체내 수분 대사를 조절한다. 오랜 병으로 인하여 허약해진 사람, 산후 조리, 체내에 수습이 있는 사람에게 좋다.

가물치 성질이 달고 차가우며 비경, 위경, 폐경으로 들어간다. 수분 대사를 원활히 하며 간과 신의 기능을 보호하고 음과 혈을 보호해 주며, 월경을 순조롭게 해 주고, 간과 신의 기능이 떨어져 있는 사람, 월경 양이 적은 사람, 부인의 혈이 허약한 체질, 체내 수습이 있는 사람에게 사용하면 좋다.

팥 성질이 달고 평이하다. 심경과 소장경으로 흡수되어 체내 수분 대사를 원활히 해 주며 습을 없애 주고 몸에 곪은 것을 빨리 아물게 해 주며, 뚱뚱한 사람의 살을 빼 주고, 몸에 열이 많아 발진이 잘 돋는 사람 등, 특히 무더운 여름에 식용하면 열을 내리게 하여 좋다.

율무 성질이 달고 담백하며 서늘하다. 비경, 폐경, 신경으로 들어가 소화기를 튼튼히 하고 습을 원활히 배출시키게 하며, 열을 내리게 한다. 근육과 뼈를 든든히 하므로 체내에 수습이 있는 사람에게 좋다.

사인 방향성이 있는 식품으로, 성질이 맵고 따뜻하다. 습탁을 없애 주고 소화기의 기능을 일깨워 주며, 기기가 잘 이루어지게 한다. 이러한 성질로 아이의 성장을 도와주며 소화기를 튼튼하게 해 준다. 습으로 인하여 기가 잘 돌지 못하는 체질, 식욕 부진, 임신부에게 좋다.

모과 성질이 시고 껄끄러우며 따뜻하다. 간경, 비경, 위경으로 들어가 소화기를 원활히 해 주고 습을 원활히 배설시켜 근육이 경직되거나 경련을 일으키는 것을 도와주며, 근육과 뼈를 튼튼히 해 주므로 컴퓨터를 많이 사용하여 근육이 뭉쳐 있는 사람들이나 쉽게 피곤한 현대인들에게 좋다.

보통 술에 담갔다가 식용하면 좋으며, 술을 못 마시는 사람은 꿀이나 설탕에 재었다가 차로 마시면 좋다.

10. 해표 식품의 성질과 효능

해표 식품은 몸의 기를 체외로 발산하여 몰아내 주어 땀이 잘나게 하며, 아직은 얕게 침입한 사기邪氣를 몰아냄으로써 영기營氣와 위기衛氣의 운행을 원활히 하여 사기가 침입해 생긴 병을 치료한다. 피부에 발진을 가라앉히고 곪은 것을 터지게 하며, 풍습을 멎게 한다. 해표 식품은 방향성이므로 오래 끓이면 효과가 없다.

차조 잎 물고기와 게의 독성을 해독해 주므로 소화기의 기가 순조롭게 돌지 못하는 사람, 배가 더부룩한 사람, 태아가 잘 성장하도록 도와준다.

생강 성질이 맵고 따뜻하며 폐경, 위경, 비경으로 들어간다. 땀을 내게 하여 땀과 함께 체외로 배설되게 하며, 속을 따뜻하게 해 주고 구토를 막아 주며, 폐에 들어온 한寒에 의한 기침을 멎게 한다. 소화 불량이 있는 사람, 차멀미를 예방하기 위해 담결석에 식용으로 사용하면 좋다.

11. 수삽 식품의 성질과 효능

수삽 식품은 수렴하여 고정시켜 잘 나가지 않게 하는 성질이 있다. 설사를 멎게 하고 정액을 나가지 않게 하며, 소변의 횟수나 양을 줄여 준다. 가래, 기침을 멎게 한다.

산수유 성질이 시고 따뜻하며 간경으로 들어간다. 간과 신을 보호하고 정이 잘 배설되지 않도록 하며 눈을 밝게 하고, 간과 신이 허한 사람, 피곤한 사람이나 노인에게 좋다.

연밥 수련과 식물인 연의 씨를 말려서 사용한다. 맛은 달고 떫으며 신경 안정 효과가 있다. 신장과 비장을 튼튼하게 해 주며 비장이 허해서 생긴 설사 등에 좋다.

석류 성질이 시고 서늘하다. 장에 작용하여 설사를 멎게 하고 대하를 멎게 하며, 자궁의 혈을 멎게 한다.

매실 성질이 시고 껄끄러우며 폐의 기를 수렴시킨다. 체내 수분이 건조해진 체질, 입이 마르고 입 냄새가 있는 사람, 여름철의 무더운 시기 소화기 병을 예방해 준다.

12. 기타 약선 식품 재료의 성질과 효능

천궁 미나리과에 속하는 천궁의 뿌리 줄기로, 중국이 원산지이다. 혈액 순환을 좋게 하며, 당귀와 적절히 쓰면 조혈 작용을 촉진시킨다.

여지 무환자과 식물인 여지의 열매로, 둥근 모양이며 거북이 등처럼 되어 있다. 과육은 시고 달며 독특한 향기를 지닌다. 간과 비장에 이롭고 정신을 편안하게 한다.

산사 배나무과에 속하는 산사나무의 열매를 말린 것으로, 식욕을 돋우고 체기를 풀어 준다. 혈압을 내려 주고 설사에 좋다.

복령 땅속에서 소나무 등의 나무뿌리에 기생하는 균핵이다. 크기는 10~30cm이며 둥글거나 길쭉하거나 덩어리 모양으로 생겼다. 강장의 이뇨 진정 효과가 있으며, 방광염, 요도염에 좋다.

백출 비장을 튼튼하게 하고, 소화관 및 피하 조직에서 일어나는 수분 대사 조절에 관여하며, 부종에 효능이 있다.

당귀 미나리과에 속하는 참당귀의 뿌리이다. 진통, 배농, 지혈, 강장 작용이 있다. 복통, 종기, 타박상 및 부인병에 이용된다.

백편두 콩과 식물로 까치콩, 나물콩, 제비콩이라고도 한다. 비위가 약하거나 더위와 습기로 인한 설사에 효과적이다.

감초 감초의 뿌리를 말린 것으로, 껍질이 얇고 붉은 빛을 띠며, 단맛이 있어 감미료로 사용한다. 해독 작용을 하며 약재들을 조화시키는 효능이 있다.

숙지황 생지황의 뿌리줄기를 찐 것으로, 맛이 달고 쓴맛이 나며, 따뜻한 성질이 있어 혈을 보하고 생명을 발동시킨다. 머리를 검게 하고 무릎이 시리고 아픈 증상, 월경 이상 및 어지럼증에 효과가 있다.

백작약 백작약의 뿌리로, 비장을 튼튼하게 만들고 체내의 습한 기운을 없애 준다. 기침과 가래가 심하고 전신이 붓고 소변 양이 적을 때, 임신부의 구토 등 태동이 불안할 때 좋다.

CHAPTER 07

사찰음식과 약선

1. 사찰음식이란?

사찰음식은 불교의 수행이 이루어지는 사찰에서 먹는 모든 음식을 말한다. 또한 사찰음식은 음식 재료의 재배에서부터 음식을 만드는 일도 수행의 연장이며 법당의 부처님에게 올리는 공양을 준비하듯 음식을 정성껏 만들어 사부대중이 평등하게 먹는 것까지 모두를 사찰음식이라고 할 수 있다. 사찰음식은 속가의 음식과는 조리법과 그 음식에 담긴 뜻이 많이 다르며, 요즘은 새로운 불교 음식 문화로 자리잡아 가고 있다.

2. 사찰음식의 유래

우리나라에 들어온 불교는 공인되면서 왕실의 보호 속에 궁중 음식과 만나게 되었다. 불교는 호국적이고 귀족적이었으며 기복적祈福的이던 것이 고려 시대를 거쳐 조선 시대에 오면서 정치적 탄압에 의해 위축되어 수난을 맞게 되었다. 그러나 민중들에게는 무언가 구원해 줄 수 있는 절대자가 필요하였다. 그 시대의 불교는 백성들에게 유일한 종교적 위안과 용기를 주면서 전통 종교로서 명맥을 유지하였다. 그 후 스님들은 대개 기를 들고 법고, 꽹과리, 징 등을 울리면서 마을을 방문, 염불로 기복 권선하면서 전 시대와는 다른 양상으로 전개되어 갔다. 이와 같이 불교가 왕실 종교에서 민중 종교로 전개되면서 사찰음식 또한 궁중 음식과의 만남을 바탕으로 평민들의 민속 음식과 접하면서 좀 더 토속적인 음식 문화로 변화되어 갔다.

3. 사찰음식의 특징*

(1) 수행 음식

사찰음식에서는 유제품을 제외한 모든 동물성 식품과 '오신채'(매운맛을 내는 5가지 채소: 파, 마늘, 부추, 달래, 홍거)를 금하고 있다.

동물성 식품, 즉 육식을 금하는 이유는 부처의 가르침 중 『열반경涅槃經』에서 '육식은 자비의 종자를 끊는 것'이라 하였고, 이러한 가르침은 모든 살아 있는 생명을 내 몸과 같이 여기는 불교적 자비관에서 비롯된 것이다. 아울러 수행 생활에 방해가 되는 매운맛이 나는 5가지 채소를 쓰지 않는 전통이 있는데, 이는 오신채가 지닌 약리 특성상 선정 수행을 방해하는 부분에 대한 우려와 더불어 음식 맛을 더해 주는 향신료의 특성상 '맛'에 대한 작은 탐착이라도 일어나 수행에 방해가 될 수 있음을 경계한 것이라고 할 수 있다.

위와 같은 내용에서 알 수 있듯이 우리나라 사찰음식의 가장 큰 특징은 집

* 사찰음식(http://www.koreatemplefood.com)에서 발췌.

착에서 벗어나 모든 생명들이 서로 의지해서 존재하고 있음을 깨닫고, 조화롭게 공존하는 세상을 만드는 수행 정신이 담겨져 있는 것이라고 하겠다.

(2) 자연 음식

사찰음식에는 인공 조미료를 쓰지 않고, 자연 재료로 만든 천연 조미료를 사용한다. 사찰에서 사용하는 천연 조미료로는 버섯 가루, 다시마가루, 제피 가루, 들깨 가루, 날콩가루 등이 대표적이다. 각종 국물과 무침, 조림, 김치 등을 만들 때 이 천연 조미료들을 사용하여 영양상의 불균형을 해소하고 음식의 풍미감을 더한다.

아주 오랜 옛날부터 사찰에서 사용해 온 이러한 천연 조미료들은 오늘날 만연하고 있는 각종 화학조미료의 폐해로부터 사람들의 건강을 보호하는 가장 유력한 대안으로 주목받고 있다

(3) 저장 음식

사세절의 변화가 뚜렷한 우리나라에서는 겨울에 식재료를 구하기가 매우 어려웠다. 특히 큰 눈이 오면 외부와 고립될 수 밖에 없는 산중 사찰에서는 긴 겨울을 나기 위해 음식을 저장하는 방법이 발달하기 시작하였다.

오래 두고 먹을 수 있는 대표적인 저장 식품으로는 장류, 각종 장아찌, 초절임, 소금 절임, 장 절임 등의 절임류, 미리 말려 두었다 쓸 수 있는 튀김류와 부각류, 그리고 김치 등이 있다. 이러한 저장 식품은 영양소의 파괴를 줄이면서 채소에 모자라는 영양을 보충해 주기도 하였다.

(4) 발효 음식

사찰에서는 발효 방법을 활용하여 다양한 음식을 만들고 있다. '발효'는 미생물이 각종 효소를 분비하여 특유의 최종 산물을 만들어 내는 현상이다. 대표적인 발효 음식으로 서양에 치즈와 요구르트, 와인 등이 있다면, 우리나라에서는 김치와 간장, 된장, 고추장, 식초와 식혜 송차 등이 중심을 이루고 있다.

발효 음식에서 생겨나는 다양한 영양소는 깊은 맛을 내는 동시에 콜레스테롤 수치를 낮추어 줄 뿐만 아니라, 항암 효과를 지니고 있어 각종 성인병으로부터 우리 몸을 지켜준다.

(5) 친환경 건강 음식

사찰음식은 건강 음식이다. 사찰음식은 탄수화물, 지방, 단백질뿐만 아니라 비타민과 각종 무기질이 풍부한 음식 재료를 사용함으로써 영양의 균형을 유지하며, 콜레스테롤이 현저히 낮은 것이 특징이다.

또한 자연 친화적인 제철 식재료와 음식물을 남기지 않는 발우 공양은 지구 환경의 오염을 줄여 줄 수 있는 친환경적인 식생활이다. 따라서 우리나라 사찰음식은 전 세계인들과 지구의 건강을 위한 건강식이라고 할 수 있다.

4. 경전에 나타난 불교의 식생활*

경전 『사분율四分律』에서 부처는 일상의 식품 모두가 약이라며 다음과 같은 4가지의 식생활을 권하였다.

(1) 때에 맞는 음식을 먹어라

부처가 권장한 식생활은 아침은 죽식, 점심은 딱딱한 음식, 저녁에는 과일즙 등이다. 아침은 뇌 활동을 위한 부드럽고 간단한 음식 죽이며, 점심에는 활동량이 많으므로 장 운동의 활발을 돕기 위해 딱딱한 음식을 권하였고, 저녁에는 음식을 먹으면 독약과 같으므로 잠자기 전에 아무것도 먹지 말아야 하지

* 선재(2004). 『선재스님의 사찰음식』. 디자인하우스.

만 아침과 점심에 먹은 음식을 배설시키기 위해 과일즙을 권한다고 하였다.

(2) 제철의 음식을 먹어라

경전 『금광명최승왕경金光明最勝王經』 24 제병품에 보면 "중생들에게 4가지 병이 있으니 봄에는 가래 심화병이 나고, 여름에는 풍병이 생기며, 가을에는 황열, 겨울이면 3가지 병이 한꺼번에 나니, 봄에는 떫고 뜨겁고 매운것을 먹고, 여름에는 미끈미끈하고 뜨겁고 짜고 신것을 먹으며, 가을에는 차고 달고 미끈미끈한 것을, 겨울에는 시고 떫고 미끈미끈하고 단것을 먹어라"고 나온다.

(3) 골고루 섭생하라

당시에는 모든 비구들이 탁발을 하도록 되어 있었다. 탁발은 무소유에서 비롯된 것이지만 골고루 섭생하기 위한 부처의 배려이기도 하였다. 탁발은 한 번에 반드시 일곱 집을 돌았는데, 그 이유는 일곱 집의 음식이 다르기 때문에 골고루 먹게 하기 위함이며, 일곱 집 모두 공덕을 쌓게 하기 위함이었다

(4) 과식은 금하고 육식은 절제하라

육식은 장에 머무는 시간이 채소의 2배 시간이 걸리니 되도록 절제하되 꼭 먹어야 한다면 채소를 육식의 2배 양을 먹으라 하였다. 이외에 오신채와 육식을 금하였지만 체질에 따라서 허용하였다. 또한 전체식이라 하여 모든 음식을 버리지 말고 다 먹으라 하였다. 채소는 뿌리에서 잎까지, 과육은 껍질에서 과육까지 다 먹기를 권하였다. 또한 체질에 맞는 음식 먹기를 위해서는 자신이 태어난 곳의 음식을 먹으라 하였다.

5. 사계절 사찰음식의 조리 방법

1) 봄

원추리토장국

- 원추리 200g, 된장 2큰술, 고추장 1큰술, 쌀뜨물 7컵, 다시마 1장을 준비한다.
- 원추리는 잎 사이사이 먼지를 골고루 씻어 먹기 좋게 자른다.
- 쌀뜨물에 된장과 고추장을 풀고 다시마를 넣고 끓이다가 다시마는 건져 내고, 맛이 어우러지면 원추리를 넣고 좀 더 끓인다.

두릅초회

- 두릅 200g, 소금 1작은술, 초고추장(고추장 1큰술, 설탕 1작은술, 식초 1큰술, 통깨 약간)을 준비한다.
- 두릅은 밑동을 자르고 굵은 것은 십자로 칼집을 넣는다.
- 냄비에 물을 넉넉히 붓고 끓으면 밑동부터 넣고 초록이 되게 완전히 삶은 다음 찬물에 헹구어 초고추장과 함께 낸다.

2) 여름

차조기죽

- 불린 쌀 1컵, 차조기 잎 20장, 소금 약간을 준비한다.
- 차조기 잎은 채 썰어 두고 쌀은 1시간 정도 불린다.
- 냄비에 물 6컵과 쌀을 넣고 끓이다가 죽이 퍼지기 시작하면 차조기 잎을 넣고 소금 간을 한다.

풋콩조림

- 풋콩 2컵, 진간장 4큰술, 물엿 2큰술, 설탕 1/2큰술, 참기름 약간을 준비한다.
- 풋콩은 껍질을 벗겨 깨끗이 손질하여 냄비에 담고 물을 자작하게 부어 끓어 오르면 뚜껑을 연다.
- 물을 조금만 남기고 따라 버린 후 진간장과 물엿을 넣고 뚜껑을 연 채 은근히 조린다.
- 참기름과 설탕으로 마무리한다.

3) 가을

마구이

- 마 1개, 참기름, 죽염을 준비한다.
- 마는 껍질을 벗겨 1cm 두께로 둥글게 썰어 둔다.
- 잘 달군 프라이팬에 참기름을 두르고 앞뒤로 노릇하게 구운 후 소금으로 간한다.

싸리버섯볶음

- 싸리버섯 400g, 청·홍고추 2개, 소금, 들기름, 진간장 약간을 준비한다.
- 싸리버섯은 소금물에 데쳐 미지근한 물에 서너 시간 담가 쓴맛을 없앤다.
- 고추는 씨를 털고 반으로 갈라 길게 썬다.
- 프라이팬에 기름을 두르고 싸리버섯을 넣어 볶다가 소금으로 간하고 고추를 넣어 한 번 더 볶는다.

4) 겨울

연근죽

- 현미 찹쌀 1컵, 연근 1개, 소금 약간을 준비한다.
- 현미는 5시간 이상 불렸다가 물은 현미의 8배 정도 붓고 끓인다.
- 연근은 겁질을 벗겨 강판에 간다.
- 죽은 퍼지기 직전 연근 간 것을 넣고 한 번만 더 끓인 후 불을 약하게 하여 뜸을 들인다.
- 연근 썬 것을 2쪽 정도 물에 데쳐 죽위에 놓는다.

무조림

- 무 600g, 다시마 1장, 표고버섯 4장, 진간장 4큰술, 고춧가루 1큰술, 들기름 1큰술을 준비한다.
- 무는 큼직하게 썰어 진간장을 부어 충분히 절인 다음, 냄비에 무를 넣고 자작하게 물을 부어 끓이다가 조림이 끓으면 고춧가루, 들기름을 넣고 졸인다.
- 반쯤 익으면 큼직하게 썬 다시마, 불린 표고버섯을 넣고 국물이 졸아들 때까지 중간 불로 끓인다.

한약재 식품 재료 100선

용안육

감국

숙지황

녹각

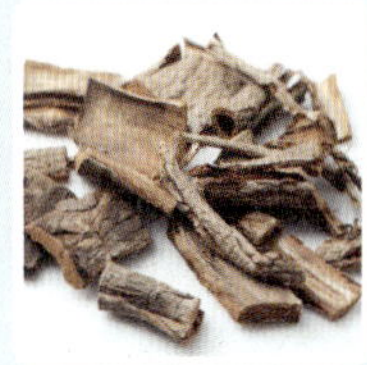
유근피

두충

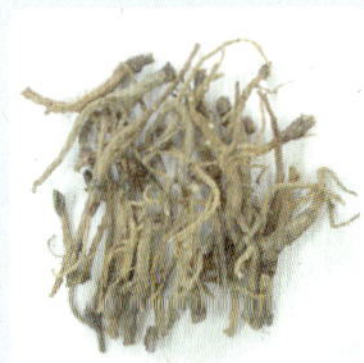
시호

생강

건도라지

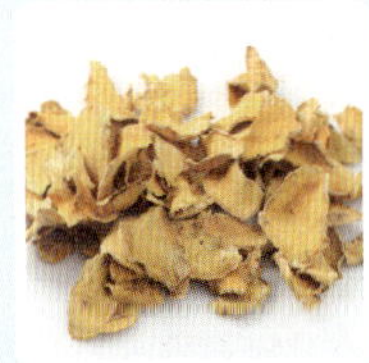
강황

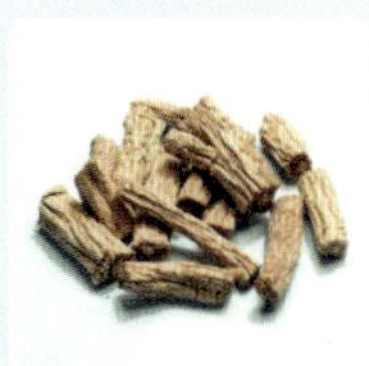
만삼

맥문동

서리태

흑임자

상엽

곽향

백합

구기자

갈근

감초

우슬

원지

하수오

당귀

복령

석창포

헛개나무

인삼

백작약

천궁

백출

육계

엄나무

황기

가지

밤

은행

대추

잣

멥쌀

기장

냉이

늙은호박오가리

단호박

달래

당귀 잎

당근

대파

두릅

들깨

마늘

맥아

목이버섯

무

무장아찌

미나리

백련초

상수리

석이버섯

시래기

쑥

아몬드

애호박

양상추

양파

도미

새우

오징어

장어

홍합

오이

우엉

원추리

검은수탉

삼겹살

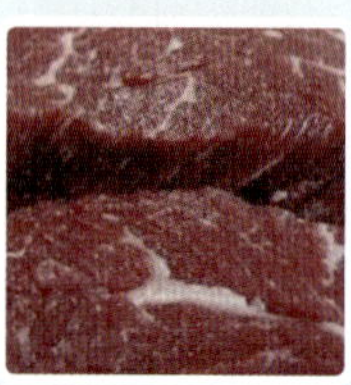
소고기

토종 암탉

팥

녹두

조갯살

참나물

천엽과 소간

청양고추

취나물

치자

파프리카

호박오가리

방풍잎

매화꽃

참깨

오미자

표고버섯

달걀

수삼

마

부추

두부

아욱

도라지

곰취

PART 02

약선 조리 실무

• 알아두기 •

식품의 5가지 특성

온(溫): 따뜻함 **열**(熱): 더움 **량**(凉): 서늘함 **한**(寒): 차가움 **평**(平): 평이함

식품의 7가지 맛

산(酸): 신맛 **고**(苦): 쓴맛 **감**(甘): 단맛 **신**(辛): 매운맛 **함**(鹹): 짠맛 **담**(淡): 싱거운 맛 **삽**(澁): 떫은맛

치료와 효능

『동의보감』, 『한국본초학도감』의 내용과 임상 경력 등을 응용하여 기록

주식류와 약선음식

밥 황국감초밥 / 용안현미김밥 / 곽향양지육수비빔밥 / 봄나물과 청국장비빔밥

죽 도라지약선죽 / 강황약선죽 / 곶감죽 / 복령타락죽 / 도토리죽 / 산약죽 / 보양녹각죽 / 냉이약선죽 / 방풍약선죽

면 황자계만둣국 / 용안육소고기편수 / 우엉된장수제비

황국감초밥

밥

주재료: 황국(말린 것) 10g, 감초 10g, 기장(혹은 메조나 차조) 1컵, 찹쌀 1/2컵, 멥쌀 1/2컵
부재료: 양념, 밥물, 감초 우린 물 5컵

서유구(1764), 『임원십육지: 정조지』, 이효지 외 역(2007), 교문사. pp.10~11
안덕균(2003), 『한국본초도감』, 교학사. **국화 p.37** / **감초 p.710**
허준(1611), 『동의보감3. 침구탕액 편』, 최창록 역(2003), 푸른사상. **좁쌀 p.88** / **멥쌀 p.89** / **찹쌀 p.90**

조리 방법

1 감초를 깨끗하게 씻어 물 10컵을 넣고 센 불에서 끓이다가 황국을 넣고 중간 불로 끓여 물의 양이 1/3이 되면 불을 끄고 체와 면보에 받쳐 준비한다.

2 찹쌀과 멥쌀, 기장을 각각 씻어 30분간 불려 놓는다.

3 찹쌀과 멥쌀, 기장을 함께 넣고 황국 우린 물을 넣고 밥 조리를 준비한다.

4 평소 밥을 조리할 때보다 찹쌀이므로 되다 싶을 정도로 물의 양을 쌀의 1배로 붓고 끓인다(손을 넣어 보아 가운뎃손가락 중간쯤 오면 된다).

5 압력솥에 밥을 하면 더 빠른 시간 안에 조리할 수 있는데, 시간 조절을 잘해야 한다.

6 밥이 다 되면 그릇에 살살 퍼 눌러지지 않게 담는다.

7 황국과 감초의 향이 향긋하여 맛있는 여러 반찬들과 함께 다 어울린다.

특징

국화는 두통과 어지러움을 개선시키고, 신경 써서 일어나는 고혈압으로 팽창되는 듯한 아픈 증상을 치료하며, 간 기능 활성, 열독 제거, 혈압 강하, 해열, 항염증에 효과가 있다.

감초는 정신을 안정시키고 항궤양 작용, 진해 거담 작용, 약물 중독을 해독시키며 면역 기능을 항진시키고 혈당 강하 작용과 산후 뇌하수체 기능을 저하 증진시키고 만성 요통, 약침 치료 효능이 있다.

찹쌀과 멥쌀, 기장은 맛이 달고 평이하며 소화를 잘되게 하고, 현대인의 스트레스로 인한 마음속 번뇌를 없애 주고 보중익기하여 감초와 국화와 함께 밥을 조리하여 먹음으로써 맛의 특이성도 없으며 국화의 은은한 향기와 함께 시력 보호와 혈압의 개선, 요통의 치료 등 누구나 먹어도 해가 없고 몸에 보가 되며 면역성을 길러 모든 질환으로부터 건강을 지키는 기초가 된다.

"자색 줄기의 황색 국화를 따다가 감초탕에 데친 것을 설익은 조에 넣고 같이 밥을 지으면 밥맛이 좋을 뿐 아니라 오래 먹으면 눈이 밝아지고 수명을 연장시킨다. 만약 남양의 감곡수에 삶으면 더욱 좋다."

『산가청공』

효능과 치료 효과

재료	성질과 맛	효능과 치료 효과
황국	미한(微寒) / 신감고(辛甘苦)	혈류 촉진, 해열, 항염, 고혈압, 두통, 어지럼증
감초	평(平) / 감(甘)	장기간 복용 금지, 해독, 항암, 면역, 진해 거담, 산후 뇌하수체 기능 강화, 소화성 궤양, 요통, 기관지 천식, 식중독
찹쌀	온(溫) / 감(甘), 무독(無毒)	보중익기(補中益氣), 건비지사(健脾止瀉), 난위(暖胃), 허한식소(虛寒食少), 기허자한(氣虛自汗), 식소(食少)
멥쌀	평(平) / 감(甘)	보중익기(補中益氣), 제번갈(除煩渴), 건비화위(健脾和胃), 비위기허(脾胃氣虛), 권태핍력(倦怠乏力), 심번구갈(心煩口渴), 설사(泄瀉)
기장	평(平) / 감(甘)	익기보중(益氣補中), 이질, 구토, 소아의 아구창, 화상

용안현미김밥

밥

| 다이어트 약선 |

주재료: 용안육 30g, 현미밥(2공기)

부재료: 우엉 조림(얇게 자른 긴 것) 8개, 단무지(얇게 세로로 자른 것) 4줄, 닭고기 가슴살 300g, 참기름, 소금, 김 4장

안덕균(2003), 『한국본초도감』, 교학사. **우엉 p.21** / **용안육 p.774** / **오이 p.233**

허준(1611), 『동의보감3. 침구탕액 편』, 최창록 역(2003), 푸른사상. **닭 pp.116~119** / **현미 p.89**

조리 방법

1 현미는 하루 전 물에 담가 되직하고 고슬하게 밥을 조리해 준비한다.

2 고슬하게 조리된 현미밥 2공기에 참기름과 소금으로 비벼 놓는다.

3 용안은 베트남산으로, 연한 갈색에 과육이 살짝 말려져 있는 것을 물에 불려 씻어 체와 면보에 받쳐 물기를 제거해 놓는다.

4 지단을 두껍게 부쳐 김밥 단무지 모양으로 길게 썰어 놓는다.

5 우엉도 길게 썰어 조려 놓는다. 오이도 단무지처럼 썰어 소금에 살짝 절여 물기를 거두어 놓는다.

6 닭고기도 단무지 길이와 두께로 썰어 고기 양념하여 구워 놓는다.

7 김발에 김을 놓은 후 비빈 밥을 1/3로 펼쳐 놓는다.

8 밥 위에 준비한 재료를 가지런히 색 맞추어 놓은 후 앞으로 당겨 가면서 돌돌 말아 완성한다.

9 김밥 겉에 참기름을 바르고 1cm 두께로 썰어 놓는다.

특징

용안의 맛은 달고 따뜻한 성미를 가지고 있다. 장복하면 의지가 강해지고 총명해지며 건망증이 없어진다. 또한 마음을 안정시키고, 강장 작용, 항산화 작용, 면역 기능 활성과 옴균을 억제하는 작용이 있다. 임상 보고에 의하면 소화기 질환을 다스리고 부인의 백대하를 제거시키며, 어지럼증, 관상동맥 질환에 효능이 있다.

오이는 해독 작용과 함께 열을 내려 가슴속 답답한 증상을 풀어 주는 효능으로 마음의 안정과 몸의 평안을 가져다 준다.

우엉은 찬 성질로, 오이와 유사한 기능을 하며, 황색 포도상구균 억제 작용이 있어 위생상 문제를 일으키지 않아 단체 급식용으로도 좋은 식재료가 될 수 있는 식품이다.

현미는 췌장을 보익하게 하여 튼튼하게 하고, 단백질이 많아 영양면에서 손색이 없으며, 섬유질이 많아 다이어트 및 변통 조절에 효과가 있다.

닭고기는 단백질이 풍부하여 기혈이 부족한 습관성 변비와 다이어트에 효과가 있다. 또한 달걀도 단백질이 풍부하여 적은 양으로도 단백질의 영양을 대체할 수 있으며 다이어트로 인한 심신의 불안 증세를 완화시켜 준다.

용안현미김밥은 영양 섭취를 최적의 상태를 유지하는, 누구나 먹어도 해가 되지 않는 고급스러운 대중적인 음식이다.

효능과 치료 효과

재료	성질과 맛	효능과 치료 효과
용안	온(溫) / 감(甘)	강장, 항산화, 면역성 강화, 소화기, 백대하, 어지럼증
현미	평(平) / 감(甘)	보기건비(補氣健脾), 제번갈(除煩渴), 지사리(止瀉痢), 섬유질로 인한 변통 조절
우엉	한(寒) / 신고(辛苦)	해열, 소염, 해독, 황색 포도상구균 억제, 편두통, 성홍열, 인후 치료
오이	냉(冷) / 감(甘)	해독, 항종양 작용, 충혈되고 아픈 눈 치료, 열을 내려 가슴속 답답한 증상 해소
닭고기	온(溫) / 감(甘)	온중(溫中), 익기(益氣), 보정(補精)

밥

척추관 협착증 완화 약선

곽향양지 육수비빔밥

조리 방법

(보통 비빔밥 조리하는 순서로 하되, 밥물의 준비만 양지와 한약 재료 등 곽향 우려낸 물로 조리한다.)

1 녹각, 아교, 두충, 속단, 우슬, 오가피, 구기자, 대추를 소 양지와 함께 삶아 국물만 밥물로 준비한다. 곽향도 고기가 어느 정도 끓으면 함께 넣어 삶아 낸다.

2 소갈빗살은 얇게 너비 0.2cm, 길이 6cm로 썰고, 건표고버섯은 따뜻한 물에 불려 곱게 채 썬 다음 각각 양념한다.

3 애호박은 돌려깎기 하여 4×0.2×0.2cm로 채 썰어 소금에 절인 다음 꼭 짠다.

4 숙주는 머리와 꼬리를 따고 삶아서 무치고, 고사리, 도라지도 다듬어 손질하고 애호박과 같은 크기로 썰어 밑간을 한다.

5 동태살은 4×1×0.3cm로 썰어 밑간하고 밀가루를 묻혀 달갈옷을 입혀서 전을 부친다.

6 다시마는 기름에 튀겨 잘게 부수고 달걀은 황·백으로 지단을 부쳐서 4×0.2×0.2cm로 채 썬다.

7 숙주를 제외한 위의 부재료를 각각 볶아 식힌다.

8 한약 재료 우린 육수에 밥을 고슬고슬하게 지어 조리한다.

9 그릇에 밥을 담고 소고기 볶은 것을 먼저 얇게 깐다.

10 약고추장을 고기 없이 볶아 둔다(고추장 1큰술, 설탕 1작은술, 물 1작은술).

11 장식한 밥 위에 지단, 생선전, 나물, 튀각 등을 색색이 얹은 후 볶은 약고추장과 다시마 튀각을 함께 올려 낸다.

주재료: 멥쌀(씻어 불린 것) 2컵, 소갈빗살 150g, 건표고버섯 2장, 애호박 50g, 숙주 30g, 고사리 50g, 도라지 30g, 동태살 50g, 밀가루 2큰술, 달걀 2개, 다시마 5cm, 식용유 2큰술

육수 재료: 양지 50g, 곽향 5g, 녹각 5g, 아교 5g, 두충 10g, 속단 3g, 우슬 3g, 오가피 5g, 구기자 5g, 대추 5개

소고기·표고버섯 양념 재료: 간장 1/2작은술, 설탕 1/3작은술, 파 1/2작은술, 다진 마늘 1/4작은술, 후춧가루 1/8작은술, 참기름 1/4작은술, 깨소금 1/2작은술

약고추장 양념 재료: 고추장 2큰술, 물 2큰술, 설탕 2작은술, 파 1/2작은술, 마늘 1/4작은술, 깨소금 1/2작은술, 참기름 2큰술

안덕균(2003), 『한국본초도감』, 교학사. **오가피 p.306** / **우슬 p.308** / **곽향 p.386** / **아교 p.789** / **녹각 p.790** / **두충 p.722** / **구기자 p.726**

허준(1611), 『동의보감3. 침구탕액 편』, 최창록 역(2003), 푸른사상. **속단 p.300** / **소고기 p.139** / **아교 p.143**

특징

녹각은 골수를 보하고 치아를 튼튼히 하며 정력에 이롭고, 기를 보하는 효력을 갖고 있다. 아교는 전치교(傳致膠)라고도 하는 당나귀의 피부에서 풀과 같은 교질을 분리한 젤라틴이 주성분으로, 혈을 보하고 음의 기를 원활하게 해 주며, 한습으로 인한 요통을 다스린다. 약리 작용으로는 조혈 기능 촉진 작용이 있고, 항방사능 작용과 면역 기능 항진 작용, 항산화, 항한랭 작용이 있다. 지혈 작용이 있어 임신 출혈, 자궁 출혈과 월경 과다 등 유산기가 있는 환자에게 사용된다. 또한 항근육 위축증, 항쇼크, 이뇨 작용이 입증되었다. 아교는 허약 체질이나 몸의 기운이 쇠했을 때 스테미너를 보충해 주는 데 탁월한 효과를 보이며, 허리나 배의 통증, 몸이나 팔다리가 시리고 아픈 데 치료약으로 쓰인다. 그러나 점성이 있는 성질을 가지고 있으므로 소화 기관에는 부작용을 일으킬 수도 있어 소화기가 안 좋은 사람은 복용을 금한다.

두충의 약재 달인 물은 혈관, 평활근에 직접 작용하여 확장 작용을 일으켜 혈압을 내리며, 항노화 작용이 있으며, 항염증 작용이 있고 정진통 작용과 신체 면역 기능 조절, 항알레르기와 자궁 수축 작용, 이질, 대장균, 포도상구균 억제 작용이 있다. 임상 보고에 의하면 성장 촉진과 원발성 좌골 신경통에 효과가 있다. 요통과 디스크 관절염에 효능이 있다.

속단은 성질은 따뜻하며 맛이 쓰고 매우며 독이 없다. 경맥을 통하게 하며 근골을 이어 주어 이름이 속단(續斷)이다. 부인의 붕루대하, 뇨혈을 치료한다. 마디마디 끊어지는 약재가 좋다. 술에 담가 불에 쬐여 말려 쓴다. 우슬은 간신의 부족으로 인한 근육과 골격의 연약 증상 치료, 어혈 제거, 관절과 무릎의 통증 완화, 단백질 촉진 작용, 혈당 강하 작용, 자궁 경관 확장과 지혈 작용을 하여 인공 유산을 한 여성에게 좋다.

오가피는 비특이성 면역 증강과 항산화, 항피로 작용이 있으며 내분비 계통의 기능 문란을 조절한다. 골절과 타박상에 유효하다.

구기자는 간신음허(肝腎陰虛)로, 어지럽고 무릎에 힘이 없으며 남성이 유정이 있어 임신을 못 시킬 때 등에 좋다. 구기자 달인 물은 조혈 기능이 있으며 폐 기능 약화 치료, 항지방간의 작용이 있으며, 혈압과 혈당을 내리고 암세포 억제 작용이 있다.

곽향은 습과 비위가 정체된 것을 치료하고 소화 장애에 도움이 되며, 여름철의 구토와 설사에 효력이 있다. 피부 진균, 포도상구균, 대장균, 황색 포도상구균의 발육을 억제하고 위액 분비를 촉진하여 소화력을 높인다.

소갈빗살은 부드러우며 감칠맛이 나고 달다. 독이 없고 비위를 기르고 토설을 없애 주며, 소갈을 치료하고 수종을 없앤다. 또 사람의 근골을 강하게 하고 허리와 다리를 보익한다. 중년기 체력의 고갈과 함께 허리와 다리에 힘이 없고 요통 증세와 척추 협착, 허리 디스크 등을 앓고 있는 중년 남녀에게 녹각과 아교는 뼈를 튼튼하게 하는 바탕이 되며 두충, 속단, 우슬, 오가피, 구기자는 보조 치료 약재로서 약선적 의미와 치료 효과가 있다. 또한 갱년기를 앓고 있는 여성에게 소고기로 근력을 주고, 표고버섯은 허리 척추 협착에 좋은 식품 재료이다. 곽향의 성분으로 식욕 부진과 소화 장애를 해결하여 원활한 식사가 되게 한다. 또한 채소류의 다양한 섭취로 비만해지기 쉬운 체력과 체중 조절 효과를 높여 준다.

효능과 치료 효과

재료	성질과 맛	효능과 치료 효과
멥쌀	평(平) / 감(甘)	보중익기(補中益氣), 제번갈(除煩渴), 건비화위(健脾和胃), 비위기허(脾胃氣虛), 권태핍력(倦怠乏力), 심번구갈(心煩口渴), 설사(泄瀉)
애호박	평(平) / 감(甘)	폐결핵, 생리 불순, 복통
소갈빗살	온(溫) / 감(甘)	토설 치료, 소갈 치료, 수종 제거
도라지	평(平) / 고신(苦辛)	거담 작용, 혈당·콜레스테롤 강하, 개선균 억제, 폐농양, 진해, 항염, 면역항진, 항암, 편도선
곽향	미온(微溫) / 신(辛)	피부 진균, 황색 포도상구균 억제, 소화력 촉진. 식욕 부진, 구토, 소화 장애, 설사에 효과
녹각	온(溫) / 감(甘)	성호르몬 분비 촉진, 항산화, 항노화, 뇌세포 활성, 기억 증진 효과, 양기 부족, 유노, 항피로, 재생 불량 빈혈, 요로 결석, 소아 성장 발육 촉진
아교	평(平), 미온(微溫) / 감(甘), 신(辛)	보혈, 지혈, 자음, 윤조, 조혈, 항산화, 초기 결핵의 객혈, 만성 궤양성 대장염
두충	온(溫) / 감(甘)	혈관 확장 효과, 항노화, 혈청 콜레스테롤 강하, 혈압 강하, 풍습성 관절염, 원발성 좌골 신경통 치료, 골다공증, 성장 촉진
속단	미온(微溫) / 고신(苦辛)	근골 치료, 혈맥 조절, 근골을 이어 주며, 살이 나게 한다.
우슬	평(平) / 고산(苦酸)	자궁 흥분, 이뇨 혈당 강하, 자궁 경관 확장, 지혈 작용
오가피	온(溫) / 고신(苦辛)	비특이성 면역 증강, 항산화·항피로 작용, 내분비 기능 문란 조절, 하지 무력감 및 어린이 보행이 더딘 증상 치료, 신체 부종을 가라앉힘
구기자	편(平) / 간(甘)	조혈 기능, 비특이성 면역 기능, 생장 촉진 작용, 암세포 억제 작용, 정액 분비 촉진, 만성 위축성 위염에 효험, 고혈압 치료

밥

봄나물과 청국장비빔밥

조리 방법

1 현미 찹쌀은 미리 5시간 전에 씻어 불려 압력솥에 고슬하게 지어 놓는다.

2 청국장은 실이 나는 것으로 준비하여 놓는다.

3 약고추장은 먼저 고기부터 볶다가 고추장과 설탕, 물을 넣고 약한 불에 볶는다.

4 달래는 깨끗이 씻어 새콤달콤하게 고춧가루를 넣고 무쳐 놓는다.

5 냉이는 뿌리 근처를 깨끗하게 다듬고, 뿌리가 두꺼우면 갈라서 얇게 준비하여 고추장과 식초, 설탕, 소금 등을 알맞게 넣고 싱겁게 무친다.

6 참나물과 취나물은 각각 끓는 물에 데쳐 헹구어 짠 후 간장 양념을 넣고 무친다.

7 원추리는 연한 부위로 다듬어 깨끗이 씻은 후 데쳐 물에 1시간 이상 담갔다 준비한다. 방풍도 삶아 헹군 후, 방풍과 원추리를 된장으로 각각 살짝 무쳐 놓는다.

8 두릅은 겉껍질을 떼고 씻어 데친 후 찬물에 헹구어 꼭 짠 후 준비해 둔다.

9 고슬하게 지어 놓은 밥을 큰 대접에 담고 각각의 나물을 보기 좋게 담아 그 위에 청국장을 올린다(약고추장은 취향에 따라서 먹을 수 있도록 준비한다).

Tip

청국장과 약고추장으로 비비는 비빔밥은 나물 조리 시 소금과 청장을 약간씩만 싱겁게 조리한다.

주재료: 현미 찹쌀밥 1공기, 곰취나물(삶은 것) 20g, 참나물 10g, 냉이나물(삶은 것) 20g, 원추리나물(삶은 것)20g, 방풍나물(삶은 것) 20g, 달래나물 20g, 두릅나물(삶은 것) 20g
부재료: 청국장 20g, 파(다진 것), 마늘(다진 것), 참기름 2큰술, 물 2큰술
약고추장 재료: 소고기 10g, 고추장 2큰술, 설탕 1작은술
나물 양념 재료: 마늘(다진 것) 1큰술, 생강(다진 것) 1큰술, 파(다진 것) 1큰술, 참기름 3큰술, 된장 2큰술, 통깨 1큰술, 고춧가루 1큰술, 고추장 2큰술, 식초 2큰술, 소금 2큰술, 설탕 2큰술

허준(1611), 『동의보감3. 침구탕액 편』, 최창록 역(2003), 푸른사상. **방풍 p.298** / **원추리 p.365** / **냉이 p.26** / **두릅 p.277**
안덕균(2003), 『한국본초도감』, 교학사. **곰취 p.648** / **달래 p.462**

특징

방풍은 일체의 풍증을 제거하는 묘약이다. 피부가 풍증으로 가렵거나 옴, 버짐 등에 효과적이다. 해열 작용이 있으며 진정 작용이 있고 면역 기능이 있다.

냉이는 이질에 효능이 있고, 이뇨 작용이 있다. 눈을 밝게 하며 충혈되고 아픈 증상을 치료한다. 해산 후 나타나는 전신 부종을 치료한다.

청국장에는 뇌의 활성화에 도움이 되는 레시틴(lecithin), 대두 단백, 콜린(choline), 칼슘, 비타민 B_1, 비타민 K, 칼륨, 마그네슘 등의 성분이 있다. 낫토 효능으로 뇌 활동이 활발해지고 치매 예방에도 효과가 있으며, 고혈압 예방과 다이어트 효과도 탁월하다.

달래는 살충, 온중의 효과가 있으며 여름철 명치부터 배까지 아픈 토사곽란을 치료한다. 협심통에 달래 다린 물에 식초를 넣어 끓여 복용한다.

봄의 나른한 일상에 땅의 기운을 받고 돋아난 나물을 재료로 하여 청국장에 약고추장을 넣어 비벼 먹는 봄나물과 청국장비빔밥은 두릅이 피로한 신체에 힘을 나게 할 것이며 침침하였던 눈에 냉이가 시야를 열어 줄 것이다. 곰취는 허리와 다리에 힘을 주어 잘 걷게 하고 각각의 나물들은 몸속을 깨끗하게 청소하여 혈액을 맑게 해 주며, 청국장의 대두 속 레시틴은 뇌를 활성화시켜 새봄을 맞아 출발을 시도하는 모든 사람에게 활력을 줄 것이다.

효능과 치료 효과

재료	성질과 맛	효능과 치료 효과
방풍	미온(微溫) / 신(辛), 고(苦)	해열, 진경, 면역, 항염, 황색 포도상구균 억제, 만성 요배 관절통, 풍증, 안면 신경 마비 개선
원추리	냉(冷) / 감(甘)	간디스토마 80% 효력, 항결핵 작용, 이뇨, 요통 완화, 이뇨 작용, 자궁 출혈 지연, 요통, 유방염
냉이	평(平) / 감(甘)	이질에 효력, 이뇨 작용, 토혈, 대변 출혈, 자궁 출혈, 해산 후 전신 부종, 눈을 밝게 한다. 자궁 수축 작용, 혈압 강하, 지혈 작용, 홍역 예방에 효력, 산후 자궁 출혈에 40g 달여 복용하면 치료된다.
달래	온(溫) / 신(辛)	여름철 명치부터 배까지 아픈 토사곽란 치료, 협심증, 종기와 독충 치료, 토사곽란 치료
곰취	온(溫) / 감신(甘辛)	해수, 천식, 백일해, 폐결핵으로 인한 각혈에 진해 거담 작용을 보이며 타박상 및 허리와 다리의 동통을 완화시킨다. 취나물은 따뜻한 성질을 갖고 있어 한방에서는 혈액 순환을 촉진하고, 감기, 인후염, 두통에 좋은 약재로도 쓰인다.
두릅	평(平) / 신(辛)	항피로, 면역 항진, 중추 신경 흥분, 혈압 강하, 신경 쇠약, 신기능 허약, 양기 충전, 당뇨

죽

도라지 약선죽

| 중년 여성의 비만·갑상선 질환에 효과적인 약선 |

조리 방법

1 건조 도라지, 맥문동, 느릅, 당귀와 물 20컵을 넣고 반으로 줄 때까지 끓인다.

2 물이 반으로 줄어 들면 맥문동과 도라지는 건져 따로 놓고 느릅과 당귀를 건져 낸 다음 물을 체에 받쳐 10컵을 준비한다.

3 약재 우린 물 10컵에 건져 낸 도라지와 맥문동, 용안을 넣고 물 6컵이 되도록 삶는 다음 다시 건져서 보관한다.

4 약재 우린 물 6컵에 불린 현미 1컵을 한꺼번에 붓고 나무 주걱으로 서서히 중간 불에서 끓인다.

5 죽이 뜸이 들면 꺼내어 둔 맥문동, 용안을 넣고 도라지는 먹기 좋은 크기로 잘라 함께 끓인다.

6 건더기는 취향에 따라 건져 낼 수도 있고 넣어서 먹어도 된다. 우려낸 것이라 하여도 아직 성분이 남아 있다. 도라지는 식이 섬유로 대장 질환에도 효과적이라 통째로 다 먹는다. 맥문동은 아삭한 질감으로 씹힘성이 있어 먹기에 재미도 있고, 용안육은 달달함을 더해 주어 현미죽을 맛있게 먹을 수 있게 해 준다.

7 죽이 뜸이 들면 소금으로 간하여 완성한다. 반찬으로 소화가 잘되는 무장아찌를 무쳐 낸다.

특징

맥문동은 마른기침과 해수, 각혈에 효험이 있다. 항산화 작용, 면역력 증강, 폐결핵, 소아 고열, 간염, 당뇨병, 윤장통변 효과가 있어 변비에 좋다.

당귀의 성미는 달고 맵고 따뜻하다. 단백질 합성을 촉진시키고 자궁 홍분, 중풍과 심장 박동 이상, 습진, 만성 비염, 자궁 탈수, 불면증, 흉부외과 수술 후 통증, 기관지 천식에 효능이 있으며, 항산화 작용을 한다.

느릅은 소변에 피가 나오는 증상과 요도염, 종기, 옴 버짐, 암 등에 치료 효과가 있으며, 구충 작용이 있어 장내 기생충 제거에 활용된다.

건조 도라지는 거담 작용과 혈당 강하, 콜레스테롤 강하, 폐농양 제거, 진해, 항염증 작용, 면역 항진 작용, 급성 허리 근육 손상에 효험이 있고, 급성 편도선염·인후염에 효능이 있다.

갑상선 질환에 좋은 도라지약선죽은 치료 효과와 항암 성분이 있어 암의 증상 지연 효능도 있다는 연구 결과가 있다.

또한 갑상선 기능 저하증 질환이 있으면 비만하기 쉽다. 도라지 등은 섬유질이 많아 전체를 버리지 말고 죽이나 나물밥으로 만들어 자주 섭취하면 치료 효과가 높아진다.

주재료: 도라지(말린 것) 10g, 맥문동 10g, 당귀 5g, 느릅 5g, 용안 10g
부재료: 현미(10시간 이상 씻어 불린 것) 1컵, 물 6컵, 물(약재 달인 것) 20컵

안덕균(2003), 『한국본초도감』, 교학사. **길경 p.634** / **맥문동 p.720** / **당귀 p.702** / **느릅 p.422**

효능과 치료 효과

재료	성질과 맛	효능과 치료 효과
도라지	평(平) / 고신(苦辛)	거담 작용, 혈당·콜레스테롤 강하, 개선균 억제, 폐농양, 진해, 항염, 면역 항진, 항암, 편도선
맥문동	미한(微寒) / 감미고(甘微苦)	항산화, 관상 동맥의 혈류량 촉진, 진정 작용, 면역 증강, 백색 포도상구균·대장균 억제, 간염, 폐결핵, 마른기침, 만성 위축성 위염, 소아 고열, 당뇨
당귀	온(溫) / 감신(甘辛)	자궁 흥분 억제, 유산 방지, 항산화, 항방사능, 세균 발육 억제, 기관지 천식, 결혈성 중풍, 뇌 동맥 경화, 간장 질환, 신우염, 대상포진, 만성 간염, 위·십이지장 궤양
느릅	평(平) / 감(甘)	구충 작용, 장내 기생충 제거, 종기 악창, 옴 버짐 치료
용안	온(溫) / 감(甘)	강장, 항산화, 면역성, 소화기, 백대하, 어지럼증
현미	평(平) / 감(甘)	보기건비(補氣健脾), 제번갈(除煩渴), 지사리(止瀉痢), 섬유질로 인한 변통 조절

강황약선죽

죽

| 혈압 개선 약선 |

주재료: 강황 5g, 찹쌀(가루로 된 것) 1/2컵, 멥쌀(가루로 된 것) 1/2컵, 용안육 10g

부재료: 물 10컵, 대추 5개

안덕균(2003), 『한국본초도감』, 교학사. **강황 pp.594~595**

허준(1611), 『동의보감3. 침구탕액 편』, 최창록 역(2003), 푸른사상. **강황 p.335**

조리 방법

1 용안육과 대추를 끓여 육수 10컵을 6컵 분량으로 준비한다.

2 강황 가루는 미리 끓여 놓은 육수 1컵에 걸쭉하게 풀어 놓는다.

3 남은 육수 5컵에 쌀가루를 한꺼번에 넣고 풀어 끓이다가 강황 가루즙을 넣는다.

4 죽이 뜸 들려 하면 퍼지기 전에 마른 그릇에 낸다.

5 흑임자 다식이나 생강편을 후식으로 내도 좋고, 반찬으로 싱겁게 무친 참외장아찌나 매실 장아찌 정도면 좋다.

특징

강황은 성미가 맵고 쓰며, 따뜻하다. 어혈을 제거하는 작용이 강하므로 생리통을 완화시키고, 간 기능 장애로 옆구리가 아픈 것을 완화시킨다. 종기 초기 증상에 효험이 있다. 또한 치매 예방과 면역력을 길러 준다.

강황은 담즙 분비 촉진 작용과 자궁 흥분 작용, 혈압 강하 작용, 진통 작용이 있으며, 황색 포도상구균의 발육을 억제하는 효과가 있다. 또한 항암 작용과 고지혈증을 강하시키고, 심교 통증을 감소시키는 효과가 있다.

『동의보감』에는 어혈을 주치하고 냉을 깨뜨리며 풍을 제거한다고 나온다. 강황의 쓴맛을 중화시키는 대추 다린 물과 용안의 단맛을 합한 눌에 강황 가루와 찹쌀·멥쌀가루로 죽을 쑤어 먹으면 보중익기하는 성분이 있어 보익한다. 특히 용안육의 면역 기능 강화와 마음을 안정시키는 성분으로 심신이 안정된다. 또한 강황의 혈압 강하 작용으로 고혈압에 좋으며 협심증이나 허혈성 심장 질환을 앓고 있는 환자들에게 어혈을 풀어 주는 효능이 있어 약선음식으로 좋다.

효능과 치료 효과

재료	성질과 맛	효능과 치료 효과
강황	온(溫) / 신고(辛苦)	담즙 분비 촉진, 혈압 강하, 포도상구균 억제, 고지혈증 강하, 어혈 제거, 간 기능 강화, 종기 치료, 사지 마비통 완화
용안육	온(溫) / 감(甘)	옴균 억제, 강장 작용, 항산화, 면역 기능 강화, 소화기 질환, 총명해지고 의지가 강해짐
찹쌀	온(溫) / 감(甘), 무독(無毒)	보중익기(補中益氣), 건비지사(健脾止瀉), 난위(暖胃), 허한식소(虛寒食少), 기허자한(氣虛自汗), 식소(食少)
멥쌀	평(平) / 감(甘)	보중익기(補中益氣), 제번갈(除煩渴), 건비화위(健脾和胃), 비위기허(脾胃氣虛), 권태핍력(倦怠乏力), 심번구갈(心煩口渴), 설사(泄瀉)

곶감죽

죽

| 청각 장애 완화 약선 |

조리 방법

1 부드러운 곶감으로 준비하여 씨를 빼고 잘게 썰어 준비한 물에 한소끔 끓인다.

2 쌀가루를 곶감 끓인 물에 넣고 나무 주걱으로 저어 놓는다.

3 불 조절을 중간으로 하여 곶감 끓인 물에 죽을 끓이다가 중간쯤에서 불을 약하게 한다.

4 죽이 뜸이 들면 소금을 조금 넣어 간을 맞춘다.

5 그릇을 물기 없이 닦아 둔 후 죽을 그릇에 퍼 담는다.

6 북어 보푸라기, 물김치 정도로 반찬을 내어 놓는다.

특징

감 열매를 시자(柿子)라 하고 잎을 시엽(柿葉), 곶감을 시병(柿餠)이라고 한다. 감의 떫은맛으로 수렴 작용을 하므로 설사를 멎게 하고 지혈 작용과 숙취 해소에 좋다. 가슴이 답답하거나 담이 들었을 때, 만성 기관지염에 효능이 있다. 이롱은 풍증이나 기타 경미한 귀앓이 또는 질병의 후유증에서 생긴 청각 장애(난청)로, 곶감을 멥쌀가루와 함께 죽을 쑤어 먹으면 효험이 있다. 또한 곶감은 기관지나 폐결핵, 갑상선 질환에도 효험이 있다. 여기에 설명된 죽 쑤는 방법으로 곶감죽을 쑤어 먹으면 갑상선 질환에 효과적이다.

"이롱과 코로 향취를 맡지 못하는 것을 치료하려면 곶감 3개를 잘게 자르고 멥쌀 3홉을 준비한 다음 곶감 국물에 죽을 끓여 먹는다."

『식료찬요』

효능과 치료 효과

재료	성질과 맛	효능과 치료 효과
곶감	한(寒) / 감(甘)	진정, 갑상선 질환 효능, 만성 기관지염, 폐결핵
멥쌀	평(平) / 감(甘)	보중익기(補中益氣), 제번갈(除煩渴), 건비화위(健脾和胃), 비위기허(脾胃氣虛), 권태핍력(倦怠乏力), 심번구갈(心煩口渴), 설사(泄瀉)

주재료: 곶감(말린 것) 3개, 멥쌀(가루로 된 것) 1컵
부재료: 물 6컵

전순의(1460), 『식료찬요』, 윤숙자·김종덕 역(2012), 지구문화사. **pp.218~219**
안덕균(2003), 『한국본초도감』, 교학사. **곶감 p.480**

복령타락죽

죽

| 산후 우울증·불면증 완화 약선 |

주재료: 복령(가루로 된 것) 7큰술(약 100g), 멥쌀(가루로 된 것) 1컵(약 100g)
부재료: 우유 4컵, 물 3컵, 소금 1작은술

전순의(1460), 『식료찬요』, 윤숙자 · 김종덕 역(2012), 지구문화사. **pp.250~251**
안덕균(2003), 『한국본초도감』, 교학사. **복령 p.416**
허준(1611), 『동의보감3. 침구탕액 편』, 최창록 역(2003), 푸른사상. **우유 p.144**

조리 방법

1 우유 4컵에 물 2컵을 섞어 놓는다.
2 복령 가루, 멥쌀가루는 이미 가공 처리된 것으로, 시중에서 가루로 구입한다.
3 우유 4컵과 물 3컵에 멥쌀가루, 복령 가루를 함께 섞어 멍울이 지지 않도록 저어 둔다.
4 스테인리스나 유리 냄비에 넣고 중간 불 위에서 나무 주걱으로 서서히 끓어오를 때까지 끓인다.
5 보글보글 끓어오르면 소금을 넣어 간을 맞춘다.
6 물기가 없는 그릇에 죽을 담는다.

특징

백복령은 성질이 평이하고 맛은 달며 독이 없다. 입맛을 돋우고 구역을 멎게 하며 마음과 정신을 안정하게 한다. 또한 소갈을 멈추고 건망증을 낫게 한다. 소변을 못 보며 배와 전신이 붓는 증상에 효험이 있다. 혈당 강하, 면역력 증강, 만성 정신 분열, 신경 과민에 효과가 있으며, 특히 심장 부종에 현저한 효과가 있다.
우유의 성질은 약간 차고 맛은 달고 독이 없다. 허리를 보호하고 번갈을 그치게 한다. 피부를 윤기 나게 하고 심장과 폐를 기르고 열독을 풀어 준다.
백복령 가루에 멥쌀가루를 섞은 후 우유로 죽을 끓여 뜨겁게 하여 불면증이 있을 때 먹는다. 백복령에는 심신을 안정시키는 효능이 있으며 우유에는 마음속 번갈을 치료하는 성분이 있어 불면증 치료에 효과적이다.

"출산 후에 특별히 아픈 곳이 없는데 잠을 자려고 해도 잠을 자지 못하는 것을 치료하려면 껍질을 벗기고 분말로 만든 백복령 반량과 멥쌀 3홉을 준비한다. 멥쌀을 삶다가 절반 정도 익은 상태로 한 후 백복령을 넣고 죽을 완숙시켜 임의 대로 먹는다."

『식료찬요』

Tip

집에서 쌀을 불려 믹서기로 갈아 조리를 할 때는 쌀 반 컵(90g)을 불리면 가루 1컵이 된다.

효능과 치료 효과

재료	성질과 맛	효능과 치료 효과
복령	평(平) / 감담(甘淡)	이뇨, 면역, 혈당 강하, 항종양, 억균 작용, 수종 환자 이뇨 작용, 면역력 증강, 설사 치료, 만성 정신 분열
우유	미한(微寒) / 감(甘)	번갈 치료, 허리 보호 심장과 폐를 기른다. 열독 제거
멥쌀	평(平) / 감(甘)	보중익기(補中益氣), 제번갈(除煩渴), 건비화위(健脾和胃), 비위기허(脾胃氣虛), 권태핍력(倦怠乏力), 심번구갈(心煩口渴), 설사(泄瀉)

도토리죽

죽

| 설사·이질 완화 약선 |

주재료: 도토리(가루로 된 것) 1/2컵, 멥쌀(가루로 된 것) 1컵, 꿀 3큰술, 대추 5개
부재료: 물10컵, 소금 1작은술

전순의(1460), 『식료찬요』, 윤숙자 · 김종덕 역(2012), 지구문화사. **pp.242~243**
안덕균(2003), 『한국본초도감』, 교학사. **꿀 p.797**

조리 방법

1 대추를 물 10컵에 끓여 6컵으로 준비하고, 대추는 체에 걸러 진액만 추출한다.

2 대추 우린 물에 위의 도토리 가루, 멥쌀가루를 섞어 덩어리지지 않게 휘저어 놓는다.

3 중간 불에 냄비를 올리고 죽을 서서히 끓인다.

4 죽이 뜸이 들 때쯤 대추 거른 것을 넣고 함께 끓이다가 소금으로 간을 한다.

5 물기 없는 마른 그릇에 죽을 담는다. 꿀과 함께 낸다.

6 늙은호박 만두를 후식으로 먹어 입 안의 텁텁함을 가시게 한다.

특징

도토리는 성질은 따뜻하고 맛은 쓰고 떫으나 독이 없다. 설사와 이질을 낫게 하고 장위를 튼튼하게 하며, 장을 수렴하여 설사를 멎게 한다.
꿀의 성미는 달고 평이하다. 비위장이 있어 복통에 활용되며 배변을 용이하게 한다. 신경 쇠약과 폐결핵에 효과가 있다. 해독과 항암 작용이 있으며 강장 작용과 조직 재생 작용이 있다.
도토리죽은 설사와 이질에 좋은 약선으로 멥쌀가루와 찹쌀가루에 도토리 가루를 섞어 죽을 쑨 후 꿀을 섞거나 함께 먹는다.

"설사와 이질을 치료하려면 상수리(도토리) 열매를 푹 삶고 물에 담가 떫은맛을 제거한 다음 분말로 만들고, 쌀은 싸라기로 만들어 둔다. 먼저 쌀을 삶는데, 익으려고 할 때 상수리 분말을 넣어 죽을 만들고 졸인 꿀을 넣어 공복에 복용한다."

『식료찬요』

효능과 치료 효과

재료	성질과 맛	효능과 치료 효과
도토리	미온(微溫) / 고(苦)	해독 효과, 유선염, 설사와 이질 치료
멥쌀	평(平)/ 감(甘)	보중익기(補中益氣), 제번갈(除煩渴), 건비화위(健脾和胃), 비위기허(脾胃氣虛), 권태핍력(倦怠乏力), 심번구갈(心煩口渴), 설사(泄瀉)
꿀	평(平) / 감(甘)	항균, 혈압 하강, 관상 동맥 확장, 체액 면역 기능 증가 해독, 항암, 화상, 각막 궤양과 안검염, 강장 작용과 조직 재생

산약죽

죽

| 항암 치료 중·비위 허약 증세 완화 약선 |

주재료: 산약(가루로 된 것) 6큰술, 멥쌀(가루로 된 것) 1컵
부재료: 물 6컵, 밤 5개, 대추 5개

전순의(1460), 『식료찬요』, 윤숙자 · 김종덕 역(2012), 지구문화사. pp.252~253
안덕균(2003), 『한국본초도감』, 교학사. **대추 p.703 / 밤 p.766 / 산약 p.700**

조리 방법

1 준비한 물 6컵에 산약 가루와 멥쌀가루를 섞어 놓는다.

2 중간 불에서 서서히 끓인다.

3 죽이 뜸이 들면 불을 약하게 줄여 좀 더 끓인 후 소금으로 간한다.

4 물기가 없는 그릇에 죽을 담는다.

5 증세가 심하지 않을 때에는 대추를 삶아 물을 만들고, 밤을 삶아 알맹이만 취해 갈아 위의 산약죽에 섞어 다시 한 번 끓여 그릇에 담아낸다.

"처음 이질을 앓았지만 토하지 않다가 쓰고, 습하고 차거운 약재를 너무 많이 복용하여 냄새만 맡아도 토하게 되는 것은 비위가 허약해진 탓이다. 이것을 치료하려면 산약 가루에 쌀을 넣고 삶아서 죽으로 공복에 먹는다."

『식료찬요』

특징

대추는 비위 기능이 허약하여 오랜 설사를 하는 증상에 치료 효과가 있으며 불면·과민 증상에 정신 안정 효과가 있다. 대추 달인 물은 근육의 힘을 높이고, 항알레르기 작용과 진정 작용을 나타낸다.
밤은 성미가 달고 따뜻하다. 건위 작용이 있고 설사를 그치게 하며 신(腎) 기능 허약으로 인한 요통, 다리 무력증에 효력이 있다. 지혈, 토혈, 각혈, 코피, 대변 출혈에 효력을 나타낸다. 기관지염에 효과가 있고, 태음인 보약으로 널리 알려져 있다.
산약은 소화기 계통에 작용하여 장관의 조율성 활동에 현저한 작용을 나타내고 혈당을 하강시키고 항노화 작용과 수명을 연장시킨다. 복통, 설사 치료에 좋고, 소화 불량에 같은 양의 율무 가루를 사용하면 효력이 있으며 습진, 피부염, 폐결핵에 좋다.
비위가 약해 토하는 증세로 자주 나타나는 사람은 특히 태양인들에게 많다. 태양인은 지나치게 폐의 발산이 있으므로 허리 부위나 열격(토하는 증세), 반위 및 하체가 부실한 경향이 있어 태양인의 열을 조금 내려 주고 간기의 발산을 도우며, 신장의 기운을 도와 하체를 튼튼하게 해 주는 열격 반위 등의 증세에 약선음식을 먹어 주는 것이 좋다.

효능과 치료 효과

재료	성질과 맛	효능과 치료 효과
산약	평(平) / 감(甘)	혈당 강하, 항노화, 수명 연장, 소화, 복통, 설사, 소화 불량, 궤양, 폐결핵
멥쌀	평(平) / 감(甘)	보중익기(補中益氣), 제번갈(除煩渴), 건비화위(健脾和胃), 비위기허(脾胃氣虛), 권태핍력(倦怠乏力), 심번구갈(心煩口渴), 설사(泄瀉)
밤	온(溫) / 감(甘)	건위 작용이 있고 설사를 그치게 한다. 태음인 보약이다. 신기능 허약으로 요통, 다리 무력에 효력이 있다.
대추	온(溫) / 감(甘)	근육의 힘 증강, 간장 중독 치료, 항알레르기, 비위가 허하여 생긴 오랜 설사 치료, 재생 궤양, 피부암, 빈혈

보양녹각죽

죽

어린이 성장, 중년·노인의 원기 보양 약선

주재료: 녹각 30g, 멥쌀(씻어 불린 것) 1/2컵, 생강(갈은 것) 50g, 잣 10g, 무장아찌

부재료: 물 15컵, 대추 3개

서유구(1764), 『임원십육지: 정조지』, 이효지 외 역(2007), 교문사. **p.241**

허준(1611), 『동의보감3. 침구탕액 편』, 최창록 역(2003), 푸른사상. **p.90**

김규열(2015), 『약선본초학』, 원광대학교 한방건강학과.

조리 방법

1 스테인리스 냄비에 물 15컵을 넣고 녹각 30g과 대추를 넣어 6컵이 될 때까지 중간 불로 서서히 끓인다.
2 생강은 강란을 만들어 놓는다.
3 무장아찌를 무쳐 놓는다.
4 녹각 끓인 물은 체와 면보에 받쳐 놓는다.
5 녹각 끓인 물에 불린 쌀 1컵을 넣고 죽을 중간 불에서 끓인다.
6 죽이 뜸이 들면 소금으로 간하여 마른 그릇에 담아낸다.
7 강란은 혹시 누린내가 날 수 있으므로 죽을 먹은 후 후식으로 먹는다.

"녹각죽은 골수를 보하고 치아를 튼튼히 하며 정력에 이롭고, 기를 보하는 효력을 갖고 있다. 쌀죽 한 사발에 녹각상(사슴뿔의 흰 부분) 가루 5전, 소금 1숟가락을 넣는다."

『임원십육지: 정조지』

특징

녹각은 사슴뿔이 골화되어 탈락된 것으로, 근육과 골격을 강하게 하는 녹용 대용품이다. 정력 증강, 요·척추 동통, 척추 디스크, 퇴행성 관절염, 만성 임질, 오래된 종기에 효능이 있다.
녹각의 성호르몬 분비 촉진은 성장기 어린이들의 키를 크게 하여 성장 발육을 촉진시키고, 중년에게는 원기 회복과 보양을 주며 기억력을 증진시켜 노화를 늦추어 젊음을 유지하게 하는 약선음식이 된다.
맛을 위해 대추나 용안육을 함께 넣어 달이다 약물에 죽이나 밥을 하면 좋다.

효능과 치료 효과

재료	성질과 맛	효능과 치료 효과
녹각	온(溫) / 감(甘)	성호르몬 분비 촉진, 항산화, 항노화, 뇌세포 활성, 기억 증진 효과, 양기 부족, 유뇨, 항피로, 재생 불량 빈혈, 요로 결석, 소아 성장 발육 촉진
찹쌀	온(溫) / 감(甘)	보중익기(補中益氣), 건비지사(健脾止瀉), 난위(暖胃), 허한설사(虛寒泄瀉), 기허자한(氣虛自汗)
멥쌀	평(平) / 감(甘)	보중익기(補中益氣), 제번갈(除煩渴), 건비화위(健脾和胃), 비위기허(脾胃氣虛), 권태핍력(倦怠乏力), 심번구갈(心煩口渴), 설사(泄瀉)

냉이약선죽

죽

| 눈을 밝게 하는 약선 |

조리 방법

1 냉이를 깨끗하게 다듬어 씻은 후 끓는 물에 살짝 데친다.

2 물 6컵에 쌀 1컵을 넣고 중간 불에서 죽을 끓인다.

3 죽이 끓어 뜸이 들면 데쳐 놓은 냉이를 넣고 한소끔 더 끓인 다음 소금으로 간한다.

4 물기 없는 그릇에 죽을 담는다.

특징

냉이의 성미는 달고 평이하다. 이질에 효능이 있고 이뇨 작용이 있다. 눈을 밝게 하고 눈이 충혈되고 아픈 증상을 치료한다. 해산 후 나타나는 전신 부종을 치료한다. 약리성으로는 맥각과 유사한 자궁 수축 작용이 있으며 일시적 혈압 강하와 진정 작용이 있다.

냉이는 눈을 밝게 하는 효능이 있으므로 멥쌀에 냉이를 넣어 죽을 끓여 먹거나 된장국 등에도 좋고, 삶아 무쳐 먹으면 많은 양을 먹을 수 있어 치료 효과도 좋다.

효능과 치료 효과

재료	성질과 맛	효능과 치료 효과
냉이	평(平) / 감(甘)	이질에 효력, 이뇨 작용, 토혈, 대변 출혈, 자궁 출혈, 해산 후 전신 부종, 눈을 밝게 한다. 자궁 수축 작용, 혈압 강하, 지혈 작용, 홍역 예방에 효력, 산후 자궁 출혈에 40g 달여 복용하면 치료된다.
멥쌀	평(平) / 감(甘)	보중익기(補中益氣), 제번갈(除煩渴), 건비화위(健脾和胃), 비위기허(脾胃氣虛), 권태핍력(倦怠乏力), 심번구갈(心煩口渴), 설사(泄瀉)

주재료: 냉이 20g, 쌀(씻어 불린 것) 1컵
부재료: 물 6컵

안덕균(2003), 『한국본초도감』, 교학사. **냉이 p.418**

방풍약선죽

죽

| 중풍 예방 약선 |

조리 방법

1 방풍은 속 재료로 골라서 깨끗하게 씻어 놓는다.
2 물 6컵에 쌀을 넣고 중간 불로 죽을 끓인다.
3 죽이 알맞게 익으면 방풍 속 재료만 골라서 적당한 양을 넣고 끓인다.
4 죽이 뜸이 들면 소금으로 간을 맞추고 마무리한다.
5 죽 그릇을 물기 없이 닦아 죽을 퍼 담는다
6 죽의 향기가 그윽하고 진하게 오래도록 남는다.

"아침 이슬을 머금은 방풍의 첫 싹을 해가 뜨기 전에 딴다. 멥쌀로 죽을 쑤어 반쯤 익으면 방풍을 넣어 끓어오르기를 기다려 식혀서 오지 사발에 옮겨 담는다. 반쯤 식혀서 먹으면 달콤한 향기가 입 안에 가득하여 3일 동안 사라지지 않는다."

『도문대작』

특징

방풍은 뿌리를 말려 달인 물을 약물로 사용한다. 방풍 잎은 식품 조리에 사용하는데, 일체의 풍증을 제거하는 묘약이며 경련 발작을 가라앉히고 파상풍이나 머리를 뒤로 젖히면서 치아를 벌리지 못하는 증상과 사지의 근육 경련, 중풍으로 인한 반신 불수, 마비 등에 활용되는 식품이다. 피부의 풍증으로 가렵거나 옴 버짐 등에도 효과적이다. 방풍(뿌리) 달인 물은 해열과 진정 작용이 있으며 면역 증진 기능이 있다. 또 황색 포도상구균 등에 항균 작용을 보인다.
방풍은 뿌리를 달여 약재로 사용하거나 음식으로 사용하기도 하고, 잎은 죽 음식에 사용하거나 데쳐 나물로 사용하기도 하는 등 다양한 음식 재료로 좋은 약선이 된다.

효능과 치료 효과

재료	성질과 맛	효능과 치료 효과
멥쌀	평(平) / 감(甘)	보중익기(補中益氣), 제번갈(除煩渴), 건비화위(健脾和胃), 비위기허(脾胃氣虛), 권태핍력(倦怠乏力), 심번구갈(心煩口渴), 설사(泄瀉)
방풍	미온(微溫) / 신감(辛甘)	해열 작용, 일체 풍증 제거, 안면 신경 마비 치료

주재료: 방풍 잎(속 재료) 20g, 쌀(물에 불린 것) 1컵
부재료: 물 6컵

서유구(1764), 『임원십육지: 정조지』, 이효지 외 역(2007), 교문사. p.241
허준(1611), 『동의보감3. 침구탕액 편』, 최창록 역(2003), 푸른사상. p.90
김규열(2015), 『약선본초학』, 원광대학교 한방건강학과.
허균(1611), 『성소부부고(도문대작)』, 국역본.

황자계만둣국

면

| 허약한 증상 보양 약선 |

조리 방법

1 물에 소금을 타서 밀가루 반죽하여 30분간 숙성시킨다(만두피를 이용하기도 한다).
2 대파 뿌리는 물에 10분 정도 담가 깨끗이 씻어 매운맛을 뺀 후 곱게 다진다.
3 닭살을 곱게 다진 다음 위의 대파 뿌리와 함께 버무려 만두소 양념으로 간하여 둔다.
4 육수는 냄비에 물을 7컵 붓고 산초 1작은술을 넣고 10분간 끓여 체에 받친다.
5 준비한 반죽으로 만두피를 만들어 소를 넣고 동그랗게 만두를 만든다.
6 육수에 만두를 넣고 끓여 더 오르면 불을 끄고 그릇에 낸다.
7 산초 양념장을 만들어 함께 낸다.

특징

산초의 따뜻한 성미는 복부 냉증을 제거하고 구토와 설사를 그치게 한다. 회충과 간디스토마에 효과가 있으며 치통과 지루성 피부염에도 효과가 있다.
누런 암탉은 성질이 따뜻하며 달다. 소갈과 소변이 잦은 증상을 치료한다. 오장을 보익하고, 정액을 주치하며 골수를 더하며 양기를 돕고 소장을 따뜻하게 한다.
대파 뿌리(총백)는 시력 저하와 감기 치료에 효능이 있으며, 결핵, 이질균, 연쇄 포도상구균을 억제한다. 급성 피부 화농과 복수 치료에 효과가 있다.

"비위의 기가 약하여 음식을 많이 먹지 못하고 몸이 지리고 마르는 증상을 치료하려면 누런 암탉 살코기 5냥, 흰 밀가루 7냥에 잘게 자른 총백 2홉을 준비하여 고기를 잘게 자른 후 함께 소로 넣어 만두를 만든 후 산초 간장 양념에 찌어 공복에 먹는다. 하루에 한 번씩 먹으면 오장육부에 좋고 얼굴빛이 좋아진다."

『식료찬요』

효능과 치료 효과

재료	성질과 맛	효능과 치료 효과
누런 암탉	평(平) / 감(甘)	오장 보익, 양기, 정액 주치, 골수 보충
대파 뿌리	온(溫) / 신(辛)	발한, 해열, 이뇨, 감기, 회충성 복통, 요충 치료
산초	온(溫) / 감(甘)	복부 냉증 제거, 회충·간디스토마 제거

만두소 재료: 누런 암탉(안심) 300g, 대파(뿌리) 100g, 뿌리채(3cm 길이) 7개
양념 재료: 소금 1작은술, 마늘(다진 것) 1큰술, 깨소금 1큰술, 후춧가루 1/8작은술, 참기름 1큰술
만두피 재료: 밀가루 1과1/2컵, 소금 1/3작은술, 물 6큰술
만둣국 재료: 산초 2작은술, 물 7컵
양념장 재료: 파(다진 것) 2큰술, 마늘(다진 것) 2큰술, 청장 2큰술

전순의(1460), 『식료찬요』, 윤숙자·김종덕 역(2012), 지구문화사. **pp.80~81**
안덕균(2003), 『한국본초도감』, 교학사. **대파 뿌리 p.44** / **산초 p.469**
허준(1611), 『동의보감3. 침구탕액 편』, 최창록 역(2003), 푸른사상. **p.119**

용안육 소고기편수

면

주재료: 밀가루(중력분) 1컵, 소금 1/4작은술, 물 3큰술, 복령(가루로 된 것) 5큰술, 오이 100g, 소금 1/2작은술, 건표고버섯 2장, 소고기 200g, 식용유 1큰술, 달걀 2개, 실백 1큰술, 육수 3컵, 용안 10g

부재료: 소금 1/4작은술, 마늘 1/2작은술, 깨소금 1/4작은술, 참기름 1/8작은술

소고기 양념 재료: 간장 1/2작은술, 설탕 1/4작은술, 파 1/2작은술, 마늘 1/4작은술, 참기름 1/4작은술, 후춧가루 1/8작은술

초간장 재료: 간장 2큰술, 식초 1큰술, 설탕 1/2작은술

허준(1611), 『동의보감3. 침구탕액 편』, 최창록 역(2003), 푸른사상. **p.139 / 오이 p.233**
안덕균(2003), 『한국본초도감』, 교학사. **p.233 / 연근 p.732, p.786**

조리 방법

1 밀가루와 복령 가루, 그리고 달걀 흰자를 반씩 섞어 반죽해 비닐봉지에 싸서 숙성시킨다.
2 오이는 3×0.1×0.1cm로 채를 썬 다음 소금에 살짝 절여 물기를 꼭 짠다.
3 건표고버섯은 따뜻한 물에 담가 기둥을 떼고 3×0.1×0.1cm로 채를 썬다.
4 고기는 다져서 갖은 양념한다. 용안은 불려 잘게 썬다.
5 **2~4**를 각각 볶은 다음 식혀서 양념하여 소를 만든다.
6 **1**의 반죽을 0.1cm의 두께로 얇게 밀어 8×8cm의 크기의 만두피를 만든다.
7 만두피에 소와 실백을 놓고 네 귀를 한데 모아 마주 붙여서 네모지게 빚는다.
8 김이 오른 찜통에 젖은 행주를 깔고 만두를 넣어 센 불에서 3~5분간 찐다.
9 달걀은 황·백으로 나누어 지단을 도톰히 부쳐서 사방 2cm의 완자형으로 썬다.
10 **8**을 그릇에 담고 찬 육수를 부은 후 지단과 잣을 올리고 초간장을 곁들인다(찜통에 쪄서 참기름을 발라 그냥 낼 수도 있다).

특징

소고기는 성질이 따뜻하며 맛이 달고 독이 없다. 비위를 좋게 하고 토설을 그치게 하며, 소갈을 치료하고 수종을 없앤다. 사람의 근골을 강하게 하고 허리와 다리를 보익한다. 식품으로는 황우(黃牛: 황소)가 좋다.
오이는 열을 내리므로 가슴이 답답한 증상을 완화한다. 눈이 충혈되고 아픈 것을 치료한다. 이뇨 작용과 항종양 작용을 나타낸다.
표고버섯은 백혈병과 에이즈의 감염을 억제하고, 항산화 작용과 혈소판 응집 억제, 소화 불량, 혈압 강하 작용이 있다.
복령은 성질이 평이하고 맛이 달며, 독이 없다. 입맛을 돋우며 마음과 정신을 안정시킨다. 혈당 강하와 면역력 증강 작용이 있다.
용안은 심신을 안정시키며 항산화 작용이 있다.
용안육소고기편수는 식품 재료 전체가 약선으로, 특히 소고기와 오이, 표고버섯은 여름철 약선으로 우리 조상이 즐겨 먹던 보양 약선음식이다.

효능과 치료 효과

재료	성질과 맛	효능과 치료 효과
표고버섯	평(平) / 감(甘)	신체 면역 조절, 백혈병·에이즈 억제, 신체 정기 쇠약 치료, 혈압 강하
오이	냉(冷) / 감(甘)	항종양 작용, 열을 내리고 눈이 충혈된 것을 푼다.
용안	온(溫) / 감(甘)	강장, 항산화, 면역성, 소화기, 백대하, 어지럼증
소고기	온(溫) / 감(甘)	토설 치료, 근력, 소갈 치료, 수종 제거
복령	평(平) / 감담(甘淡)	이뇨·면역 작용, 혈당 강하, 항종양 작용, 수종 환자 이뇨 작용, 면역력 증강

우엉된장수제비

면

| 중풍 완화 약선 |

주재료: 우엉(뿌리) 200g, 쌀가루 3컵, 된장 4큰술, 파 1뿌리, 마늘(다진 것) 1큰술
부재료: 산초(가루로 된 것) 1/4 작은술

전순의(1460), 『식료찬요』, 윤숙자 · 김종덕 역(2012), 지구문화사. **pp.192~193**
안덕균(2003), 『한국본초도감』, 교학사. **우엉 p.21** / **된장 p.421**
허준(1611), 『동의보감3. 침구탕액 편』, 최창록 역(2003), 푸른사상. **파 p.263**

조리 방법

1 우엉은 깨끗이 씻어 껍질을 벗기고 강판에 갈아 둔다(분말로 미리 말렸다가 사용한다).

2 쌀가루에 갈아 놓은 우엉을 넣고 고루 섞어 수제비 반죽을 만들어 젖은 면보로 덮어 30분간 숙성시킨다(많이 치대어 끈기를 준다).

3 냄비에 적당량의 물을 붓고 된장을 풀어 끓기 시작하면 수제비 반죽을 너비 3~4cm로 얇게 떼어 넣는다.

4 수제비가 끓어오르면 중간 불로 낮추고 송송 썬 파와 마늘, 산초 가루, 소금으로 간하여 3분 정도 더 끓인다.

5 물기 없는 그릇에 수제비를 담아낸다.

특징

우엉은 맛이 약간 쓰고 찬 성질이다. 몸의 풍열을 제거해 부기와 종기를 다스린다. 혈액 순환을 원활하게 하며 월경통을 다스린다. 우엉 속의 이눌린(inulin) 성분이 몸속 노폐물의 배설 작용을 도와 신장 기능을 튼튼하게 한다.
된장(두시)은 가슴속 번민을 풀고 독극물을 해독하여 소화를 원활하게 하며 전신의 혈을 풀게 한다. 또한 여름철 습으로 인한 사지 마비 증상을 풀어 주어 중풍을 미리 예방할 수 있으며, 좋은 항암 식품이기도 하다.

"노인이 중풍에 걸려 입과 눈이 떨리고 마음이 번번스러울 때 불안한 것을 치료하려면 껍질을 벗기고 자른 우엉 뿌리 1되를 햇빛에 말린 다음 절구에 찧어 분말로 만들고 백미 4홉을 깨끗이 씻어 갈아 둔다. 우엉 분말로 수제비를 만들어 된장 국물에 넣고 끓이되 파, 산초, 양념, 곰국을 넣어 공복에 먹는다. 항상 복용하면 매우 효과가 있다."

『식료찬요』

효능과 치료 효과

재료	성질과 맛	효능과 치료 효과
우엉	한(寒) / 신고(辛苦)	소염, 이뇨, 해열, 해독, 편도선염, 가래 배출, 편두통, 성홍열
멥쌀	평(平) / 감(甘)	보중익기(補中益氣), 제번갈(除煩渴), 건비화위(健脾和胃), 비위기허(脾胃氣虛), 권태핍력(倦怠乏力), 심번구갈(心煩口渴), 설사(泄瀉)
된장	평(平) / 감(甘)	독극물 해독, 번민을 푼다. 건위 작용, 소화
산초	온(溫) / 감(甘)	복부 냉증 제거, 회충·간디스토마 제거
파	온(溫) / 신(辛)	부스럼과 중풍·파상풍 치료, 눈이 붓는 증상 치료, 오장 편안

부식류와 약선음식

탕 낙지연포탕 / 쑥국 / 헛개나무북어국 / 용안육배추된장국 / 백웅계탕 / 총명탕신선로

찜 용안육소갈비찜 / 두충도미전골 / 맥문동꽃게찜 / 우슬두충제육조림 / 장어된장구이 / 홍합오징어단호박전

잡채 · 조림 · 구이 · 전 파프리카두부해물전 / 비타민잡채 / 복령구절판 / 만삼닭고기겨자샐러드 / 마늘식초오이선 / 구기자즙가지선 / 마늘식초에 버무린 밀감샐러드 / 백복령두부선

나물 오미자청두릅회 / 달래무침 / 오미자청냉이무침 / 부추무침 / 아욱된장무침 / 곰취된장무침 / 방풍나물된장무침 / 참나물 / 시래기나물된장무침 / 가지오가리나물 / 호박오가리나물 / 표고버섯나물 / 호박나물 / 죽순나물 / 취나물

찬 오가피장조림 / 청포묵무침 / 장김치 / 북어보푸라기 / 무장아찌 / 산약궁중떡볶이

낙지연포탕

탕

조리 방법

1 낚지를 소금으로 깨끗하게 문질러 씻은 후 5cm 길이로 자른다.

2 달걀은 황·백으로 지단을 부쳐 마름모꼴로 썰어 준비한다.

3 홍고추와 풋고추, 대파도 둥글게 썰어 놓는다.

4 냄비에 물을 넣고 낚지를 넣어 끓인다.

5 30분 정도 끓으면 고추와 파를 넣고 불을 약하게 한 후 10분간 더 끓인다.

6 그릇에 탕을 푸고 지단을 띄운다.

특징

낙지의 속명은 낙제로, 성질이 평이하고 독이 없으며 맛이 달다. 장물로 국을 끓이는 방법은 낙지와 같다. 그 머리통은 장, 생강, 파를 넣어서 밥에 쪄서 먹어도 좋다. 『자산어보』에 "쓰러진 소도 낙지를 먹으면 벌떡 일어난다"라는 문구가 있다. 낙지는 보양 약선 식품 재료이다. 스트레스에 고춧가루를 듬뿍 넣은 매운낚지볶음이나 낚지연포탕을 끓여 뜨거운 국물을 마시면 속이 개운해지고 마음이 편안해진다.

효능과 치료 효과

재료	성질과 맛	효능과 치료 효과
낙지	평(平) / 감(甘)	맛이 좋다. 마른 소에게 낙지를 먹이면 힘을 얻는다. 원기 회복, 힘을 얻는다.
홍·풋고추	온(溫) / 신(辛)	각기, 식욕 증가, 각기병 치료, 개에게 물린 곳 치료
파	온(溫) / 신(辛)	부스럼과 중풍·파상풍 치료, 눈이 붓는 증상 치료, 오장 편안
달걀	평(平) / 감(甘)	간질과 목 뻣뻣한 증세 치료, 목구멍을 열고 오장을 편안하게 한다.

주재료: 낙지(중간 크기) 1마리, 풋고추 1개, 홍고추 1개, 파 1뿌리
부재료: 소금 1큰술, 달걀 1개, 물 5컵

유중림(1766), 『산림경제』, 윤숙자(2005), 『증보산림경제』, 지구문화사. **pp.46~47**
유중림(1766), 『산림경제』, 농촌진흥청(2003), 『증보산림경제II』(1~3), 농촌진흥청. **pp.242~243**
허준(1611), 『동의보감3. 침구탕액 편』, 최창록 역(2003), 푸른사상. **낙지 pp.193~194**
정약전(1811), 『자산어보』, 정문기(2007), 지식산업사. **낙지 pp.86~87**
안덕균(2003), 『한국본초도감』, 교학사. **고추 p.453** / **파 p.44**

쑥국

탕

조리 방법

1 쑥은 티 없이 잘 다듬어 깨끗하게 씻어 놓는다.
2 물을 먼저 끓이다가 소고기를 잘게 썰어 국을 끓인다.
3 스테인리스볼에 쑥을 물기 없이 하여 찹쌀가루로 버무린다.
4 달걀을 풀어 버무린 쑥을 다시 버무려 끓는 국물에 줄알을 치듯이 넣는다.
5 국이 한소끔 끓으면 소금으로 간한 후 불을 끊다.

특징

쑥은 암 예방, 노화 방지, 간 기능 강화, 비만 해소에 좋다. 쑥은 비타민 A, B, C, 철분, 미네랄 등이 풍부한 알카리성 식품(약초)이다. 특히 겨우내 땅의 기운을 받고 봄에 돋아난 쑥은 영양과 우주의 기운을 함께 섭취하여 몸에 저장시키는 효과가 있다. '봄에는 도다리쑥국'이라는 말이 있듯이 계절 음식으로 유명하다. 쑥은 쑥떡, 쑥된장국 등 다양한 음식으로 조리하여 먹으면 좋다.

효능과 치료 효과

재료	성질과 맛	효능과 치료 효과
쑥	온(溫) / 고신(苦辛)	지혈 작용, 황색 포도상구균·연쇄 세균 등 억제 작용, 자궁 출혈 및 임신 중 출혈 치료, 유산 전조증 치료, 진해 거담 작용, 방사성 궤양 피부 치료
달걀	평(平) / 감(甘)	간질과 목 뻣뻣한 증세 치료, 기침에 좋다. 목구멍을 열고 오장을 편안하게 한다. 열나는 눈 치료
소고기	온(溫) / 평(平)	비위를 보익하며 토설을 그치게 한다. 근골을 강하게 하고 허리와 다리에 보익하다. 소갈 치료, 수종을 없앤다.
찹쌀	온(溫) / 감(甘), 무독(無毒)	보중익기(補中益氣), 건비지사(健脾止瀉), 난위(暖胃), 허한설사(虛寒泄瀉), 기허자한(氣虛自汗)

주재료: 쑥 30g, 달걀 1개, 소고기 50g, 찹쌀(가루로 된 것) 2큰술
부재료: 소금 1큰술, 물 5컵

안덕균(2003), 『한국본초도감』, 교학사. **쑥 p.522**
허준(1611), 『동의보감3. 침구탕액 편』, 최창록 역(2003), 푸른사상. **달걀 p.120** / **소고기 p.139**

헛개나무 북어국

탕

주재료: 헛개나무 50g, 물 10컵, 북어(채로 된 것) 50g, 무 100g, 콩나물 30g
부재료: 달걀 2개, 마늘(다진 것) 1/2큰술, 국간장 1/2큰술, 참기름 1/2큰술, 소금 1/2큰술, 쪽파 20g

허준(1611), 『동의보감3. 침구탕액 편』, 최창록 역(2003), 푸른사상. **달걀 p.120**
안덕균(2003), 『한국본초도감』, 교학사. **헛개나무 p.440**

조리 방법

1 헛개나무 국물을 미리 끓여 놓고 콩나물은 깨끗이 헹구어 놓는다.

2 북어는 물에 주무른 다음 잘 헹구어 잡냄새를 없애 주고 다진 마늘과 국간장으로 양념한다. 무는 사방 3cm 크기로 얇게 썬다.

3 냄비에 무와 북어를 넣고 물을 반 컵 정도 붓고 볶아 준다.

4 **3**의 냄비에 헛개나무 국물을 붓고 뚜껑을 덮어 20분간 더 끓이다가 콩나물을 넣고 끓는 과정에서 거품을 걷어 내고 소금으로 간을 맞춘다.

5 3cm 길이로 썬 쪽파와 잘 풀어 놓은 달걀을 섞어서 **4**의 끓는 국에 줄알을 쳐서 넣고 1분간 그대로 두었다가 불을 끈다.

특징

본초학에서는 헛개나무의 열매를 지구자(枳椇子)라고 한다. 민간에서는 헛개나무라는 이름보다 지구자라는 이름의 약재로 더 알려져 있는데, 알코올로 인한 숙취 및 주독으로 인한 제반 증상인 간에 직접적으로 작용하여 효과를 나타낸다. 알코올 중독에 유효하다.

헛개나무는 간 기능 활성 및 간 해독 작용이 좋은데, 특히 알코올 분해 작용에 특이적으로 작용하며 숙취 해소를 한다. 장기간 술을 마셔 온 사람의 경우 간 부위에 습열이 쌓이는데, 임상 보고에 의하면 '알코올성 지방간'이라는 형태로 나타나고, 헛개나무는 술로 인해 발생하는 간의 습열을 없애는 약재이다.

콩나물이나 북어 또한 간 해독에 탁월한 성분이 함유되어 있어 함께 국으로 끓여 섭취하면 간 해독에 효과를 볼 수 있다. 간 기능 상실은 '술'로만 망가지는 것이 아니어서 스트레스가 심한 사람도 간 기능이 약해진다.

효능과 치료 효과

재료	성질과 맛	효능과 치료 효과
북어	평(平) / 감(甘)	청열 해독, 간 기능 활성, 눈을 밝게 한다. 중금속 배출, 숙취 해소
헛개나무	평(平) / 감(甘)	열병 번열 치료, 구토, 알코올 중독에 유효하다. 알코올 중독 치료, 다량의 포도당 함유
콩나물	냉(冷) / 감(甘)	습열을 내리고 변비 해소, 주독, 고혈압에 효능, 주독, 비만
무	평(平) / 신감(辛甘)	음식을 소화시키고 복부 창만, 위산 과다 등에 효능 있다. 해수, 천식, 가래, 기침, 음성 변조에 효능. 포도상구균, 대장균, 이질균 치료, 혈압 강하, 항염증, 항균 작용. 노인성 변비 치료, 고혈압
달걀	평(平) / 감(甘)	자음윤조(滋陰潤燥), 양혈안신(養血安神), 안태(安胎), 열화창과 간질, 목 뻣뻣함 치료, 마음을 진정시키고 오장을 편안하게 한다.

용안육 배추된장국

탕

조리 방법

1 냄비에 물을 넣고 배추를 씻어 삶아 낸 다음 헹구어 적당한 길이와 크기로 갈라 놓는다.

2 냄비에 물을 넣고 용안을 넣은 뒤 된장을 풀어 한소끔 끓인다.

3 파와 마늘은 다져 놓는다.

4 **2**의 된장 국물에 삶아 놓은 배추를 넣고 다시 끓인다.

5 파 등 양념을 하여 간을 맞추어 그릇에 적당한 양을 국자로 퍼 담는다.

특징

배추는 음식을 소화시키며 기를 내리고 장위가 막힌 것을 소통시키며 가슴의 번열을 제거하고 갈증을 그치게 한다. 술 마시고 난 뒤에 배추국을 마시면 갈증을 그치게 한다.

용안은 사려(思慮)가 과도하여 가슴이 뛰고 진정되지 않으며 건망증이 있고, 잠을 못 이루어 소화력이 떨어지며 권태감이 생길 때 장복하면 총명해지고 의지가 강해진다. 또 옴균을 억제하는 작용과 항산화 면역 기능이 있다.

용안배추된장국은 된장이 심신 안정과 항암 효과로 면역 기능을 활성화시키고 심신을 안정시키는 효능이 있다.

"가슴의 번갈을 제거하고 갈증을 그치게 하려면 배추 2근을 삶아 국으로 먹는다."

『식료찬요』

효능과 치료 효과

재료	성질과 맛	효능과 치료 효과
용안육	온(溫) / 감(甘)	마음 안정, 총명, 항산화, 강장, 면역 기능
된장	한(寒) / 고함감(苦鹹甘), 무독(無毒)	상한 두통, 한열 주치, 열상, 약 중독 해독, 학질 치료
배추 시래기	량(凉) / 감(甘)	음식 소화, 장위 소통, 가슴속 열 치료, 소갈 치료

주재료: 배추 1/2통, 파 1대, 마늘 4쪽
부재료: 된장 3큰술, 청장 1큰술, 물 7컵, 용안육 5g

전순의(1460), 『식료찬요』, 윤숙자·김종덕 역(2012), 지구문화사. **pp.166~167**
안덕균(2003), 『한국본초도감』, 교학사. **용안육 p.774**
허준(1611), 『동의보감3. 침구탕액 편』, 최창록 역(2003), 푸른사상. **된장 p.105** / **배추 p.255**

백웅계탕

탕

| 단독 면역력 증강 약선 |

조리 방법

1. 닭은 내장과 기름기를 떼고 깨끗이 씻는다.
2. 대추, 밤, 마늘, 용안을 깨끗이 씻는다.
3. 냄비에 닭과 함께 모든 재료를 넣고 센 불에서 30분 정도 끓이다가 중간 불에서 다시 30분 더 끓인다.
4. 다시 30분 정도 약한 불에서 끓이다가 파를 넣고 완성한다.
5. 국물이 1/3 정도로 졸아 들면 고기를 꺼내 살만 발라 국물과 함께 탕으로 그릇에 담아낸다.
6. 불에 올릴 수 있는 질그릇에 담아 닭과 밤, 대추, 용안 등을 넣고 국물을 맑게 걸러 부은 뒤 한 번 끓여서 낸다.

특징

흰 수탉은 성질이 미온하고 맛은 시다. 광사를 치료하고 오장을 튼튼히 한다. 소갈을 없애고 소변을 원활히 한다.
'단독(丹毒)'이란 연쇄상구균의 감염으로 인하여 피부에 작은 상처가 나고 습진 등으로 피부 궤양이 생기면서 고열이 나고 오한, 두통, 구토가 발생하는 것을 말하는데, 대상포진 증상과 유사하다. 면역성이 떨어진 사람에게 생길 수 있다. 병원 치료를 해야 하며 영양이 풍부한 음식을 섭취하고 편안하게 쉬어야 한다.

"단독을 제거하려면 흰 수탉 고기를 보통 요리하는 방법과 같이 하여 먹는다. 소갈을 치료하고 소변을 잘 나가게 하려면 흰 수탉 1마리를 잘 익도록 삶아 양념을 넣고 국이나 죽으로 먹는다."

『식료찬요』

효능과 치료 효과

재료	성질과 맛	효능과 치료 효과
수탉	미온(微溫) / 산(酸)	오장을 편안하게 한다. 소갈 치료, 소변 원활
대추	평(平) / 온(溫)	속 편안, 비장과 오장 보호, 백약의 조화
밤	온(溫) / 함(鹹)	기를 더하고 장위를 튼튼하게 한다. 신기를 보하고 배고픔을 견디게 한다.
용안	온(溫) / 감(甘)	마음 진정과 건망증에 효능, 항산화 기능
마늘	온(溫) / 신(辛)	폐결핵, 유행성 감기, 백일해, 디프테리아에 유효, 종기, 부스럼, 세균성 이질, 폐결핵 치료

주재료: 흰 수탉(5kg) 1마리, 밤 5개, 대추 10개
부재료: 물 20컵, 파 3뿌리, 용안 10개, 마늘 10쪽

전순의(1460), 『식료찬요』, 윤숙자·김종덕 역(2012), 지구문화사. **p.87**
허준(1611), 『동의보감3. 침구탕액 편』, 최창록 역(2003), 푸른사상. **수탉 p.117** / **대추 p.230** / **밤 p.231**
안덕균(2003), 『한국본초도감』, 교학사. **마늘 p.506**

총명탕신선로

탕

조리 방법

1 총명탕 육수로 한약 재료를 깨끗이 씻어 냄비에 물 10컵을 넣고 중간 불에서 3컵 분량이 되도록 끓여 준비한다.

2 냄비에 물을 부어 양지머리와 무를 함께 넣고 끓이다가 익으면 고기와 무는 꺼내서 골패 모양으로 썰고, 국물 2컵 분량을 준비한 후 국간장과 소금으로 간을 하여 놓는다.

3 당근, 표고버섯, 죽순을 손질하여 5×2×0.3cm로 썰어 데쳐 놓는다.

4 소고기는 곱게 다져서 두부와 섞어 양념하여 치댄다. 반은 은행알 크기의 작은 완자를 빚어 놓고, 나머지는 육전을 준비한다.

5 처녑과 동태는 손질하여 0.3cm 두께로 포를 떠서 소금, 후춧가루를 뿌려 놓는다.

6 미나리는 손질하여 꼬치를 꿰어 밀가루, 달걀옷을 입힌다.

7 소고기로 육전을 부치고 처녑과 미나리로 각각 처녑전과 미나리적을 부친다. 각 전을 5×2×0.3cm의 골패형으로 썰고, 완자는 밀가루, 달걀옷을 입혀 지져 놓는다.

8 달걀은 황·백으로 나누어 지단을 부친 뒤 5×2×0.3cm의 골패형으로 썬다.

9 석이버섯은 손질하여 다져서 달걀 흰자와 섞어 지단을 부친 뒤 골패형으로 썬다.

10 은행은 노랗게 볶아 속껍질을 벗기고 호두는 뜨거운 물에 담가 껍질을 벗긴다.

11 썰어 놓은 고기와 무는 양념하여 신선로 바닥에 깔아 높이를 맞추고 각 재료를 색색이 돌려 담고 그 위에 호두, 은행, 잣, 완자로 장식한다.

12 총명탕 한약재와 육수를 합한 뒤 면보에 걸러 맑게 준비한 후 신선로 용기에 붓고 뚜껑을 덮은 다음 화통 속에 숯불을 넣어 상에 올린다.

주재료: 무 50g, 소고기 80g, 두부 30g, 처녑 100, 동태살 100g, 미나리 30g, 달걀 5개, 석이버섯 10g, 건표고버섯 20g, 당근 60g, 죽순 50g, 미나리 5줄기, 은행 2큰술, 잣 2큰술, 호두 2개, 밀가루 1/2컵, 참기름 약간, 꼬치 4개

육수(3컵 분량) 재료: 양지머리 100g, 물 6컵, 파 1뿌리, 마늘 3쪽, 국간장 1큰술, 소금 1작은술, 후춧가루 1/8작은술

총명탕(3컵 분량) 재료: 석창포 5g, 원지 5g, 복령 5g, 용안육 5g, 감초 3g, 대추 5개, 물 6컵

소고기 양념 재료: 소금 1/4작은술, 설탕 1/6작은술, 파 1/2작은술, 마늘 1/2작은술, 참기름 1/2작은술, 깨소금 1/2작은술, 후춧가루 1/8작은술

허준(1611), 『동의보감1. 내경 편』, 최창록 역(2003), 푸른사상. **총명탕 p.153**

허준(1611), 『동의보감3. 침구탕액 편』, 최창록 역(2003), 푸른사상. **석창포 p.278** / **원지 p.290**

안덕균(2003), 『한국본초도감』, 교학사. **복령 p.419** / **원지 p.665** / **감초 p.710**

특징

『동의보감』에 총명탕은 "건망증을 치료하며 오래 복용하면 하루 천 마디 말을 외울수 있다"라고 기록되어 있다. 그래서 한의원에서는 흔히 수험생들에게 총명탕을 처방한다. 또한 최근 경희대학교 한의대학 연구팀에서 총명탕을 치매 환자들에게 복용하여 임상 실험한 결과 많은 사람들이 호전을 보여 이후 더 많은 연구 결과를 기대하고 있다. 총명탕은 약재나 차로 마시면 좋지만 맛이 순하고 쓰지 않아 신선로 전골에 넣어서 먹으면 더 맛있고 보양이 되리라 생각된다. 다양한 음식 속에 약선 약재를 사용하여 평상시 밥처럼 먹는다면 탈이 없으며 자연스럽게 섭취하여 효능 면에서 효과적일 것이다. 총명탕에 들어가는 3가지 기본 약재(석창포, 원지, 복령)의 약재에는 공통적으로 스트레스 및 긴장을 풀어 주고 항진된 심리 상태를 안정시켜 주는 작용이 있어 스트레스가 많거나 심리적으로 긴장되어 있는 사람에게 좋은 탕약이다. 또한 심경락과 간경락이 스트레스에 민감하게 반응하는 경락이므로 총명탕이 이 두 경락에 작용하여 나쁜 기운를 흩어 주고 기운을 상승시켜 줌으로써 긴장을 풀어 주는 작용이 있다.

외식 음식점에서 사용해도 누구나 무난하게 먹을 수 있는 특별 음식이 될 것이다.

효능과 치료 효과

재료	성질과 맛	효능과 치료 효과
석창포	평(平) / 온(溫)	오장을 보하고, 풍습의 저림을 치료하고 충을 없애고 지혜를 기른다.
원지	평(平) / 온(溫)	지혜를 더하고 이목을 총명하게 하고 의지를 강하게 한다.
백복신	평(平) / 감담(甘淡)	면역 증강, 이뇨 작용, 항종양, 혈당 강하 작용, 만성 정신 분열에 효능
감초	감(甘), 평(平)	산후 뇌하수체 기능 감퇴에 치료 효과, 소화성 궤양에 양호한 반응과 폐결핵에도 치료 효과가 있다는 임상 보고가 있다. 모든 약의 기준이 된다.
용안육	온(溫) / 감(感)	사려 깊어 가슴이 뛰고 진정되지 않으며 건망증과 불면증에 장복하면 총명해지고 의지가 강해진다. 옴균 억제, 항산화 면역 기능이 있다.

용안육 소갈비찜

찜

조리 방법

1 핏물 뺀 소갈비를 끓는 물에 데쳐 낸다.

2 물에 약재를 넣고 30분간 끓여 체에 걸러 약물을 준비한다.

3 냄비에 약물을 넣고 끓으면 갈비를 넣고 30분간 익힌다.

4 끓고 있는 갈비와 국물에 갈비 양념을 부어 맛이 잘 배도록 뭉근하게 약한 불로 끓인다.

5 마, 당근은 밤 모양으로 썰어 밤과 함께 소금물에 삶고, 고추, 파는 3cm 길이로 썬다.

6 **4**의 전골냄비에 **5**의 마, 당근, 밤과 표고버섯, 다진 마늘을 넣어 익힌 다음, 마지막으로 간을 조절하고 고명을 올려 완성한다.

특징

소고기(갈비)는 남녀노소 할 것 없이 몸을 보하고 기운을 북돋아 준다.

밤은 기를 더하고 배고픔을 잊게 한다.

구기자는 젊음을 유지시키는 명약이다.

느릅은 변통을 원활히 하여 건강한 신체를 만드는 기초가 되게 한다.

용안육소갈비찜의 효능으로는 몸이 붓는 증상을 치료하고 근력을 키워 주며, 특히 성장기 어린이의 키를 크게 한다.

"소고기는 속을 따뜻하게 하며 기운을 북돋아 주고 비위를 기르며 골수를 채운다."

『식료찬요』

Tip

약재 사용 시 우린 물이 검은색이 되면 식감을 떨어뜨리므로 주의하여 조리하고(진간장은 조금만 넣는다), 오방색이 되도록 구성한다.

주재료: 소갈비 1kg, 마 200g, 풋고추 1개, 홍고추 1개, 당근 100g, 밤 10개, 표고버섯 2개

약물용 약재 재료: 물 15컵, 용안육 20g, 녹각 10g, 칡 10g, 구기자 10g, 엄나무 10g, 느릅 5g, 감초 5g

갈비 양념 재료: 간장 5큰술, 설탕 2큰술, 참기름 1큰술, 후추 1/4작은술, 파 1큰술

겨자장 재료: 겨자(발효된 것) 1큰술, 간장 1큰술, 식초 1큰술, 양파즙 1큰술, 마늘(다진 것) 1큰술, 쪽파 20g, 마늘 1큰술

전순의(1460), 『식료찬요』, 윤숙자 · 김종덕 역(2012), 지구문화사. **pp.108~109**
허준(1611), 『동의보감3. 침구탕액 편』, 최창록 역(2003), 푸른사상. **소고기 p.139 / 엄나무 p.402 / 느릅나무 껍질 p.376 / 밤 p.231**
안덕균(2003), 『한국본초도감』, 교학사. **마 p.700 / 구기자 p. 726**

효능과 치료 효과

재료	성질과 맛	효능과 치료 효과
소갈비	온(溫) / 감(甘)	사람의 근골을 강하게 한다. 비위를 기른다. 허리와 다리 보익, 소갈 치료, 수종을 없앤다. 토설을 그치게 한다.
마	평(平) / 감(甘), 무독(無毒)	해수 천식, 권태감, 무력감, 가래, 정액이 흘러나오는 증상 치료, 조루, 신체 허약, 수명 연장, 혈당 강하, 복통, 소아 설사, 궤양성 구강염, 습진, 피부염, 폐결핵으로 인한 고열 증상 소실
녹각	온(溫) / 감함(甘鹹)	근육과 골격을 강하게 하며, 녹용 대용, 정력 증강, 요·척추 동통, 척추 디스크, 퇴행성 관절염, 만성 임질 등에 효과, 양기 부족, 유뇨, 신기능 장애, 항피로, 재생 불량 빈혈, 요로 결석, 혈소판 감소증에 유효
구기자	평(平) / 감(甘)	간신 음허로 인한 어지러움, 흰머리를 검게, 폐 기능 약화에 효능, 혈당·혈압 강하, 면역 증강 조절 작용, 약물은 조혈 기능, 콜레스테롤 강하와 지방간 저하, 생장 촉진 작용, 암세포 억제 작용, 남성 정액 분비 촉진, 학질, 사마귀 치료
엄나무	평(平) / 고(苦)	독이 없다. 허리와 다리 마비된 것을 주치, 적백 이질 설사 주치, 풍기을 치료한다. 곽란을 치료한다. 어금니 통증 치료, 눈이 빨간 것 치료
느릅	평(平) / 감(甘), 무독(無毒)	대소변 불통 원활히 한다. 소변 길 소통, 장위 사열 제거, 부종을 없앤다. 불면증 치료, 코 고는 증세 치료
감초	평(平) / 감(甘)	백약의 독을 푼다. 72종이 석재와 1,200종의 초재를 편안하게 조화시킨다. 오장육부의 한열 사기를 주치한다. 근골을 단단하게 한다. 모든 약을 조화시켜 공효 있게 하기 때문에 국노(國老)라 한다. 기육을 자라게 한다.
밤	온(溫) / 함(鹹)	기를 더하고 장위를 두텁게 하고 신기를 보한다. 배고픔을 견디게 한다. 생밤을 구워 즙으로 먹으면 기를 더한다.

| 허리·척추에 좋은 보양 약선 |

찜

두충 도미전골

조리 방법

1 물을 넣은 냄비에 양지머리를 넣고, 깨끗이 씻은 수삼과 대추, 대파, 마늘, 마른 고추, 통후추, 청주를 넣고 푹 끓인다. 다 끓으면 건더기는 얄팍하게 썰어 양념을 하고, 육수는 면보에 걸러 국간장과 소금으로 간을 하여 준비한다. 두충과 인삼, 대추를 물 10컵에 넣고 중간 불로 달여 놓는다.

2 도미는 비늘과 내장을 제거하고 세장뜨기 한 후 3~4cm 크기로 포를 떠서 전을 부치고 뼈는 유장을 발라 석쇠에 굽는다.

3 소고기는 얇게 저며서 1×4cm 크기로 썰어 칼집을 넣어 양념을 한다. 천엽은 잘 다듬어 씻어 놓는다. 천엽은 국물이 우러나도록 냄비 바닥에 놓을 재료이다.

4 홍고추, 표고버섯은 4cm 길이로 썰어 놓는다.

5 달걀은 황·백으로 지단을 부쳐 1×4cm 크기의 골패 모양으로 썬다. 미나리적을 부쳐 4cm 크기로 썬다.

6 호두는 더운물에 불린 다음 속껍질을 벗기고, 은행은 파랗게 볶아 껍질을 벗긴다.

7 석이버섯은 다져 지단에 넣어 부친다.

8 전골냄비에 양념한 소고기, 천엽을 깔고 도미를 담고 위에 채소, 지단 등을 색 맞추어 담는다.

9 두충 달인 물과 육수를 합하여 둔다.

10 뜨거운 육수를 부어 어느 정도 끓으면 간을 맞추고 호두와 은행, 완자 등을 얹고 당면과 쑥갓을 한쪽에 넣고 끓인다.

Tip

사진 속 음식은 스타일링을 위해 접시에 음식을 얹었으나, 원래 두충도미전골은 전골냄비에 국물을 많이 넣고 끓여야 진한 맛을 느낄 수 있으며, 두충 끓인 국물을 함께 먹으면 허리·척추 질환을 앓고 있는 사람에게 효과도 볼 수 있다. 평소 두충만을 끓여 차로 마셔도 좋다.

주재료: 도미(500g 정도) 1마리, 소고기 300g, 천엽 100g, 숙주 50g, 미나리 200g, 달걀 3개, 표고버섯 3장, 쑥갓 40g, 국수(당면) 100g, 대파 1대, 호두 4개, 은행 10개, 밀가루 약간, 식용유 약간, 소금 약간, 후춧가루 약간, 국간장 약간, 참기름 약간, 석이버섯 3장

육수 재료: 소고기(양지머리) 100g, 대파 1대, 마늘 2쪽, 마늘고추 1개, 통후추 5알, 청주 2큰술, 물 6컵, 국간장 1작은술, 소금 1/2작은술, 수삼 1뿌리, 대추 3개

양지머리·표고버섯·목이버섯 양념 재료: 국간장 2큰술, 파(다진 것) 1큰술, 마늘(다진 것) 2작은술, 참기름 2작은술, 후춧가루 약간

국물 재료: 두충 10g, 대추 5개, 물 10컵, 인삼 1뿌리

정약전(1811), 『자산어보』, 정문기(2007), 지식산업사. **도미 p.28**

안덕균(2003), 『한국본초도감』, 교학사. **미나리 p.429** / **두충 p.722** / **표고버섯 p.786** / **목이버섯 p.776**

허준(1611), 『동의보감3. 침구탕액 편』, 최창록 역(2003), 푸른사상. **소고기 p.139** / **천엽 p.140** / **은행 p.247** / **달걀 p.93** / **두충 p.386** / **인삼 p.280**

특징

도미(강항어, 强項魚)는 큰 것은 길이가 90~120cm 나 된다. 모양은 농어를 닮았다. 몸은 짧고 체고는 길이의 반쯤 된다. 등은 발갛고 꼬리는 넓으며 눈이 크고 비늘은 민어를 닮아 매우 단단하다. 머리도 단단하여 다른 물체와 부딪히면 거의 깨져 버린다. 흑산도에서는 주로 4~5월에 잡히는데, 겨울로 접어들면 자취를 감춘다.

살코기는 탄력이 있으며 맛이 좋고 진한 맛이 난다. 영양이 풍부하여 몸에 보가 된다.

두충은 암과 치매를 예방하고, 허리·척추 디스크에 효능이 탁월하여 음식에 수시로 섞어 조리하거나 평소 차로 마시면 치료에 효능을 볼 수 있다. 특히 스트레스로 인한 신(腎)의 과로로 허리와 척추가 구부러져 아픈 것을 치료하고 근골을 단단하게 하며, 소변이 남아 뚝뚝 떨어지는 증상을 치료한다.

효능과 치료 효과

재료	성질과 맛	효능과 치료 효과
도미	평(平) / 감(甘)	알코올 해독과 성인병 예방, 보양 효과 비타민 B_1 다량 함유, 항암 효과, 골절 치료, 담석 치료
미나리	량(凉) / 신감(辛甘)	지혈, 평간명목, 청열이습, 산후 자궁 출혈, 홍역 예방, 자궁 수축, 이뇨 작용, 눈을 밝게 한다.
천엽	온(溫) / 감(甘)	열기와 수기 주치, 술의 피로와 설사를 풀어 준다.
표고버섯	평(平) / 감(甘)	신체 정기 쇠약 개선, 피곤과 무력 증상 식은땀 개선, 혈압 강하, 만성 간염, 신체 면역 조절 활성, 항암 작용, 간염, 항산화 작용, 혈소판 응집 억제
소고기	온(溫) / 감(甘)	사람의 근골을 강하게 한다. 비위를 기른다. 허리와 다리 보익, 소갈 치료, 수종을 없앤다. 토설을 그치게 한다
호두	온(溫) / 감(甘)	경맥을 통하게 하고 혈맥을 윤택하게 한다. 머리칼을 검게 한다.
은행	한(寒) / 감(甘)	폐위의 탁기를 깨끗이 하고 천식을 진정시키고, 은행 생 것은 목구멍을 자극하고 어린이가 먹으면 경기한다. 기침을 그치게 한다.
달걀	평(平) / 감(甘)	열화창, 간질, 목 뻣뻣한 증상 제거, 마음을 진정시키고 오장을 편안하게 한다. 목구멍을 연다.
목이버섯	평(平) / 감(甘)	신체 허약 기혈 보호, 폐의 혈증, 해수 객혈에 유효, 고혈압 강하, 항암, 혈액 응고 억제, 혈전 형성 억제, 항암, 돌연변이, 항균, 면역 기능 촉진, 항방사능
인삼	온(溫) / 감(甘)	원기 부족, 신체 허약, 권태, 피로, 폐 기능 약화, 꿈이 많은 허약 증세, 신기능 허약자에 효능, 면역 기능 활성, 두뇌 활성화, 항피로, 면역 작용, 항암 효과, 성 기능 회복, 당뇨에 효능
두충	온(溫) / 감(甘)	간신의 기능 부족으로 인한 요통과 척추 디스크를 치료하고, 항노화, 항암, 항비만 효과가 탁월하다.

맥문동 꽃게찜

찜

| 기관지·폐 기능에 좋은 약선 |

조리 방법

1 도라지는 소금물에 우리고, 맥문동은 잘 씻어 놓는다. 생마는 갈아 놓는다.

2 솔로 게의 다리와 등딱지를 깨끗이 씻은 후 삼각 모양의 딱지와 등딱지, 양옆 털처럼 생긴 것들을 떼어 내고 한 번 더 씻는다.

3 몸체의 게살을 밀대로 밀어 발라내고, 다리 속살은 젓가락으로 잘 발라낸 후 곱게 다진다. 맥문동, 도라지도 곱게 다진 후 마 간 것과 섞는다.

4 소고기는 곱게 다지고, 두부는 면보에 꼭 짜서 수분을 거두고 양파도 곱게 다진다. 그리고 **3**의 게살 다진 것과 모두 섞어 양념한다(소금, 생강, 후추, 다진 마늘).

5 고명은 5방색으로 준비한다. 달걀로 만든 황·백지단, 석이버섯, 청고추와 홍고추를 각각 채를 쳐 다시 곱게 다진다.

6 게 등 쪽은 깨끗이 씻어 물기를 닦아 둔 후 식용유를 바른 뒤 밀가루를 뿌려 양념해 둔 게살을 차곡차곡 채워서 찹쌀가루를 위에 훌훌 뿌려 김 오르는 찜통에 10분 정도 찐다.

7 게가 맛있게 쪄지면 꺼내 5방색으로 곱게 장식한다.

특징

맥문동은 성질이 조금 차가우나 평이하다. 달고 독이 없다. 몸이 허로하여 객혈로 입이 건조하며 목마름이 생기는 증상을 완화해 준다. 폐농을 치료하고 열독으로 눈이 노란 증세를 치료한다. 또 심장을 보하고 폐를 깨끗하게 한다. 꽃게는 청열, 수종 해독에 유효하며, 꽃게의 케토산(keto acid) 성분은 면역력을 좋게 하고 유방암 등 암 예방에 효능이 있다.

또한 노화 방지와 당뇨에 탁월하고 고혈압 등에 효능이 있으며, 성장기 어린이와 노인에게 특히 좋으며, 게의 단백질 성분은 뇌 활성에 좋다. 게 껍질에 도라지와 맥문동을 함께 다져 넣고 찜기에 쪄서 먹으면 부드러우며 영양이 풍부해 누구나 맛있게 먹을 수 있는 음식이다.

"게의 누른 장과 검은 장을 각각 긁어 달걀에 게 황장을 섞고 장 기름을 맞추어 치고, 후추, 파, 생강붙이를 법대로 넣어 굽 없는 그릇에 담아 중탕하니, 반만 익거든 게 검은 장에 기름을 약간 쳐 그 위에 고루고루 발라서 다시 중탕한다. 게가 익은 후 칼로 저며 다시 발라 즙, 국물을 만들어 위에 얹고 달걀의 흰자위와 노른자위를 지져 채쳐 위에 뿌려 써라. 청열, 수종 해독에 유효하다."

『규합총서』

주재료: 꽃게 1마리, 소고기 50g, 밀가루 1/5컵, 양파 1/4개, 홍고추 3개, 청고추 3개, 두부 20g, 마늘(다진 것) 1/2작은술, 생강즙 1/2작은술, 깨소금 약간, 후춧가루 약간, 참기름 약간, 석이버섯 20g, 달걀 5개

부재료: 맥문동 5g, 도라지 5g, 마(생 것) 10g

빙허각 이씨(1815), 『규합총서』, 정양완 역(1975), 보진재. **게찜 p.68**

허준(1611), 『동의보감3. 침구탕액 편』, 최창록 역(2003), 푸른사상. **두부 p.106** / **석이버섯 p.275**

효능과 치료 효과

재료	성질과 맛	효능과 치료 효과
꽃게	함(鹹), 한(寒)	청열, 수종 해독
소고기	온(溫) / 감(甘)	비위를 기르고, 토설을 그치게 한다. 소갈을 치료하고 수종을 없앤다. 사람의 근골을 강하게 하고 허리와 다리를 보익한다.
청·홍고추	온(溫) / 신(辛)	식욕 증가, 혈압 상승, 해독, 각기 치료
두부	량(凉), 평(平) / 감(甘)	맛이 달며 독이 있다. 기를 더하고 비위를 부드럽게 한다. 성질이 차다. 신기를 발하게 하고 두풍과 부스럼을 발하게 한다. 많이 먹으면 배가 팽창하여 사람을 죽이고 술을 먹으면 더 심하나 냉수를 마시면 곧 없어진다. 설사와 방귀를 많이 뀌면 먹지 않는다.
석이버섯	평(平), 한(寒) / 감(甘)	성질이 차고 혹은 평이하다. 맛이 달고 독이 없다. 마음을 깨끗하게 하고 위를 양생하게 하고 혈을 그치게 하고 나이가 들수록 안색을 좋게 하고 사람으로 하여금 배고프지 않게 한다. 명산의 돌 낭떠러지 위에서 나니 영지버섯이라 한다.
달걀	평(平), 감(甘)	간질과 목 뻣뻣한 증세 치료, 목구멍을 열고 오장을 편안하게 한다.
마	평(平) / 감(甘), 무독(無毒)	해수, 천식, 권태감, 무력감, 가래, 정액 흘러나오는 증상, 조루, 신체 허약 주치. 항노화 작용이 있어 수명을 연장시킨다. 혈당 강하, 임상 보고에 의하면 복통, 소아 설사, 궤양성 구강염, 습진, 피부염, 폐결핵으로 인한 고열 증상 소실
매문동	미한(微寒) / 감고(甘苦)	마른기침, 소갈증에 특효, 항산화 면역 증강에 효과가 있고, 마른기침 등 당뇨에 좋다.
도라지	평(平) / 고(苦), 신(辛)	해수·가래에 효능, 폐농 배출, 급성 편도선, 기관지에 효능, 암 예방

우슬두충 제육조림

조림

주재료: 통삼겹 600g, 마 200g, 구기자 5g, 우슬(생 것) 10g, 두충 20g, 물 5컵, 대추 5개, 녹각 5g

양념장 재료: 간장 4큰술, 설탕 1/2큰술, 물엿 2큰술, 양파(다진 것) 3큰술, 파(다진 것) 1큰술, 마늘(다진 것) 1큰술, 후춧가루 1/4 작은술, 청주 1큰술, 참기름 1큰술

안덕균(2003), 『한국본초도감』, 교학사. p.726 / **두충 p.722** / **우슬 p.308** / **산약 p.700**

허준(1611), 『동의보감3. 침구탕액 편』, 최창록 역(2003), 푸른사상. **돼지고기 p.165** / **구기자 p.373**

조리 방법

1 냄비에 물과 녹각, 구기자, 두충, 우슬, 대추 등을 넣고 40분간 끓여 체에 받쳐 약물을 만든다(구기자는 남겨 둔다).

2 삼겹살은 3×3×4cm 크기로 썰어 끓는 물에 살짝 데쳐 기름기와 누린내를 제거한다.

3 준비된 약물에 삼겹살을 넣고 약한 불에서 30분간 부드럽게 조린다.

4 마는 3×3cm 크기로 썰고 당근도 밤톨 만하게 다듬어 데쳐 둔다.

5 **3**의 삼겹살 삶은 약물에서 기름을 꼼꼼히 걷어 버리고, 마와 당근, 양념장을 넣어 약한 불로 다시 조린 후 완성한다.

특징

마(산약)는 성질이 평이하고 맛이 달다. 비장과 위장을 보하고 폐와 신장을 도운다. 비장과 위장이 허약하여 식욕이 없는 경우를 다스린다.

구기자는 콜레스테롤 강하, 생장 촉진, 암세포 억제 작용, 정액 증가, 폐결핵 효능 등이 있다. 맛이 달고 자극이 없으며 강장, 해열, 요통에 효과가 있으며 눈을 보호한다. 구기자를 오래 복용하면 몸이 단단해지고 노화를 예방할 수 있으며 검은 머리를 나게 한다. 눈을 과도로 혹사시키는 사람, 피부가 마르고 건조한 사람, 신체를 튼튼하게 하고자 하는 사람에게 좋다. 우슬은 어혈을 제거하고 생리통, 생리 불순에 좋다. 지혈 효과가 탁월해 출산 후나 인공 유산에 좋은 약재로 사용된다. 기가 부속해 토혈, 코피가 날 때 사용하며, 원기가 부족한 사람에게 좋다. 두충은 허리, 골수를 채우고 척추에 좋다.

돼지고기 껍질은 콜라겐(collagen)으로 유선을 돌게 하고 영양을 준다.

효능과 치료 효과

재료	성질과 맛	효능과 치료 효과
돼지고기	량(凉) / 한(寒)	독이 조금 있다. 해열한다. 오래 먹으면 풍이 동한다. 허한 증세 치료, 수은 독, 풍압, 단석 독을 치료한다.
구기자	한(寒) / 감고(甘苦)	맛이 쓰고 달다. 근골을 단단하게 한다. 음을 보한다. 오로칠상(五勞七傷)을 낫게 한다. 눈을 밝게 한다. 신을 편안하게 하고 사람을 오래 살게 한다.
마	평(平) / 감(甘), 무독(無毒)	해수, 천식, 권태감, 무력감, 가래, 정액 흘러나오는 증상, 조루, 신체 허약 주치. 항노화 작용이 있어 수명 연장시킴. 혈당 강하. 임상 보고에 의하면 복통, 소아 설사, 궤양성 구강염, 습진, 피부염, 폐결핵으로 인한 고열 증상 소실
우슬	평(平) / 고산(苦酸)	어혈 제거 기능, 생리 불순에 효능. 간신 부족 원인으로 무릎 골격 증상 약화에 효능, 토혈, 혈당 강하, 간기능 개선, 자궁 경관 확장 작용, 기능성 자궁 출혈에 효능
두충	온(溫) / 감(甘)	간신 기능 부족 원인인 요통과 무릎 기능 저하에 근육 탄력 강화, 골질 형성, 항노화, 유산 방지 혈압 강하, 원발성 좌골 신경통에 치료 효과, 풍습성 관절염, 골다공증에 효력

장어 된장구이

구이

치질·오래된 부스럼 치료 약선

주재료: 장어 2마리, 천초(가루로 된 것) 1큰술, 된장 2큰술, 생강(다진 것) 1작은술, 후춧가루 약간, 참기름 2큰술, 생강채, 느릅 30g

부재료: 양파(다진 것) 3큰술, 파채 100g(부추 50g), 고추냉이 2큰술, 간장 2큰술, 설탕 1/2작은술, 청주 1큰술, 식초 1큰술

전순의(1460), 『식료찬요』, 윤숙자 · 김종덕 역(2012), 지구문화사. **pp.120~121**

허준(1611), 『동의보감3. 침구탕액 편』, 최창록 역(2003), 푸른사상. **뱀장어 p.189 / 생강 p.249**

안덕균(2003), 『한국본초도감』, 교학사. **대파(총백) p.44**

조리 방법

1 장어는 머리와 꼬리를 떼어 내고 칼집을 내어 생강즙과 산초 가루, 후추를 뿌려 재워 둔다.
2 느릅을 냄비에 넣고 물 2컵을 붓고 끓여 1/3로 만든다.
3 장어에 참기름을 바르고 애벌구이하여 1차로 노릇하게 굽는다.
4 된장에 참기름을 조금 넣고 느릅 우린 물 3큰술을 섞어 소스를 만든다.
5 애벌구이한 장어에 된장 소스를 여러 번 발라 석쇠에 다시 굽는다.
6 장어가 완전히 노릇하게 바싹 구워졌으면 파채 위에 담고 생강채와 고추냉이를 얹어 먹는다.

"5가지 치질과 누창(피부에 구멍이 뚫어져 고름이 흐르고 냄새가 나면서 오랫동안 낫지 않는 증상)을 치료하려면 뱀장어를 보통 요리하는 방법과 같이 준비하여 자르고 구워서 산초, 소금, 된장을 발라 먹는다."

『식료찬요』

특징

장어는 평이하거나 따뜻하여 몸에 허열이 있고, 쉽게 피곤을 느끼는 사람에게 좋다. 또한 여성의 부인병을 치료하고 식욕을 증진하여 배탈, 설사, 소화 불량에 좋다. 치질과 누창을 치료하려면 뱀장어를 보통 요리하는 방법으로 요리하여 된장이나 산초, 소금을 발라 구어서 먹는다. 또한 뱀장어는 5치(5가지 치질)와 부스럼을 치료하고 모든 충을 죽이며, 부인 음호(깊숙한 곳)의 충을 치료한다. 고기는 오장의 허손을 보호하고 피로하여 앓는 증상을 치료한다.

대파 잎은 모든 부스럼을 치료하고 중풍, 수종통, 파상풍을 치료한다.

된장은 한열을 풀고 암을 예방하며 보는 몸속 독을 푼다.

산초는 냉증을 치료하여 건강하게 한다.

효능과 치료 효과

재료	성질과 맛	효능과 치료 효과
뱀장어	온(溫) / 감(甘)	건비보폐. 익신고충. 치질과 부스럼을 주치한다. 모든 충을 죽이고 악창 및 부인의 음호의 충양을 치료한다. 오장의 허손을 보하고 피로하여 앓는 증상을 치료한다.
산초	온(溫) / 신(辛)	온중시킴으로 복부의 냉증을 치료한다. 구토, 설사를 그치게 한다. 회충, 간디스토마에 효과가 있다.
된장	한(寒) / 고함감(苦鹹甘)	상한 두통 번민, 한열을 풀다. 관절을 통한다. 약 중독 해독
느릅	평(平) / 감(甘), 무독(無毒)	대소변 불통 원활히 한다. 소변길 소통, 장위 사열을 제거, 부종을 없앤다. 불면증 치료, 코고는 증세 치료
생강	온(溫) / 신(辛)	산한해표, 강역지구, 화담지해, 해독. 오장으로 돌아와서 가래를 삭이고 기를 내린다. 구토를 멎게 하고 풍한과 습기를 없애고 해역으로 상기하고 천식, 기침하는 것을 낫게 한다. 뜨겁게 사용할 때는 껍질을 벗기고, 차게 사용할 때는 껍질을 그대로 사용한다. 독을 억제하고 반위(反胃)의 성약이다.
대파	온(溫) / 신(辛)	복부 냉증, 종기, 소화 불량에 효능이 있고, 침침한 눈을 밝게 한다. 결핵, 포도상균 등의 발육을 억제한다. 감기 효능, 복수 찰 때 효능

홍합오징어 단호박전

전

| 결혼을 앞둔 청춘 남녀에게 좋은 약선 |

조리 방법

1 오징어는 껍질을 벗겨 끓는 물에 살짝 데쳐 다져 놓는다.

2 홍합은 살짝 데친 다음 티와 물기를 제거하고 곱게 다진다.

3 달걀은 잘 풀어 놓는다.

4 단호박은 푹 익힌 다음 으깬다.

5 당귀 잎과 청양고추는 곱게 다진다.

6 준비된 재료(홍합, 오징어, 호박, 당귀 잎, 청양고추, 양파, 파, 마늘)을 모두 섞어 소금, 후추, 참기름으로 양념하여 소를 만든다.

7 동그랗게 완자를 만들어 밀가루를 묻혀 달걀 물에 적셔 프라이팬에 지진다.

8 불 조절을 잘하면서 번철에서 전을 부쳐 접시에 낸다.

특징

홍합은 성질이 평이하고 맛이 달고 독이 없다. 오장을 보하고 허리와 다리에 이롭고 양사를 더한다. 허손하여 야위는 증세와 산후에 혈이 맺히고 배가 아픈 증세를 고치고, 징가 및 붕중대하를 멎게 한다. 사람에게 유익하니 삶아서 먹으면 좋다.
오징어는 성질이 평이하고 맛이 시다. 오래 먹으면 정력이 좋아진다.

효능과 치료 효과

재료	성질과 맛	효능과 치료 효과
오징어	평(平) / 산(酸)	기를 더하고 의지를 강하게 한다. 월경을 통하게 한다. 오래 먹으면 정을 더하고 사람으로 하여금 자식을 두게 된다.
홍합	평(溫) / 감(甘)	오장을 보하고 허리와 다리에 이롭고 양사를 더한다. 산후 어혈을 풀어 주고 배 아픈 증세를 치료한다. 삶아서 먹는다.
호박	평(溫) / 감(甘)	폐 비위 살충 효과, 복통 생리 불순에 사용, 구내염, 폐결핵, 미열, 복통에 효능, 간디스토마 효능, 회충 치료, 산후 유즙 분비
당귀	온(溫) / 감신(甘辛)	안색 창백, 눈에 보혈 효능이 있다. 항산화, 항염증, 항방사능, 기관지 천식에 유효, 중풍, 습진 등과 심장 박동 이상 치료

주재료: 오징어 1마리, 홍합 100g, 단호박 500g, 달걀 2개, 소금 약간, 당귀 잎 10g, 청양고추 1개, 밀가루 적당량
밑간 재료: 양파(다진 것) 1큰술, 마늘 1큰술, 파 1큰술, 참기름 1작은술, 소금 1/3작은술, 후추 약간

허준(1611), 『동의보감3. 침구탕액 편』, 최창록 역(2003), 푸른사상. **새우 p.214** / **오징어 p.188** / **홍합 p.214**
안덕균(2003), 『한국본초도감』, 교학사. **당귀 p.702**

파프리카 두부해물전

전

주재료: 오징어 1/2마리, 조갯살 20g, 홍합 50g, 새우 3마리, 두부 50g, 달걀 2개, 소금 약간, 당귀 잎 10g, 청양고추 1개, 파프리카(작은 것) 9개

밑간 재료: 양파(다진 것) 1큰술, 마늘 1큰술, 파 1큰술, 참기름 1작은술, 소금 1/3작은술, 후추 약간, 밀가루 적당량

허준(1611), 『동의보감3. 침구탕액 편』, 최창록 역(2003), 푸른사상. **새우 p.214 / 오징어 p.188 / 홍합 p.214**

조리 방법

1 오징어와 새우는 껍질을 벗겨 끓는 물에 살짝 데쳐 다져 놓는다.
2 홍합과 조갯살은 살짝 데친 다음 물기를 제거하고 곱게 다진다.
3 달걀은 잘 풀어 놓는다.
4 두부는 칼등으로 으깨 다진다.
5 당귀 잎과 청양고추는 곱게 다진다.
6 준비된 재료(홍합 살, 오징어, 새우, 조갯살, 당귀 잎, 두부, 청양고추, 양파, 파, 마늘)을 섞어 소금, 후추, 참기름으로 양념하여 소를 만든다.
7 파프리카를 한쪽 1/3 베어 내 안쪽에 밀가루를 묻히고 준비한 소를 안에 넣은 다음 밀가루를 묻혀 달걀 물에 적서 프라이팬에 중간 불로 지진다.
8 불 조절을 잘하면서 번철에서 파프리카전을 잘 부쳐 접시에 낸다.

특징

홍합은 성질이 평이하고 맛이 달고 독이 없다. 오장을 보하고 허리와 다리에 이롭고 양사를 더한다. 허손하여 야위는 증세와 산후에 혈이 맺히고 배가 아픈 증세를 고치고, 징가 및 붕중대하를 멎게 한다. 사람에게 유익하니 삶아서 먹으면 좋다.
파프리카는 비타민이 풍부하여 암 예방에 좋다.
여러 가지 해물을 파프리카에 넣고 부치는 파프리카두부해물전은 맛도 있지만 비타민 등이 풍부해 영양 섭취를 위한 보양 약선이기도 하다.
최근 의학계의 연구에서는 비타민 C 섭취가 암을 예방한다는 결과가 나왔다. 비타민 C는 피부를 희게 하고 여드름을 낫게 한다.

효능과 치료 효과

재료	성질과 맛	효능과 치료 효과
파프리카	온(溫) / 감신(甘辛)	캡사이신은 항암 작용, 감기, 노화, 빈혈, 면역성에 효능
새우	온(溫) / 감(甘)	보신장양, 자음식풍, 독이 조금 있으며 치질을 주치한다. 어린이의 적백 부스럼을 주치한다. 그러나 오래 먹으면 풍이 동해 좋지 않다.
오징어	평(平) / 산(酸)	기를 더하고 의지를 강하게 한다. 월경을 통하게 한다. 오래 먹으면 정을 더하고 사람으로 하여금 자식을 두게 된다.
홍합	평(平) / 감(甘)	오장을 보하고 허리와 다리에 이롭고 양사를 더한다. 산후 어혈을 풀어 주고 배 아픈 증세를 치료한다. 삶아서 먹는다.
당귀잎	온(溫) / 감신(甘辛)	안색 창백, 눈에 보혈 효능이 있다. 항산화, 항염증, 항방사능, 기관지 천식에 유효, 결혈성 중풍, 습진 등과 심장 박동 이상 치료
조갯살	량(凉) / 감(甘)	오장을 윤택하게 하고 소갈을 그치게 한다. 위를 열고 주독을 풀고 술을 깨게 하고 끓여서 먹으면 부인의 혈에 좋다.
고추	온(溫) / 신(辛)	식욕 증가, 혈압 상승, 해독, 각기 치료

비타민잡채

잡채

조리 방법

1 마는 두께 0.5m, 길이 10cm 정도로 썰어 소금을 뿌리고 살짝 데쳐 놓는다.

2 홍 피망도 두께 0.5m, 길이 10cm 정도로 썰어 놓는다.

3 청 피망도 두께 0.5m, 길이 10cm 정도로 썰어 놓는다.

4 주황 피망도 두께 0.5m, 길이 10cm 정도로 썰어 놓는다.

5 노랑 피망도 두께 0.5m, 길이 10cm 정도로 썰어 놓는다.

6 프라이팬에 식용유를 두르고 마와 피망을 합해 소금을 뿌린 다음 마늘과 생강, 파 다진 것을 넣고 센 불에 재빨리 볶아 낸다.

7 참기름으로 마무리하여 그릇에 담는다.

특징

피망은 비타민 A와 C가 풍부한데, 특히 비타민 C는 레몬에 버금갈 정도로 많이 들어 있으며 인체의 면역력을 높여 준다. 그 밖에 비타민 B_1, B_2, D, P와 칼슘, 철분, 식물성 섬유도 풍부한다. 비타민 A와 C는 우리 몸의 저항력을 길러 주고 신진대사를 활발하게 해 주므로 꾸준히 먹으면 피로 회복은 물론 감기 예방 효과에도 좋다. 비타민 C는 수용성 비타민이므로 기름에 튀기거나 지져도 그다지 파괴되지 않는다. 피망에는 리코펜(lycopene), 베타카로틴(beta carotene), 제아잔틴(zeaxanthin) 같은 유기 화합물도 풍부하다. 피망이 빨강·노랑을 띠는 것은 이들 유기 화합물 때문이다. 또 피망에는 엽산, 칼륨, 철분도 들어 있다.

피망은 여러 질병을 예방하는 데 도움이 된다. 런던 대학 연구진은 피망 속의 리코펜, 베타카로틴이 암 예방에 효과가 있음을 발견했다. 리코펜이 풍부한 음식을 섭취한 남성들의 경우 전립선 암에 걸릴 확률이 11~19% 낮은 것으로 나타났다.

효능과 치료 효과

재료	성질과 맛	효능과 치료 효과
파프리카	온(溫) / 감신(甘辛)	캡사이신은 항암 작용, 감기, 노화, 빈혈, 면역성에 효능
마(산약)	평(平) / 감(甘), 무독(無毒)	해수, 천식, 권태감, 무력감, 가래, 정액 흘러나오는 증상, 조루, 신체 허약 주치. 항노화 작용이 있어 수명을 연장시킨다. 혈당 강하. 임상 보고에 의하면 복통, 소아 설사, 궤양성 구강염, 습진, 피부염, 폐결핵으로 인한 고열 증상 소실

주재료: 청 피망(10cm) 1개, 홍 피망(10cm) 1개, 노랑 피망(10cm) 1개, 주황 피망(10cm) 1개, 마(10cm) 1개
부재료: 식용유 1큰술, 소금 약간, 참기름 1작은술, 후춧가루 약간, 파, 마늘, 생강(다진 것) 1작은술

안덕균(2003), 『한국본초도감』, 교학사. **마(산약) p.700**

복령구절판

구절판

주재료: 소고기(우둔) 100g, 건표고버섯 5개, 오이 150g, 당근 80g, 숙주 100g, 달걀 6개, 석이버섯 5장

소고기 양념 재료: 간장 1작은술, 설탕 1/2작은술, 파 1작은술, 마늘 1/2작은술, 깨소금 1작은술, 참기름 1/2작은술, 후춧가루 작은술, 식용유 10큰술

밀전병 재료: 밀가루 6큰술, 소금 1/3작은술, 물 1과1/4컵, 복령(가루로 된 것) 6큰술, 산약(가루로 된 것) 2큰술

겨자즙 재료: 간장 2큰술, 식초 1큰술, 설탕 1/2작은술, 물 1큰술, 겨자(발효된 것) 1/2작은술

안덕균(2003), 『한국본초도감』, 교학사. **복령 p.416 / 산약 p.700**
허준(1611), 『동의보감3. 침구탕액 편』, 최창록 역(2003), 푸른사상. **복령 p.374**

조리 방법

1 소고기는 가늘게 채 썰어 고기 양념장으로 양념한다.

2 표고버섯은 불렸다가 기둥을 떼어 내고 가늘게 채 썰어 간장, 참기름을 넣고 무친다.

3 오이는 4cm으로 썰어 돌려깎기 하여 4×0.1×0.1cm로 곱게 채 썬다.

4 당근도 4×0.1×0.1cm로 곱게 채 썰어 놓는다.

5 석이버섯은 따뜻한 물에 담구어 손질하여 채 썰고 참기름, 간장으로 무친다.

6 숙주는 거두절미하여 소금물에 살짝 데쳐 참기름과 소금으로 무친다.

7 달걀은 황·백으로 나누어 소금을 조금 넣어 풀어 얇게 부쳐서 가늘게 채 썬다.

8 위의 재료를 각각 볶아 식힌다.

9 밀가루에 복령 가루와 산약 가루에 소금을 넣어 체에 친 다음 달걀흰자 1개에 물을 넣어 묽게 풀어서 구절판 가운데 그릇에 맞게 밀전병을 둥글고 얇게 부쳐 식혀 담는다.

10 준비한 재료를 색이 조화되게 구절판에 곁들인다.

특징

복령은 소변을 못 보고 배와 전신이 붓는 증상에 효력이 있다. 정신 안정, 면역 증강 작용을 하고, 혈당을 내린다. 항종양 작용이 있고 만성 정신 분열에 효력이 있다. 폐위담옹을 주치하고 신장의 사기를 치고 소변이 잘 나오게 하며, 수종과 임질이 맺힌 것을 내리고 소갈을 그치게 하고 건망증을 낫게 한다.

석이버섯은 독을 해독하여 몸에 평형을 가져온다.

표고버섯은 몸속 종양을 낫게 하고 비타민 D가 풍부해 성장기 어린에게 좋다.

오이는 찬 성질이어서 몸의 열을 낮추고 번열을 가라앉게 한다.

당근 속 비타민 A는 시력을 좋게 하며 영양을 준다.

산약은 정력에 좋으며 수명을 연장시킨다.

효능과 치료 효과

재료	성질과 맛	효능과 치료 효과
복령	평(平) / 감담(甘淡)	항종양 작용, 면역 증강, 혈당 강하, 억균 작용, 신경 안정 작용
표고버섯	평(平) / 감(甘)	신체 정기 쇠약 개선, 피곤과 무력 증상, 식은땀 개선, 혈압 강하, 만성 간염, 신체 면역 조절 활성, 항암 작용, 간염, 항산화 작용, 혈소판 응집 억제
석이버섯	량(凉) / 감(甘)	성질이 차고 혹은 편하다. 맛이 달고 독이 없다. 마음을 깨끗하게 하고 위를 양생하게 하고 혈을 그치게 하고 나이가 들수록 안색을 좋게 하고 사람으로 하여금 배고프지 않게 한다. 명산의 돌 낭떠러지 위에서 나니 영지버섯이라 한다.
소고기	온(甘) / 감(溫)	비위를 기르고, 토설을 그치게 한다. 소갈을 치료하고 수종을 없앤다. 사람의 근골을 강하게 하고 허리와 다리를 보익한다.
산약	평(平) / 감(甘), 무독(無毒)	해수, 천식, 권태감, 무력감, 가래, 정액 흘러나오는 증상, 조루, 신체 허약 주치. 항노화 작용이 있어 수명을 연장시킨다. 혈당 강하, 임상 보고에 의하면 복통, 소아 설사, 궤양성 구강염, 습진, 피부염, 폐결핵으로 인한 고열 증상 소실

만삼닭고기 겨자샐러드

샐러드

주재료: 닭 300g, 오이 80g, 당근 40g, 배 50g, 밤 2개, 달걀 1개, 소금 약간, 후춧가루 약간, 죽순 30g, 당삼 20g, 산약20g, 당귀 5g, 꿀 3큰술

닭고기 삶기 재료: 만삼 20g, 산약 20g, 당귀 5g, 황기 5g, 마늘 2쪽, 생강 1/2쪽, 대파 1/2대, 물 1컵

겨자장 재료: 겨잣가루 1큰술, 물(따뜻한 것) 1큰술, 설탕 2큰술, 식초 3큰술, 소금 1작은술, 연유 1작은술, 간장 약간

허준(1611), 『동의보감3. 침구탕액 편』, 최창록 역(2003), 푸른사상. **당귀 p.314**
안덕균(2003), 『한국본초도감』, 교학사. **만삼 p.731**

조리 방법

1 냄비에 만삼 20g, 산약 20g, 당귀 5g, 황기 5g과 물 10컵 정도를 함께 넣고 30분간 끓이다가 약물이 우러나면 껍질을 벗긴 닭과 대파, 마늘, 생강을 추가로 넣고 푹 삶아질 때까지 더 끓인다. 그런 다음 닭을 식혀서 길이 3×0.5cm 굵기로 찢는다(국물은 졸인 후 체에 받쳐 식혀 샐러드와 함께 내어 보양 음료로 마신다. 또는 꿀을 타서 마신다).

2 오이, 당근은 4×1×0.3cm 크기로 썰고 찬물에 담가 놓는다.

3 배는 오이와 같은 크기로 썰고, 밤은 편으로 썰어 설탕물에 담근다.

4 달걀은 황·백으로 나누어 지단을 부쳐 오이 크기로 썬다.

5 잣은 깨끗이 씻어 약물을 조금 붓고 믹서에 갈거나 다져서 즙으로 만든다. 죽순도 석회를 걷고 동일한 크기로 썰어 둔다.

6 겨자는 따뜻한 물로 되직하게 개어 발효시켜 매운맛이 나면 겨자장을 만들어 잣가루와 섞어 놓는다.

7 채소의 물기를 제거하여 손질한 닭과 함께 잣즙 겨자장에 무쳐서 담는다.

특징

누런 암탉은 성질이 따뜻하며 달다. 소갈과 소변이 잦은 증상을 치료한다. 오장을 보익하고, 정액을 주치하며 골수를 더하며 양기를 돕고 소장을 따뜻하게 한다. 혈압이 높은 사람이나 몸이 약해 음식 맛이 없어 식사를 못하여 기력이 쇠진한 사람에게 입맛도 당기고 보혈도 되는 약선이다. 중년 남녀 모두에게 힘이 나는 좋은 약선이다.
만삼은 인삼을 먹지 못하는 사람이 인삼 대신 먹으면 기를 보하는 효능이 있다. 기능성 자궁 출혈, 신경 기능 문란, 신체 피로로 음식을 먹지 못하는 사람에게 좋다. 평소 편식으로 음식은 잘 먹지 못하는 사람들도 만삼으로 만든 보양 음료를 만들어 한 잔 마시면 더욱더 힘이 난다. 만삼은 더덕을 닮은 식물이면서 인삼을 대신하는 약효가 있다. 높은 산이나 추운 산등성이에서 자라기 때문에 채취하는 것이 쉽지 않아 오래된 것이 많으며, 그래서 산삼과 같은 효능이 있다고 한다.
새콤달콤 매콤한 만삼닭고기겨자샐러드는 입맛을 돋우어 지친 정신과 육체를 힘이 나게 한다.

효능과 치료 효과

재료	성질과 맛	효능과 치료 효과
닭고기	온(溫) / 감(甘)	비위로 귀경된다. 온중이기, 보정전수
죽순	한(寒) / 감(甘)	청열화담, 상위(傷胃), 소창투진, 소갈을 그치게 하고 수도를 잘 나오게 하며 번열을 없애고 기운 나게 한다. 담을 삭이고 위기를 상쾌하게 하니 찌거나 삶아 먹는다.
오이	량(凉) / 감(甘)	청열해서, 생진지갈, 이수해독
만삼	평(平) / 감(甘)	비위 허약, 음식 편식으로 인한 권태 등 허약 치료, 기혈 부족으로 인한 안면 창백 증상 치료, 음식 감소, 기능성 자궁 출혈
당귀	온(溫) / 감신(甘辛)	안색 창백, 눈에 보혈 효능이 있다. 항산화, 항염증, 항방사능, 기관지 천식에 유효, 결혈성 중풍, 습진 등과 심장 박동 이상 치료
마(산약)	평(平) / 감(甘), 무독(無毒)	해수, 천식, 권태감, 무력감, 가래, 정액 흘러나오는 증상, 조루, 신체 허약 주치. 항노화 작용이 있어 수명을 연장시킨다. 혈당 강하, 임상 보고에 의하면 복통, 소아 설사, 궤양성 구강염, 습진, 피부염, 폐결핵으로 인한 고열 증상 소실

마늘식초 오이선

선

주재료: 오이 200g, 소고기 30g, 건표고버섯(10g) 1개, 당근 10g, 달걀 1개, 소금 1/2작은술

소고기 양념 재료: 간장 1/2작은술, 설탕 1/4작은술, 파 1/4작은술, 마늘 1/4작은술, 참기름 1/4작은술, 깨소금 1/4작은술, 후춧가루 1/8작은술

마늘 식초 단촛물 재료: 마늘 식초 2큰술, 설탕 2큰술, 소금 2작은술, 물 2큰술, 레몬 1/4개

작자 미상(1880 말엽), 『시의전서』, 이효지 외 역(2004), 신광출판사. **pp.56~657**
허준(1611), 『동의보감3. 침구탕액 편』, 최창록 역(2003), 푸른사상. **달걀 p.120**
안덕균(2003), 『한국본초도감』, 교학사. **마늘 p.506**

조리 방법

1 오이는 가늘고 어린 것으로 골라 씻어 길이로 반을 쪼갠 후 1cm 간격으로 3번 칼집을 어슷하게 넣고 4번째 자르고 절인 다음 물기를 짠다.

2 소고기, 당근은 1×0.1×0.1cm로 채 썰어 양념하여 놓는다.

3 건표고버섯은 따뜻한 물에 불려 기둥을 따내고 1×0.1×0.1cm로 채 썰어 양념한다.

4 달걀은 황·백으로 나누어 지단을 부친 후 당근과 같은 길이로 채 썬다.

5 열이 오른 프라이팬에 기름을 두르고 **1**, **2**, **3**을 각각 볶아 식혀 놓는다.

6 **5**의 재료를 합하여 양념하고 **4**를 섞어 볶은 오이의 칼집 사이에 넣는다.

7 마늘 식초에 담근 마늘을 얇게 채를 쳐 지단채 아래에 2~3개씩 사이에 끼운다.

8 접시에 보기 좋게 담고 먹기 직전 마늘 식초를 끼얹어 낸다(새콤달콤한 맛이 난다).

특징

마늘 식초는 발효 과정에서 유기산 성분이 생성되어 몸의 생리 활성에 도움을 주게 된다. 마늘의 성분인 알리신(allicin)은 항산화 작용을 해 암을 예방하고 혈전을 개선한다. 마늘의 칼슘 성분은 골다공증을 예방해 준다. 또한 혈압과 당뇨, 정력 증강에 탁월하다. 마늘 식초는 발효가 되어 마늘의 높은 열감을 평으로 만들어 누가 먹어도 해가 없다. 오이의 찬 성질과 마늘의 성질이 합해져서 평이 되어 최상의 음식이 된다.
궁중 음식의 하나였던 오이선은 아삭아삭하고 산뜻한 맛이 나므로 코스 음식에서 처음에 낸다. 더구나 마늘 식초의 매콤하고 산뜻하며 달콤한 맛은 음식을 당기는 애피타이저로 최고의 요리이다. 오이의 찬 성질이 마음을 안정되게 하여 맛있는 음식을 먹게 하기 때문이다.

효능과 치료 효과

재료	성질과 맛	효능과 치료 효과
마늘	온(溫) / 신(辛)	종기나 상처가 부은 것을 삭아 없어지게 한다. 부스럼 등에 효과. 항균 작용과 진균 억제 작용이 있다. 폐결핵, 황달, 유행성 감기, 유행성 뇌척수염에 유효하다. 세균성 이질 등에 유효. 안 질환이나 열이 많은 사람은 조금만 섭취하거나 주의한다.
오이	량(凉) / 감(甘)	청열해서, 생진지갈, 이수해독. 열을 내리고 가슴이 답답한 증상을 풀어 준다. 눈이 충혈되고 아픈 것을 치료한다. 이뇨 작용, 항종양 작용이 있다.
소고기	온(溫) / 감(甘)	비위를 기르고, 토설을 그치게 한다. 소갈을 치료하고 수종을 없앤다. 사람의 근골을 강하게 하고 허리와 다리를 보익한다.
표고버섯	평(平) / 감(甘)	신체 정기 쇠약 개선, 피곤과 무력 증상 식은땀 개선, 혈압 강하, 만성 간염, 신체 면역 조절 활성, 항암 작용, 간염, 항산화 작용, 혈소판 응집 억제
달걀	평(平) / 감(甘)	열화창과 간질과 목 뻣뻣한 증세를 주치한다. 마음을 진정시키고 오장을 편하게 한다. 삶아 먹으면 담을 물리치고 목소리를 윤택하게 한다.

구기자즙 가지선

선

주재료: 구기자 5g, 녹각 5g, 대추 5개, 통후추 5개, 가지(중간 크기) 2개, 소고기 150g, 표고버섯(중간 크기) 2개, 홍고추 1개, 석이채 약간, 달걀 1개, 간장 1큰술, 설탕 1작은술, 육수 1컵, 대추 5개

고기 양념 재료: 간장 2큰술, 설탕 1큰술, 파(다진 것) 4작은술, 마늘(다진 것) 2작은술, 참기름 2작은술, 깨소금 2작은술, 후춧가루 약간

허준(1611), 『동의보감3, 침구탕액 편』, 최창록 역(2003), 푸른사상. **가지 p.268** / **석이버섯 p.275**
안덕균(2003), 『한국본초도감』, 교학사. **독각 p.790** / **오이 p.233**

조리 방법

1 냄비에 물 3컵 정도를 붓고 구지자와 녹각, 통후추, 대추를 넣고 끓여 즙을 1/2컵으로 만들어 둔다.

2 가지는 가늘고 연한 것으로 골라 6cm 정도로 토막을 내어 양끝을 1cm씩 남기고 오이소박이처럼 칼집을 3번씩 넣어 옅은 소금물에 담갔다가 살짝 데쳐 낸다.

3 소고기는 살로 곱게 다지고, 표고버섯은 불려서 곱게 채를 썬 뒤 합하여 고기 양념장을 고루 무친다.

4 마른 행주로 가지의 물기를 닦고 칼집 사이에 양념한 소고기를 채워 넣는다. 달걀은 황·백으로 나누어 지단을 부쳐 곱게 썬다.

5 냄비에 간장과 설탕, 육수를 붓고 불에 올려 끓어오르면 소를 채운 가지를 나란히 놓고 구기자(녹각)즙으로 조리며 약한 불로 살짝 숨이 죽을 정도만 끓인다. 도중에 가끔 국물을 끼얹어서 고루 간이 들도록 한다.

6 가지가 연하게 익고 국물이 거의 없어지면 그릇에 담고 지단채와 홍고추채, 석이채를 얹는다.

특징

구기자는 성질이 평이하고 맛은 달고 독이 없다. 한열로 오장이 피로한 증세와 폐병, 신경 쇠약 등을 주치한다. 임상 보고에 의하면 구기자를 매일 15g씩 달여 한 달을 복용한 결과 남성의 정액 분비량을 촉진시켰다고 한다. 구기자는 암세포를 억제하며 콜레스테롤을 저하시킨다.

가지는 암 예방에 좋은 면역력을 가지고 있다.

구기자즙가지선은 대추의 따뜻한 성질과 가지의 찬 성질이 합해져서 평이 되어 누가 먹어도 좋은 음식이다.

효능과 치료 효과

재료	성질과 맛	효능과 치료 효과
구기자	평(平) / 감(甘)	조혈 기능 촉진, 혈당 강화, 암세포 억제, 생장 촉진 작용
가지	한(寒) / 감(甘)	오장이 피로한 증세와 폐병, 신경 쇠약, 기운이 없는 증세를 치료한다. 많이 먹으면 좋지 않다.
소고기	온(溫) / 감(甘)	비위를 기르고, 토설을 그치게 한다. 소갈을 치료하고 수종을 없앤다. 사람의 근골을 강하게 하고 허리와 다리를 보익한다.
고추	열(熱) / 신(辛)	식욕 증가, 혈압 상승, 해독, 각기 치료
석이버섯	한(寒) / 감(甘)	마음을 깨끗하게 하고 위를 양생하고 혈을 그치게 하며, 나이가 들수록 안색을 좋게 하고 사람으로 하여금 배고프지 않게 한다. 명산의 돌 낭떠러지에서 나니 영지버섯이라 한다.

마늘식초에 버무린 밀감샐러드

샐러드

주재료: 금귤(밀감) 3개, 마늘 식초 5큰술
부재료: 양상추(반쪽) 300g, 새싹 10g, 설탕 3큰술

허준(1611), 『동의보감3. 침구탕액 편』, 최창록 역(2003), 푸른사상. [illegible]68 / 석이버섯 p.275
안덕균(2003), 『한국본초도감』, 교학사. 녹각 p.790 / 오이 p.233

조리 방법

1 밀감은 식초로 겉을 깨끗하게 씻어 통으로 믹서에 갈아 둔다.

2 양상추는 깨끗이 씻어 먹기 좋은 크기로 갈라 놓는다.

3 마늘 식초 5큰술에 설탕 3큰술을 넣고 갈아 놓은 밀감을 섞어 양상추와 새싹 위에 뿌린다.

특징

마늘은 종기나 상처가 부은 것을 삭아 없어지게 하는 살충 작용이 있다. 폐결핵을 완화하고 기침을 멎게 하며 감기, 유행성 디프테리아 등을 낫게 한다. 또한 항균 작용과 진해 억제 작용이 있다. 그러나 안 질환이 있거나 열이 많은 사람은 피하는 것이 좋다.

양상추에는 칼륨, 나트륨, 칼슘, 인, 이온, 요오드, 마그네슘, 철 등이 많이 들어 있다. 그중 마그네슘과 철이 많은데, 마그네슘은 근육 조직, 뇌, 신경 조직의 신진 대사를 활발하게 하며, 이들 조직의 상태를 강하게 하는 중요한 요소이다. 이온, 인 등의 미네랄은 싱싱한 식물에서 섭취하지 않으면 뇌와 신경 장애의 원인이 된다. 유기직인 기능을 가진 마그네슘, 인, 이온이 골고루 함유된 양상추는 이런 장애의 진정 작용을 하는 야채이다.

마늘 식초는 생리 활성과 면역력을 강화시켜 주므로 평소 자주 먹어 주면 좋다. 특히 알리신이라는 마늘 속 화학 성분은 항바이러스 효능이 탁월해 모든 질병의 침입을 막아 준다.

효능과 치료 효과

재료	성질과 맛	효능과 치료 효과
귤	온(溫) / 감신(甘辛)	이기화위, 윤폐생진. 가슴에 울결된 기를 소산시켜 간염, 위염에 유효하며 알코올을 쉽게 분해시키고 갈증을 풀어 준다. 위장의 소화력을 높이고 식욕을 증진시킨다.
양상추	한(寒) / 고(苦)	양상추는 불안 신경증, 히스테리, 심계 항진, 경련을 수반하는 질병, 천식, 백일해 등의 증상에 효능이 있다. 그 외에도 이뇨 작용, 체내 정화 작용, 저혈압, 편도선, 구내염, 미백 효과, 눈의 충혈, 자궁 출혈 등을 치료, 최유 작용(젖이 많게 한다.)
식초	온(溫) / 감신(甘辛)	산어소적, 지혈, 안회, 해독, 생리 활성과 면역 증강
마늘	온(溫) / 신(辛)	종기나 상처가 부은 것을 삭아 없어지게 한다. 부스럼 등에 효과. 항균 작용과 진균 억제 작용이 있다. 폐결핵, 황달, 유행성 감기, 유행성 뇌척수염에 유효하다. 세균성 이질 등에 유효. 안 질환이나 열이 많은 사람은 조금만 섭취하거나 주의한다.

선

백복령 두부선

주재료: 복령(가루로 된 것) 2큰술, 두부 1/2모, 닭고기(안심) 50g, 건표고버섯 1장, 다홍 고추 1/4개, 풋고추 1/2개

고명(웃기) 재료: 석이버섯 1장, 대추 2알, 달걀 1개, 실백 3g

양념 재료: 소금 1/2작은술, 파 2작은술, 마늘 1작은술, 참기름 1/2작은술, 깨소금 1작은술, 후춧가루 1/8작은술

초간장 재료: 간장 1큰술, 식초 1큰술, 설탕 1/2작은술, 겨자(발효시킨 것) 1큰술

허준(1611), 『동의보감3. 침구탕액 편』, 최창록 역(2003), 푸른사상. **복령 p.374 / 닭 p.118 / 두부 p.106 / 석이버섯 p.275**

조리 방법

1 닭고기는 힘줄을 제거하여 곱게 다지고, 두부는 거즈로 물기를 짜서 수분을 제거한 후 으깨어 체에 내려 부드럽게 해 둔다.

2 다홍 고추, 풋고추는 씨를 빼서 안쪽으로 두꺼운 부분을 거두어 포를 떠서 다져 놓고, 건표고버섯은 따뜻한 물에 불려 기둥을 따내고 포를 떠서 곱게 채 썬다.

3 석이버섯은 따뜻한 물에 불려 뒷면의 이끼와 돌을 제거하여 곱게 채 썬다.

4 대추는 돌려깎기 하여 밀대로 밀은 다음 채 썰고, 실백은 고깔을 따 놓는다.

5 달걀을 황·백으로 나누어 지단을 부친 후 1×0.1×0.1cm로 가늘게 채 썬다.

6 닭고기와 으깬 두부를 섞고, 백복령 가루 2큰술을 섞는다. 다홍 고추와 풋고추 다진 것도 섞어 소금과 후춧가루, 파, 마늘, 참기름, 깨소금으로 양념하여 두께 1cm의 반대기를 납작하게 만들어 납작한 프라이팬에 젖은 면보를 깔고 펴 놓는다.

7 두부 반대기 크기는 가로세로 10cm 내외로 만들어 놓고 위에 고명으로 표고버섯채, 황·백 지단채, 석이채, 대추채, 잣을 고루 뿌려 눌러 주고 김이 오르는 찜통에 중간 불로 10여 분 쪄낸 후 식힌다.

8 두부선이 식으면 3×3×1cm로 맞추어 9조각으로 썰어 접시에 보기 좋게 담아내고, 발효시킨 겨자에 초간장 양념을 해서 낸다.

9 **겨자장 만들기:** 겨잣가루 1큰술에 따뜻한 물 1큰술을 섞어 개어 끓는 냄비 뚜껑 위에 엎어 놓거나 냄비에 넣어 중탕하여 발효시킨 후 식초 2큰술, 설탕 1큰술, 소금 1/5작은술, 간장 1/5작은술을 섞어 만든다.

특징

복령은 소나무 뿌리에 기생하는 균체이다. 성미는 담담하고 이뇨 작용으로 수액 대사를 조절하는데, 특히 백복령은 담연(인체 내에 불필요한 습기가 체류하며 생기는 증상)을 제거하는 작용이 강하고 적복령은 수액 대사를 조절하는 작용이 주요하다. 복령은 몸에 불필요한 수분을 소변으로 시원하게 배출하게 해 준다.

효능과 치료 효과

재료	성질과 맛	효능과 치료 효과
백복령	평(平) / 감담(甘淡)	항종양 작용, 면역 증강, 혈당 강하, 억균 작용, 위를 열고 구역질을 그치게 하며 심신을 편안하게 한다.
두부	량(凉) / 감(甘)	고지혈증, 비만증, 유소(乳少). 맛이 달며 독이 있다. 기를 더하고 비위를 부드럽게 한다. 성질이 차다. 신기를 발하게 하고 두풍과 부스럼을 발하게 한다.
닭고기	온(溫) / 감(甘)	소갈과 소변이 잦은 것과 설리를 주치하고 오장을 보호한다. 골수와 양기를 보호한다.
석이버섯	량(凉) / 감(甘)	성질이 차고 혹은 평이하다. 맛이 달고 독이 없다. 마음을 깨끗하게 하고 위를 양생하게 하고 혈을 그치게 하며, 나이가 들수록 안색을 좋게 하고 사람으로 하여금 배고프지 않게 한다. 명산의 돌 낭떠러지 위에서 나니 영지버섯이라 한다.

오미자청 나물 두릅회

주재료: 두릅300g, 참기름 2큰술

초고추장 재료: 식초 2큰술, 꿀 1큰술, 설탕 1작은술, 고추장 2큰술, 오미자청 2큰술

안덕균(2003), 『한국본초도감』, 교학사. **오미자 p.1058** / **두릅 p.768** / **꿀 p.797**
서유구(1764), 『임원십육지: 정조지』, 이효지 외 역(2007), 교문사. **pp.138~139**
허준(1611), 『동의보감3. 침구탕액 편』, 최창록 역(2003), 푸른사상. **두릅 p.277** / **오미자 p.303**

조리 방법

1 두릅을 깨끗이 씻어 끓는 물에 데친 다음 찬물로 헹구고 물기를 제거해 둔다.

2 오미자청에 고추장과 식초, 설탕, 꿀 등을 섞어 초고추장을 만든다.

3 물기 없는 접시에 두릅 데친 것을 예쁘게 담고 오미자청을 섞은 초고추장을 위에 뿌린다.

Tip

오미자청 만들기

9월이 되면 붉게 익은 오미자 3컵에 생오미자 5kg, 설탕 5kg을 섞어 유리병에 담아 3개월 정도 숙성시킨 후 오미자를 체에 걸러 즙만 추출해 병에 담아 냉장고에 보관하여 사용한다(숙성된 오미자가 없으면 그냥 생오미자만 담가도 된다).

특징

두릅의 성미는 맵고 평이하다. 기운이 허약하고 신경 쇠약이 있을 때 사용하면 좋다. 신장 기능이 허약하여 양기가 부족할 때, 다리에 힘이 없을 때 보행 장애가 있을 때 유효하다. 당뇨병의 혈당을 내려 주며, 면역 기능 작용과 혈압 강하 작용이 있다. 그러나 장복하면 독성이 있으므로 주의하여 적당한 섭취를 해야 좋다.

오미자는 성미는 시고 따뜻하다. 오래된 해수, 천식에 효과가 있다. 당뇨 혈당 강하 작용과 기관지 천식에 효과적이다. 신경 쇠약으로 인한 두통, 불면, 어지럼증에 효과적이며, 신기능 허약에 치료 효과가 있다. 폐렴균, 콜레라균 이질균의 작용에 효력이 있다.

고추장은 발효되면서 나오는 펩타이드(peptide), 유기산, 플라보노이드(flavonoid) 등의 성분이 나오는데, 이 때문에 된장, 간장에 비해 생체 이용률이 더 높다. 특히 고추의 매운맛 성분인 캡사이신과 붉은 색소 성분인 베타카로틴, 그리고 루테인(lutein), 크립토크산틴(cryptoxanthin), 아데닌(adenine), 콜린(choline) 등의 염기 성분이 다량 포함되어 있으며, 비타민 B_1, 비타민 C의 함량이 사과의 20배, 귤의 3배나 된다.

효능과 치료 효과

재료	성질과 맛	효능과 치료 효과
두릅	평(平) / 신(辛)	기운이 허약하고 신경 쇠약이 있을 때, 풍습성 관절염, 진통 신기능 허약으로 양기 부족, 혈당 강하, 항피로 작용, 면역 기능 항진, 혈압 강하. 장복하면 독성. 성질이 평이하고 독이 없다
오미자	온(溫) / 산(酸)	독이 없다. 허로 하여 야윈 것을 보하고 눈을 밝게 하고 신장을 따뜻하게 하며 음을 강하게 하고 남성의 정을 더하고 소갈을 그치게 하고 번열을 없애고 주독을 풀고 해수와 상기를 치료한다. 맛이 단것이 좋다.
고추장	신(辛) / 감(甘)	항암 효과, 다이어트 효과, 치매 예방 효과 등
꿀	온(溫) / 감(甘)	비위장 허약, 복통에 효능, 폐 허약, 오랜 기침, 변비, 안구 충혈, 구내염, 항균, 혈압 강하, 체액 면역 기능, 해독 작용, 강장 작용, 화상, 각막 작용과 안검염, 비염에서 분비물에 세척 작용

달래무침 나물

| 무기력·춘곤증을 이기는 약선 |

조리 방법

1 달래를 깨끗하게 다듬어 티 없이 헹구어 놓는다.

2 달래에 조선간장과 고춧가루, 소금 등을 넣고 버무려 놓는다.

3 꿀로 최종 간을 맞춘 뒤 접시에 담고 깨를 뿌려 장식한다.

특징

달래의 성미는 맵고 따뜻하다. 여름철 토사곽란과 명치부터 배까지 더부룩하고 아픈 증상을 치료하고, 종기와 독충에 물린 증상을 가라앉힌다. 협심통에 달래 달인 물에 식초를 넣고 끓여 복용한다.
봄에 먹는 달래는 무기질과 비타민이 풍부해 겨우내 쌓인 피로와 스트레스를 날려 몸에 활력과 식욕을 돋구어 준다. 달래는 또한 동맥 경화 예방에 도움을 주며 면역력을 증강시키고 더부룩한 배의 아픈 증상을 치료한다. 특히 육류 섭취 시 함께 먹으면 콜레스테롤 저하 효과를 볼 수 있다.
그러나 아쉽게도 사찰에서는 스님들이 금하는 오신채 나물(마늘, 달래, 파, 부추, 무릇) 중 하나이다. 오신채의 특성은 자극이 강하고 힘을 나게 하는 식품으로, 수도를 닦고 있는 스님들한테 금하고 있다.

효능과 치료 효과

재료	성질과 맛	효능과 치료 효과
달래	온(溫) / 신(辛)	성미는 맵고 따뜻하다. 여름철 토사곽란과 명치부터 배까지 더부룩하고 아픈 증상을 치료하고, 종기와 독충에 물린 증상을 가라앉힌다.
고추	열(熱) / 신(辛)	식욕 증가, 혈압 상승, 해독, 각기 치료
꿀	평(平) / 감(甘)	비위장 허약·복통에 효능, 폐 허약, 오랜 기침, 변비, 안구 충혈, 구내염, 항균·혈압 강하, 체액 면역 기능, 해독 작용, 강장 작용, 화상, 각막 작용과 안검염, 비염에서 분비물에 세척 작용

주재료: 달래 300g
부재료: 참기름 1큰술, 소금 1/3작은술, 통깨 1작은술, 고춧가루 2큰술, 꿀 1큰술, 설탕 1작은술, 조선간장 1작은술, 생강(다진 것) 1/2작은술

안덕균(2003), 『한국본초도감』, 교학사. **p.549** / **달래 p.462**

| 눈을 밝게 하는 약선 |

오미자청 냉이무침

나물

조리 방법

1 냉이는 뿌리 쪽 흙을 깨끗이 씻어야 한다.

2 뿌리가 두꺼운 것은 2개로 가르고 누렁 잎은 떼어 내고 헹군 뒤 데쳐 놓는다.

3 오미자청에 설탕과 식초 등을 넣고 초고추장 양념을 만들어 놓는다.

4 냉이에 양념을 넣고 조물조물 버무려 냉이에 양념이 배도록 무친다.

5 물기 없는 오목한 볼에 냉이 나물을 담고 통깨를 뿌린다.

특징

냉이는 눈이 충혈되고 아픈 증상을 다스리며 눈을 밝게 하고 풍증을 제거한다. 이질에 효험이 있고 이뇨 작용이 있으며 전신이 붓고 소변 색깔이 우유빛인 증상에 효력을 보인다. 냉이 속에는 간을 보호하고 해독하는 콜린(choline)이라는 성분이 있는데, 식초 성분이 이것을 도와 조화롭게 된다. 그래서 냉이를 식초로 무쳐 섭취하면 더욱더 효능을 볼 수 있으며, 식이 섬유로서 변비 예방도 된다. 또한 생리통 완화 기능도 있으므로 젊은 여성이 많이 섭취하면 좋다.

효능과 치료 효과

재료	성질과 맛	효능과 치료 효과
냉이	평(平) / 감(甘)	이질에 효력, 이뇨 작용, 토혈, 대변 출혈, 자궁 출혈, 해산 후 전신 부종, 눈을 밝게 한다. 자궁 수축 작용, 혈압 강하, 지혈 작용, 홍역 예방에 효력, 산후 자궁 출혈에 40g 달여 복용하면 치료된다.
오미자	온(溫) / 산(酸)	독이 없다. 허로하여 야윈 것을 보하고 눈을 밝게 하고 신장을 따뜻하게 하고 음을 강하게 하고 남성의 정을 더하고 소갈을 그치게 하고 번열을 없애고 주독을 풀고 해수와 상기를 치료한다. 맛이 단것이 좋다.

주재료: 냉이 300g
부재료: 참기름 1큰술, 식초 2큰술, 오미자청 1큰술, 통깨 1작은술, 고춧가루 1큰술, 꿀 1큰술, 설탕 1작은술, 고추장 1큰술, 마늘·생강(다진 것) 1/2작은술

안덕균(2003), 『한국본초도감』, 교학사. **냉이 p.418**

부추무침

나물

조리 방법

1 부추는 부리 쪽을 깨끗이 다듬어 씻는다.
2 부리가 두꺼운 것은 2개로 갈라 씻은 뒤 누렁 잎을 떼어 내고 다시 헹군다.
3 새우젓은 칼로 곱게 다진다.
4 부추에 새우젓과 고춧가루, 양념을 넣고 조물조물 버무린 후 참기름과 통깨를 뿌리고 다시 무친다.
5 물기 없는 오목한 볼에 부추나물을 담고 한 번 더 통깨를 뿌린다.

특징

부추는 간과 신장 기능의 허손으로 발생한 양기 쇠약증, 즉 무릎과 허리가 차고 아프며 발기 부전 및 설사가 심하거나 부인의 백대하가 과대하게 많고 임신이 안 되는 증상을 개선시킨다. 관상 동맥, 위장암, 토혈, 코피, 소변 출혈에 효험이 있다. 딸꾹질에 가루로 만들어 1회 9g씩 매일 2회 복용하면 치료된다.
부추는 오신채 중 한 가지로, 사찰에서는 금하는 식품이지만 속가에서는 더없이 좋은 기능성 식품이다. 또한 부기를 유발하는 나트륨을 배출하며 혈액 순환을 돕고 남성에게는 정력에 도움을 준다.

효능과 치료 효과

재료	성질과 맛	효능과 치료 효과
부추	온(溫) / 신감(辛甘)	양기 부족, 발기 부전, 설사, 임신 실패 등 증상 개선, 위장암, 토혈, 코피, 소변 출혈에 효과, 혈압 강하, 심장 흥분 작용, 화상으로 인한 녹농균 감염 치료

주재료: 부추(토종) 300g, 참기름 1큰술
부재료: 통깨 1작은술, 고춧가루 2큰술, 설탕 1작은술, 새우젓 1작은술, 마늘·생강(다진 것) 1/2작은술

안덕균(2003), 『한국본초도감』, 교학사. **부추(구자) p.741**

아욱 된장무침

나물

| 열병·열독으로 인한 피부 부스럼 치료 약선 |

조리 방법

1 아욱은 깨끗이 씻은 후 스테인리스볼에 넣고 다시 한 번 주물어 헹군다.

2 된장에 양념을 넣고 무침 소스를 만들어 둔다.

3 끓는 물에 아욱을 데치고 나서 찬물에 헹군다.

4 볼에 삶은 아욱을 넣고 된장 소스로 조물조물 무쳐 낸다.

5 오목한 그릇에 아욱 무침을 담아낸다.

특징

아욱은 이뇨 작용이 있으며, 임질, 혈뇨 및 임신 중에 소변을 못 보고 몸이 무겁고 붓는 증상에 효과가 있다. 또한 부인의 유즙 분비에 좋으며 대소변의 변통 조절을 돕고 소갈, 폐열로 인한 해수 치료 등에 좋다. 아욱은 나물로 먹으면 많이 섭취할 수 있어 특정한 질환에 치료 효과를 볼 수 있다(임신부는 많이 먹지 않는다).

"열병과 열독으로 온몸에 부스럼이 생길 때 아욱을 삶아 마늘과 함께 먹으면 효과적이다. 열병과 열독으로 부스럼이 머리, 얼굴과 몸에 나고 잠깐 사이 전신으로 퍼져 나가 높은 열에 의해 화상을 입은 것처럼 몸 상태가 될 때 부스럼 위로 진물이 생겼다 없어졌다 하기도 하는데 이러한 증상을 치료하려면 아욱을 문드러지도록 삶아 마늘에 버무려 함께 먹으면 즉시 낫는다."

『식료찬요』

효능과 치료 효과

재료	성질과 맛	효능과 치료 효과
아욱	한(寒) / 감(甘)	이뇨 작용, 변비 치료, 폐렴 증상, 대소변을 잘 못 보는 증상, 소갈, 연동 운동에 효능
된장	미한(微寒) / 고함감(苦鹹甘)	심한 두통, 번민, 한열을 풀어 준다. 관절을 통한다. 약 중독 해독

주재료: 아욱 300g, 참기름 1큰술, 통깨 1작은술, 된장 2큰술
부재료: 마늘, 생강, 파(다진 것) 1/2작은술

전순의(1460), 『식료찬요』, 윤숙자 · 김종덕 역(2012), 지구문화사. **pp.190~191**
안덕균(2003), 『한국본초도감』, 교학사. **아욱 p.408 / 된장(두시) p.421**
허준(1611), 『동의보감3. 침구탕액 편』, 최창록 역(2003), 푸른사상. **아욱 p.251**

감기 몸살·폐결핵에 좋은 약선

나물

곰취 된장무침

조리 방법

1 곰취를 깨끗이 씻는다.

2 끓는 물에 곰취를 데친 다음 찬물에 헹구어 물기를 짠다.

3 된장에 양념을 넣어 섞어 놓는다.

4 삶아 놓는 곰취에 된장 양념을 버무린 후 다시 하나하나에 양념을 바른다.

특징

곰취는 해수, 천식, 백일해, 폐결핵으로 인한 각혈, 진해, 거담에 효과가 있으며 타박상 및 허리와 다리의 동통을 완화시킨다. 곰취는 따뜻한 성질을 갖고 있어 한방에서는 혈액 순환을 촉진하고, 감기, 인후염, 두통에 좋은 약재로도 쓰인다. 곰취는 고기가 탈 때 발생하는 발암 물질(아미노산 가열 분해물)을 80% 이상 억제하는 효과가 있다. 곰취는 생으로 먹지 말고 데쳐서 먹어야 한다. 곰취에는 '수산'이란 성분이 많은데, 수산은 몸속에 있는 칼슘과 결합해 결석을 유발할 가능성이 있다. 그러나 수산을 끓는 물에 살짝 데치기만 해도 모두 분해된다(곰취를 데칠 때는 뚜껑을 열고 데친다).

곰취는 사찰에서 많이 먹는 식품 재료이자 일반인도 좋아하는 식품 재료이다. 특히 허리와 다리의 동통을 완화시키는 성분이 있다. 발효된 된장은 항암 성분이 있어 건강에 좋은 음식이 된다.

효능과 치료 효과

재료	성질과 맛	효능과 치료 효과
곰취	온(溫) / 감신(甘辛)	해수, 천식, 백일해, 폐결핵으로 인한 각혈에 진해 거담 작용을 보이며 타박상 및 허리와 다리의 동통을 완화시킨다. 취나물은 따뜻한 성질을 갖고 있어 한방에서는 혈액 순환을 촉진하고, 감기, 인후염, 두통에 좋은 약재로도 쓰인다.
된장	한(寒) / 고함감(苦鹹甘)	심한 두통, 번민, 한열을 풀어 준다. 관절을 통한다. 약 중독 해독

주재료: 곰취 300g, 참기름 1큰술, 통깨 1작은술
된장 양념 재료: 된장 2큰술, 마늘·생강·파(다진 것) 1/2작은술

안덕균(2003), 『한국본초도감』, 교학사. **곰취 p.648** / **된장(두시) p.421**

방풍나물 된장무침

나물

| 중풍 예방 약선 |

주재료: 방풍나물 300g, 통깨 1작은술, 마늘·생강·파(다진 것) 1/2작은술

된장 양념 재료: 서리태 된장 2큰술, 설탕 1작은술, 참기름 1큰술

안덕균(2003), 「한국본초도감」, 교학사. 방풍 p.26 / 흑대두, 황대두 p.421

허준(1611), 「동의보감3. 침구탕액 편」, 최창록 역(2003), 푸른사상. 방풍 p.298

조리 방법

1 방풍은 겉잎은 떼고 속 재료만 골라 깨끗하게 헹군다.

2 끓는 물에 데친다.

3 서리태 된장에 양념을 넣고 섞어 놓는다.

4 데친 방풍에 된장 양념을 넣고 버무린 후 조물조물 무친다.

5 방풍나물에 통깨를 뿌린다.

특징

방풍의 성미는 약간 따뜻하고 맵고 달다. 일체의 풍증을 제거하는 묘약으로, 두통과 오한 발열에 효과적인데, 특히 해열 작용이 현저하다. 면역 기능과 항알레르기 작용, 항위궤양 작용이 있다. 그 중 면역 기능을 활성화시키는 데 탁월해서 다양한 조리 방법으로 음식을 만들어 먹으면 좋다. 특히 서리태(흑대두, 쥐눈이콩)로 담근 된장이 좋다. 서리태는 거풍 작용이 있어 사지 마비, 근육 경련, 산후 경련 발작(입 다물고 사지 경련을 일으킨다), 이뇨, 전신 부종, 각기병에 좋으며, 모든 독극물에 유효한 효능을 나타낸다. 서리태 속 다이제인(daidzein) 성분은 소장 경련을 풀어 주는데, 파파베린(papaverine, 아편에 함유된 알칼로이드로, 진통제 유사한 진정 작용을 한다)보다 37배나 더 함유되어 있다. 한방에서는 서리태를 약재로 분류하고 있다(『한국본초도감』).

방풍은 성질이 따뜻하고 맛이 달고 독이 없다. 풍을 치료하고 오장과 경맥을 통하여 이롭게 하고, 풍으로 머리가 어지럽고 아프면서 눈이 붉고 눈물이 나오며, 온몸의 골절이 아프고 저린 것을 낫게 하고 도한(盜汗)을 그치게 하고 정신을 편안하게 하고 뜻을 안정시킨다(『동의보감』).

효능과 치료 효과

재료	성질과 맛	효능과 치료 효과
방풍	미온(微溫) / 신감(辛甘)	면역 기능, 풍증 제거, 해열, 항염 작용이 있다. 안면 신경 마비 치료, 사마귀 제거
된장	한(寒) / 고함감(苦鹹甘)	심한 두통, 번민, 한열을 풀어 준다. 관절을 통한다. 약 중독 해독

참나물

나물

조리 방법

1 나물을 깨끗하게 씻는다.

2 끓는 물에 소금을 넣고 데친 다음 찬물에 헹구어 물기를 꼭 짠다.

3 스테인리스볼에 넣고 참기름과 간장, 다진 양념 등을 넣고 조물조물 무친다.

특징

참나물은 복부가 차서 일어나는 동통과 설사 등 이질에 효력이 있다. 간염, 고혈압, 해열에는 잎과 잎자루를 즙으로 내어 마신다. 한방에서는 참나물의 줄기를 야근채라고 한다. 혈액 순환을 돕고 몸속의 독을 없애 주고, 염증을 가라앉히고 눈을 밝게 한다.

참나물을 즙으로 매일 2잔씩 복용하면 눈이 밝아지고 체질이 개선되며, 간장 기능 강화에 좋다. 기침을 멎게 하고 간염, 고혈압, 중풍, 신경통으로 아플 때 약으로 사용한다. 또한 참나물은 뇌의 활동을 활성화시켜 주는 효능이 있어 치매 예방에 좋고, 철분이 풍부하게 함유되어 있어 빈혈에 좋다. 공복에 복용하거나 콩나물과 같이 즙을 내어 복용하면 더욱 효과가 있다.

효능과 치료 효과

재료	성질과 맛	효능과 치료 효과
참나물	온(溫) / 감신(甘辛)	복부가 차서 일어나는 동통과 설사 등 이질에 효력이 있다. 기침을 멎게 하고 간염, 고혈압, 중풍, 신경통으로 아플 때 약으로 사용한다. 거풍산한(祛風散寒), 이기지통(理氣止痛)

주재료: 참나물 300g, 통깨 1작은술, 마늘 · 생강 · 파(다진 것) 1/2작은술
부재료: 간장 3큰술, 설탕 1작은술, 참기름 1큰술

안덕균(2003), 『한국본초도감』, 교학사. **참나물 p.355**

시래기나물 된장무침

나물

조리 방법

1 무청 말린 시래기는 물에 담구어 부드럽게 한 후 끓는 물에 삶는다.

2 한참 동안 삶은 다음 깨끗하게 헹군다.

3 무청 시래기의 겉껍질을 벗긴다(삶으면 겁껄질에 비닐 같은 얇은 막이 생기는데, 그것을 벗겨야 부드럽다).

4 된장에 양념 등을 섞는다.

5 무청 시래기에 넣고 물을 조금 넣어 볶는다.

특징

무는 피를 맑게 해 준다. 무청 시래기는 변비를 없애 주는데, 무청에는 암 예방에 도움이 되는 비타민 A, C가 특히 많이 함유되어 있고, 칼슘, 나트륨 등의 미네랄도 풍부하다. 골다공증 예방에 좋고 철분 등 무기질과 섬유질이 풍부하여 변비에도 좋은 식품이다.

무는 4계절 모두 있다. 봄에 싹을 먹고 여름에 잎을 먹고 가을에는 줄기를 먹으며 겨울에는 뿌리를 먹으니 흉년에 대비할 수 있으며 채소 중에 가장 유익한 채소라고 할 수 있다.

비타민이 풍부한 시래기는 피부 미용, 노화 방지에 도움이 된다. 특히 비타민 A가 많이 들어 있어 눈에 좋으며, 암, 고혈압을 예방하고 대상암에도 좋다.

무는 '나복자', 잎은 '나복엽'이라고 한다. 임상 보고에 의하면 무는 노인성 변비, 고혈압에 혈압 강하 작용이 있다고 한다.

효능과 치료 효과

재료	성미	효능	치료 효과
무 시래기	평(平) / 신고(辛苦)	간암 억제 효능, 식이 섬유 풍부, 다이어트 효능, 골다공증, 비타민 A와 C 풍부, 가래, 갈증, 두통 등 완화, 대장암 예방, 동맥 경화 예방, 빈혈 예방	
된장	한(寒) / 고함감(苦鹹甘)	심한 두통, 번민, 한열을 풀어 준다. 관절을 통한다. 약 중독 해독	

주재료: 무청 시래기나물 300g

된장 양념 재료: 된장 2큰술, 설탕 1작은술, 참기름 1큰술, 통깨 1작은술, 마늘·생강·파(다진 것) 1/2작은술

허준(1611), 『동의보감3. 침구탕액 편』, 최창록 역(2003), 푸른사상. **무 p.254**

가지오가리 나물

나물

| 면역 증진 약선 |

조리 방법

1 가지 말린 것은 찬물에 담가 부드럽게 불린다.

2 양념을 준비한다.

3 프라이팬에 기름 1큰술을 두른 다음 불린 가지와 양념을 넣고 물 5큰술 정도 넣어 볶는다.

4 가지가 다 볶아졌으면 물 3큰술에 들깨를 넣고 저은 후 가지에 넣는다(들깨는 취향에 따라서 더 많이 넣을 수도 있다).

5 참기름과 통깨로 마무리한다.

6 장아찌로 담글 때에는 **4**의 들깨를 넣지 말고 겨잣가루를 뿌려 완성한 후 사기나 오지항아리에 보관하여 먹는다.

특징

가지는 성질이 차고 맛은 달고 독이 없다. 한열로 오장이 피로한 증세와 폐병, 신경 쇠약 등을 주치한다. 많이 먹으면 기가 동하고 고질병이 발생한다. 가지는 열독을 제거하므로 대장 출혈, 종기에 쓰고 피부 궤양 및 부인의 유방염에도 활용된다. 혈중 콜레스테롤을 낮추며 이뇨, 향균 작용의 약리성이 있으며 피부 궤양, 유선염, 거담, 만성 기관지염에 좋다는 임상 보고가 있다(『한국본초학도감』).

효능과 치료 효과

재료	성질과 맛	효능과 치료 효과
가지	량(凉) / 감(甘), 무독(無毒)	신경 쇠약, 피로한 증세 주치, 오장이 피로한 증세 주치
들깨	온(溫) / 신(辛)	기를 내리고 기침을 그치게 하고 갈증을 멎게 한다. 폐를 윤기 있게 하고 속을 보하고 정수를 채운다.

주재료: 가지나물 300g, 들깨 20g, 겨잣가루 1큰술
양념: 간장 5큰술, 설탕 1작은술, 참기름 3큰술, 통깨 1작은술, 마늘·생강·파(다진 것) 1/2작은술

서유구(1764), 『임원십육지: 정조지』, 이효지 외 역(2007), 교문사. **pp.126~127**
허준(1611), 『동의보감3. 침구탕액 편』, 최창록 역(2003), 푸른사상. **가지 p.268** / **들깨 p.278**
안덕균(2003), 『한국본초도감』, 교학사. **가지 p.140**

호박오가리 나물

나물

조리 방법

1 호박 말린 것을 찬물에 담가 부드럽게 불린다. 너무 오래 불리면 안 된다.
2 양념을 준비한다.
3 프라이팬에 기름 1큰술을 두르고 호박오가리와 양념을 넣고 물 5큰술 정도 넣어 볶는다.
4 호박오가리가 다 볶아졌으면 물 3큰술에 들깨를 넣고 저은 후 호박오가리에 넣는다(들깨는 취향에 따라서 더 많이 넣을 수도 있다).
5 참기름과 통깨로 마무리한다.

특징

단호박에는 비타민 A가 많다. 호박이 노란 빛깔을 띠는 이유는 베타카로틴 때문이다. 호박에 들어 있는 베타카로틴은 사람이 먹고 난 후 몸 안에서 비타민 A로 바뀐다. 비타민 A는 심장병, 뇌졸중, 시력 감퇴, 암 예방, 노화 방지, 폐 기능 향상 등의 효과가 있다.
호박오가리는 호박고지라고도 한다. 호박오가리는 애호박을 썰어 말린 것으로, 애호박뿐만 아니라 늙은호박으로도 만들 수 있다. 호박오가리는 햇빛에 말릴 때 비타민 D가 풍부하게 생성된다. 그래서 호박오가리는 혈액의 칼슘 농도를 조절해 골다공증을 예방하는 데 탁월하다. 또한 호박의 줄기는 남과등, 꼭지는 남과체, 과육은 남과라 하는데, 특히 꼭지는 말기 간디스토마에 일정한 효과가 있다(『한국본초학도감』).
비타민 D가 부족하면 면역력이 떨어져 암 및 모든 질병에 노출되기 쉽나. 또한 칼슘의 흡수도 안 된다. 그러므로 비타민 D가 들어 있는 식품을 많이 먹어 면역력을 키워야 한다(말린 표고버섯에도 비타민 D가 많다).

효능과 치료 효과

재료	성질과 맛	효능과 치료 효과
호박	평(平) / 감(甘)	살충 효과, 복통·생리 불순에 사용, 구내염, 간디스토마 효능, 회충 치료, 산후 유즙 분비
들깨	온(溫) / 신(辛)	기를 내리고 기침을 그치게 하고 갈증을 멎게 한다. 폐를 윤기 있게 하고 속을 보하고 정수를 채운다.

주재료: 호박오가리(말린 것) 300g, 들깨 20g
양념 재료: 간장 5큰술, 설탕 1작은술, 참기름 3큰술, 통깨 1작은술, 마늘·생강·파(다진 것) 1/2작은술

안덕균(2003), 『한국본초도감』, 교학사. p.648 / **호박 p.508**

표고버섯 나물

나물

조리 방법

1 표고버섯 말린 것은 찬물에 담가 부드럽게 불린다. 너무 오래 불리면 안 된다.

2 양념을 준비한다.

3 팬에 기름 1큰술을 두르고 표고버섯과 양념을 넣고 물 5큰술 정도 넣어 볶는다.

4 표고버섯이 다 볶아졌으면 물 3큰술에 들깨를 넣고 저은 후 표고버섯에 넣는다(들깨는 취향에 따라서 더 많이 넣을 수도 있다).

5 참기름과 통깨로 마무리한다.

특징

표고버섯은 성질이 편하고 맛이 달고 독이 없다. 정신을 맑게 하고 위를 열며 구토와 설사를 멎게 하며, 향기롭고 맛이 좋다. 표고버섯은 신체의 정기 쇠약증, 피곤과 무력 증상, 식은땀을 개선시킨다. 혈압 강화와 피부염, 항암 효과가 있으며, 신체 면역 조절 기능과 항산화 작용, 백혈병과 에이즈에 좋은 약리 작용이 있다. 그러나 비위장이 찬 사람은 복용을 조심해야 한다(『한국본초학도감』).

표고버섯은 하기 작용이 있어 폐 기능을 활성화시키므로 해수에 쓴다. 수분을 보충하는 작용이 있으므로 갈증에도 효험이 있으며 또한 지방유가 다량 함유되어 있다.

표고버섯은 햇빛에 마를 때 비타민 D가 생성된다. D는 면역력에 좋으며, 특히 성장기 어린이나 여성의 종양 치유·완화에 좋다.

효능과 치료 효과

재료	성질과 맛	효능과 치료 효과
표고버섯	평(平) / 감(甘)	신체 정기 쇠약 개선, 피곤과 무력 증상, 식은땀 개선, 혈압 강하, 만성 간염, 신체 면역 조절 활성, 항암 작용, 간염, 항산화 작용, 혈소판 응집 억제
들깨	온(溫) /신(辛)	기를 내리고 기침을 그치게 하고 갈증을 멎게 한다. 폐를 윤기 있게 하고 속을 보하고 정수를 채운다.

주재료: 표고버섯 300g, 들깨 20g

양념 재료: 간장 5큰술, 설탕 1작은술, 참기름 3큰술, 통깨 1작은술, 마늘·생강·파(다진 것) 1/2작은술

허준(1611), 『동의보감3. 침구탕액 편』, 최창록 역(2003), 푸른사상. **p.275**

안덕균(2003), 『한국본초도감』, 교학사. **표고버섯 p.786** / **들깨 p.487**

호박나물

나물

주재료: 호박 1개, 돼지고기 100g, 소고기 100g, 석이버섯 2장, 당근 1/2개, 마(5m 길이) 1토막, 달걀 1개, 고춧가루 1큰술, 설탕 1작은술

고기 양념 재료: 마늘·생강(다진 것) 1/2작은술, 통깨 1작은술, 설탕 1작은술, 새우젓 1작은술

빙허각 이씨(1815), 『규합총서』, 윤숙자 역(2003), 질시루. **pp.168~169**
빙허각 이씨(1815), 『규합총서』, 정양완 역(1986), 보진재. **호박나물 p.86**
안덕균(2003), 『한국본초도감』, 교학사. **p.508** / **당근 p.498**

조리 방법

1. 어리고 연한 애호박을 준비하여 반달썰기 하여 소금 치고 볶아 놓는다.
2. 소고기, 돼지고기는 각각 고기 양념하여 볶는다.
3. 석이버섯은 돌을 떼고 씻어 손으로 2cm로 찢어 살짝 볶아 놓는다.
4. 당근과 마도 호박 크기로 썰어 새우젓으로 간을 맞추어 각각 볶아 놓는다.
5. 달걀 지단은 부쳐 썰어 놓는다.
6. 마 대신 찹쌀가루를 반죽하여 동전 모양으로 구어 놓기도 하는데, 술안주로 좋다.
7. 위의 재료를 섞어 버무린 후 위에 고명으로 석이버섯과 지단을 올린다.
8. 각각 따로 볶아서 나중에 버무리는 형식으로 섞어 완성한다.

특징

호박은 촌충과 회충 구제에 효과적으로, 120g 정도 생즙으로 갈아 마시면 좋다. 또한 폐결핵, 복통, 생리 불순에 사용된다. 간디스토마에 일정한 효능이 있으며, 산후 유즙 분비에 좋고 전신 부종에 효과적이다.
석이버섯은 독을 해독하는 기능이 있으며, 마는 수명 연장, 항암 효과가 있다. 호박나물은 우리 선조들이 영양과 맛, 약선음식으로 즐겨 조리해 먹던 음식이다.

효능과 치료 효과

재료	성질과 맛	효능과 치료 효과
호박	평(平) / 감(甘)	살충 효과, 복통·생리 불순에 사용, 구내염, 간디스토마 효능, 회충 치료, 산후 유즙 분비
돼지고기	온(溫) / 감(甘)	보비위(補脾胃), 익기혈(益氣血), 강근골(强筋骨), 오래 먹으면 풍이 동한다.
소고기	온(溫) / 감(甘)	비위를 기르고 토설을 그치게 한다. 소갈을 치료하고 수종을 없앤다. 사람의 근골을 강하게 하고 허리와 다리를 보익한다.
석이버섯	량(凉) / 감(甘)	성질이 차고 혹은 평이하다. 맛이 달고 독이 없다. 마음을 깨끗하게 하고 위를 양생하게 하고 혈을 그치게 하며 나이가 들수록 안색을 좋게 하고 사람으로 하여금 배고프지 않게 한다. 명산의 돌 낭떠러지 위에서 나니 영지버섯이라 한다.
당근	평(平) / 감(甘)	당근 씨를 남학슬이라 하는데 기생충으로 인한 소아 충적 복통에 효력이 있다. 백일해, 부인의 기운 허약에 의한 복부 팽만를 치료한다.
마	평(平) / 감(甘), 무독(無毒)	해수, 천식, 권태감, 무력감, 가래, 정액 흘러나오는 증상, 조루, 신체 허약 주치. 항노화 작용이 있어 수명을 연장시킨다. 혈당 강하. 임상 보고에 의하면 복통, 소아 설사, 궤양성 구강염, 습진, 피부염, 폐결핵으로 인한 고열 증상 소실

죽순나물 나물

주재료: 죽순 100g, 미나리 50g, 소고기 50g, 숙주 50g, 표고버섯 1장

소고기 양념 재료: 간장 1/2큰술, 설탕 1작은술, 파 1작은술, 마늘 1/2작은술, 깨소금 1작은술, 참기름 1작은술, 후춧가루 1/8작은술

초장 양념 재료: 간장 1큰술, 식초 1큰술, 설탕 1작은술, 깨소금 1작은술, 참기름 1/2작은술, 파 2작은술, 마늘 1작은술

빙허각 이씨(1815), 『규합총서』, 윤숙자 역(2003), 질시루. **pp.162~163**
빙허각 이씨(1815), 『규합총서』, 정양완 역(1986), 보진재. **p.86**
허준(1611), 『동의보감3. 침구탕액 편』, 최창록 역(2003), 푸른사상. **죽순 p.255**

조리 방법

1 죽순은 흰 석회가 떨어지도록 잘 씻어 빗살 모양으로 5cm 길이로 썰어 끓는 물에 데친 다음 소금 간을 약간 해서 살짝 볶는다.

2 소고기는 6cm 길이로 곱게 채 썰어 양념하여 볶고, 표고버섯도 불려 채 썰어 고기 양념하여 볶는다.

3 미나리는 끓는 물에 소금을 약간 넣고 살짝 데쳐 5cm 길이로 썰고, 숙주는 머리와 꼬리를 떼고 데쳐 낸다.

4 준비한 재료들을 합하여 초장 양념으로 살짝 버무린다.

특징

죽순은 성질이 차고 맛이 달고 독이 없다. 번열을 없애고 기를 더하며, 위기를 상쾌하게 하고 담을 삭인다. 찌거나 삶아 먹는다. 죽순은 지하경에서 돋아 나오는 어린싹을 식용하며, 단백질과 비타민 B_1, B_2, 무기질이 풍부하다. 또한 섬유질이 많이 함유되어 있어 다이어트 식품으로 좋다. 죽순에는 옥살산, 호모겐티신산(homogentisic acid) 등이 있어 좋지 않은 맛을 주는데, 그러한 잡맛을 제거하는 데는 삶을 때 쌀뜨물을 이용하는 것이 가장 좋다.
죽순은 맛이 좋고 자양분이 매우 많아 사람들의 입맛을 상쾌하게 하여 많이 먹는 식품이다. 우리 전통 음식에서도 많이 사용되나 특히 기름기가 많은 중국 음식 조리에 많이 사용된다. 적당한 섭취는 건강을 위한 최적의 조절이다(『동의보감』).
녹두나물과 미나리는 혈액을 깨끗하게 해 주는 역할을 하며, 죽순나물은 고혈압 완화 약선으로 최상의 음식이다.

효능과 치료 효과

재료	성질과 맛	효능과 치료 효과
죽순	한(寒) / 감(甘)	청열화담, 소창투진, 소갈을 그치게 하고 수도를 잘 나오게 하고 번열을 없애고 기운 나게 한다. 담을 삭이고 위기를 상쾌하게 하니 찌거나 삶아 먹는다.
미나리	량(凉) / 신감(辛甘)	청열해독, 이수, 지혈, 고열이 나고 가슴 답답한 증상과 갈증 치료, 이뇨 작용과 전신 부기를 빼준다. 독극물의 해독 작용
소고기	온(溫) / 감(甘)	비위를 기르고 토설을 그치게 한다. 소갈을 치료하고 수종을 없앤다. 사람의 근골을 강하게 하고 허리와 다리를 보익한다.
녹두	량(凉) / 감(甘), 무독(無毒)	일체의 중독(식중독, 약물, 알코올, 중금속, 가스 등), 창양옹종(瘡瘍擁腫), 풍진단독(風疹丹毒), 수화탕상(水火湯傷), 녹두 싹에는 비타민 C가 풍부하다.
표고버섯	평(平) / 감(甘)	신체 정기 쇠약 개선, 피곤과 무력 증상, 식은땀 개선, 혈압 강하, 만성 간염, 신체 면역 조절 활성, 항암 작용, 간염, 항산화 작용, 혈소판 응집 억제

취나물 나물

| 감기 예방 약선 |

조리 방법

1 취는 어린 것으로 골라 줄기와 잎을 따로 손질하여 끓는 소금물에 줄기를 먼저 넣고 약간 데치고 그 다음에 잎을 넣고 데친다.

2 데친 취나물은 찬물에 담가 떫은맛을 우려내고 물기를 꼭 짠다.

3 취나물에 다진 파, 다진 마늘, 국간장을 넣어 간을 하여 달군 프라이팬에 식용유를 두르고 볶다가 깨소금과 참기름을 넣는다.

특징

취나물은 항암 효과와 면역력을 기르고 눈을 좋게 하며, 뼈를 튼튼하게 한다. 비타민 C, 칼륨, 아미노산이 풍부하다. 또한 지방을 배출하고 축적을 막아 고기 섭취 시 꼭 함께 먹어야 하는 식품이다. 그리고 취나물의 식이 섬유는 비만을 막아준다. 그러나 취나물은 수산이 있어 꼭 뚜껑을 열고 삶아야 하며, 참기름이나 들기름에 간장을 넣고 무쳐서 먹는 것이 최상의 맛을 느낄 수 있고 효능도 좋다.

효능과 치료 효과

재료	성질과 맛	효능과 치료 효과
곰취	온(溫) / 감신(甘辛)	해수, 천식, 백일해, 폐결핵으로 인한 각혈에 진해 거담 작용을 보이며 타박상 및 허리와 다리의 동통을 완화시킨다. 취나물은 따뜻한 성질을 갖고 있어 한방에서는 혈액 순환을 촉진하고, 감기, 인후염, 두통에 좋은 약재로도 쓰인다.
참기름	량(凉) / 감(甘)	윤장통변, 해독생기

주재료: 취나물200g, 파(다진 것) 2작은술, 마늘(다진 것) 1작은술, 국간장 2작은술, 식용유 1/2작은술, 깨소금 1/2큰술, 참기름 1큰술

안덕균(2003), 『한국본초도감』, 교학사. **곰취 p.648**

오가피 장조림

찬

| 성장기 어린이의 키 크는 약선 |

조리 방법

1 오가피는 미리 물 10컵에 삶아 조려 놓는다. 소고기는 기름기를 제거하여 물에 담가 핏물을 뺀 다음 결대로 6~7cm로 썬다.

2 끓는 물에 소고기와 향미 채소를 넣어 센 불에서 30분쯤 삶아 부드럽게 준비한다.

3 끓여 놓은 오가피 물에 조림장을 혼합하여 미리 삶은 고기를 넣고 처음에는 센 불에서 끓이다가 서서히 약한 불로 줄여 졸인다.

4 국물이 반 정도 남아 있을 때 메추리알과 꽈리고추를 넣고 맛이 배도록 졸인다.

5 **4**의 국물이 자작하면 고기를 건져 내어 결대로 찢고 먹을 때마다 참기름을 한 방울 정도 떨어뜨려 고추를 접시에 함께 담아낸다.

"어린이가 3살이 되어서 걷지 못하면 오가피 나무를 삶아 마시면 곧 걸어다닌다."

『동의보감』

특징

소고기는 성질이 따뜻하며 맛이 달고 독이 없다. 비위를 기르고 토설을 그치게 하며, 소갈을 치료하고 수종을 없앤다. 사람의 근골을 강하게 하고 허리와 다리를 보익한다. 식품으로는 황우(黃牛: 황소)가 좋다.

오가피는 맵고 쓰며 따뜻한 성질이 있다. 비특이성 면역 증강 작용에 약효가 있으며, 항산화, 항피로 작용에 효능이 있다. 항방사능, 해독 작용이 있으며 혈압 강하 작용이 있다. 오가피 잎은 삶아 데쳐서 무쳐 먹거나 삶아서 고기를 싸서 먹는다.

Tip

『옹희잡지』에 육장법으로 '장조림법으로서'라는 말이 처음 나오며 『시의전서』에 장조림법이 소개되어 있다. 조림이란 말도 이때 처음으로 나타났다. '정육을 크게 덩이로 잘라 진장에 바짝 졸이면 오래 두어도 변치 않고 쪽쪽 찢어 쓰면 좋다'고 하였다.

효능과 치료 효과

재료	성질과 맛	효능과 치료 효과
소고기	온(溫) / 감(甘)	비위를 기르고, 토설을 그치게 한다. 소갈을 치료하고 수종을 없앤다. 사람의 근골을 강하게 하고 허리와 다리를 보익한다.
오가피	온(溫)/ 신고(辛苦)	오로칠상을 보익하여 근육과 골격을 튼튼하게 한다. 풍한, 골절, 이수 작용, 면역 증강, 항산화, 항피로

주재료: 소고기(홍두깨살) 200g, 물 1컵, 파 잎 1줄기, 마늘 5g, 생강 1/3쪽, 꽈리고추 30g, 오가피 100g, 대추 5개
조림장 재료: 간장 3큰술, 설탕 2큰술, 청주 1큰술, 파 1/3대, 마늘 2톨, 건고추 1개, 양파 20g, 생강 1톨, 물 1컵
양념 재료: 참기름1/8작은술, 통깨1/4작은술

허준(1611), 『동의보감3. 침구탕액 편』, 최창록 역(2003), 푸른사상. **오가피 p.379**

청포묵무침 (탕평채)

찬

| 술 해독에 좋은 약선 |

주재료: 청포묵 150g, 숙주 20g, 미나리 8줄기, 소고기 30g, 오이 50g, 달걀 1개, 김 1/2장
밑간 재료: 소금, 참기름
소고기 양념 재료: 간장, 설탕, 파(다진 것), 마늘(다진 것), 깨소금, 참기름, 후춧가루
초간장 재료: 간장 1작은술, 식초 1/2작은술, 설탕 1/3작은술, 통깨 1/3작은술

허준(1611), 『동의보감3. 침구탕액 편』, 최창록 역(2003), 푸른사상. **p.98** / **녹두 p.128**

조리 방법

1 청포묵은 0.4×0.4×7cm로 썰어 데쳐 소금, 참기름으로 밑간을 한다.

2 소고기는 4~5cm 길이로 채 썰어 양념하여 국물이 없어질 때까지 볶는다.

3 숙주는 거두절미하고, 미나리는 4cm 길이로 잘라 끓는 소금물에 데쳐 내어 소금, 참기름으로 각각 밑간을 하고, 오이는 돌려깎아 채를 썰어 소금에 살짝 절여 물기를 제거하여 살짝 볶는다.

4 달걀은 황·백으로 지단을 얇게 부쳐서 4cm 길이로 채 썰고, 김은 구워서 3~5cm 길이로 얇게 채 친다.

5 청포묵, 숙주, 미나리, 오이, 소고기를 합하여 초간상으로 무쳐 그릇에 담고 김과 황·백 지단을 고명으로 얹는다.

특징

청포묵(녹두)은 성질이 차고 맛은 달고 독이 없으며 일체의 단독과 번열, 풍진을 주치한다. 또 열을 누르고 소갈을 주치하며 오장을 부드럽게 하고 정신을 편안하게 한다. 녹두를 약으로 사용하려면 껍질째 넣어야 한다. 녹두 가루는 성질이 냉하고 맛이 달고 독이 없다. 기를 더하고 열독을 제거하고 옹저, 창절을 치료하며, 술독을 푼다(『동의보감』). 문헌에 의하면 고려 시대는 물론 조선 시대에도 탕평채를 즐겨 먹었던 것으로 추정된다. 『고려도경』에 고려 사람들은 밤에는 술 마시기를 좋아한다고 적혀 있고, 조선 시대 문헌에 봄밤에 술 안주로 꼭 먹었던 것으로 기록되어 있는 것으로 보아 녹두는 오래전부터 우리 선조들의 술독을 푸는 술 안주로 애용된 것으로 보인다. 또한 녹두의 찬 성질은 옛날 어머니들의 스트레스를 줄여 주는 약선음식의 식품 재료로 사용되기도 하였다.

효능과 치료 효과

재료	성질과 맛	효능과 치료 효과
녹두	량(凉) / 감(甘), 무독(無毒)	청열해독(淸熱解毒), 소서지갈(消暑止渴), 이수소종(利水消腫). 일체의 중독(식중독, 약물, 알코올, 중금속, 가스 등), 창양옹종(瘡瘍擁腫), 풍진단독(風疹丹毒), 수화탕상(水火湯傷), 부자, 초오의 중독을 해독시킨다. 여름에 끓여 차로 마시면 가슴 번열과 갈증을 제거한다. 이뇨 작용, 고지혈증에 치료 작용이 있다. 농약 중독에 해독 작용, 납 중독에 녹두 150g, 감초 20g, 비타민 C와 함께 복용하면 치료 효과가 있다.
미나리	량(凉) / 신감(辛甘)	청열해독, 이수, 지혈, 고열이 나고 가슴 답답한 증상과 갈증 치료, 이뇨 작용과 전신 부기를 빼준다. 독극물의 해독 작용
소고기	온(溫) / 감(甘)	비위를 기르고, 토설을 그치게 한다. 소갈을 치료하고 수종을 없앤다. 사람의 근골을 강하게 하고 허리와 다리를 보익한다.
오이	량(凉) / 감(甘)	청열해서, 생진지갈, 이수해독, 열을 내리고 가슴이 답답한 증상을 풀어 준다. 눈이 충혈되고 아픈 것을 치료한다. 이뇨 작용, 항종양 작용이 있다.
김	한(寒) / 감(甘)	화담연견, 이인지해, 청열제번, 이수제습
달걀	평(平) / 감(甘)	자음윤조(滋陰潤燥), 양혈안신(養血安神), 안태(安胎), 간질과 목 뻣뻣한 증세 치료, 목구멍을 열고 오장을 편안하게 한다.

장김치 찬

조리 방법

1 무는 깨끗이 씻어 2.5×2.5×0.2cm로 썰어 간장으로 살짝 절여 둔다.

2 배추도 2.5×2.5×0.2cm 크기로 나박나박 썰어 놓고 무가 어느 정도 절여지면 배추를 함께 넣어 절인다.

3 밤과 배는 무 크기로 편으로 썰고, 잣은 고깔을 떼어 낸다. 실고추도 2.5cm 크기로 절단하여 물기 없는 곳에 둔다.

4 미나리, 갓, 대파는 2.5cm로 절단하여 놓고, 석이버섯은 돌을 떼어 내 손질하여 미리 불린 표고버섯과 함께 2.5cm 길이로 얇게 채 썰어 놓는다.

5 대추도 돌려깎기 하여 씨는 버리고 방망이로 밀어 얇게 편평히 한 후 채 썰고, 마늘, 생강도 2.5cm로 곱게 채 썰어 둔다.

6 절여진 무와 배추에서 나온 간장 국물은 스테인리스볼에 부어 설탕을 넣고 물을 더 넣어 장김치 색을 맛있게 내어 놓는다.

7 스테인리스볼의 국물에 장김치 재료를 무, 배추, 밤, 미나리, 갓, 대파, 마늘, 생강 순으로 다 넣어 살짝 버무린 후 장김치 그릇에 건더기부터 담고 국물을 부은 뒤 실고추와 석이채, 대추채, 잣을 올린다.

특징

무는 음식을 잘 소화시키므로 음식 적체 증상에 사용되고, 복부 창만 트림, 위산 과다, 설사 등에 활용된다. 기운을 내리고 가래를 삭히므로 소화 장애를 겸한 해수, 천식에 좋으며, 기침, 가래, 음성이 변할 때 먹으면 효과적이다. 또한 소화 불량, 이질, 유방염이나 유즙 분비 부족에 사용하며, 포도상구균, 이질균 등에 현격한 억제 작용이 있다. 무는 노인성 변비에 좋고 고혈압 강하 작용이 있으며 항균 작용이 있어 피부의 진균을 억제시킨다.

Tip

장김치는 간장으로 간을 하는 것으로, 떡국이나 병과류와 함께 먹으면 어울리는 물김치이다. 장김치는 영양 있는 부재료를 여러 가지 다양하게 넣어 담는 즉시 2~3일 만에 먹는 속성 김치이다.

주재료: 무 50g, 배추 80g, 갓 20g, 미나리(10g) 1줄기, 파(10g) 1줄기, 건표고버섯 1개, 석이버섯 1장, 대추 1개, 생강 3g, 마늘 5g, 배 1/8개, 실고추 1줄기, 밤 20g, 잣 1작은술, 간장 2큰술, 물 1컵, 설탕 1작은술

안덕균(2003), 『한국본초도감』, 교학사. **무 p.499** / **미나리 p.429** / **배 p.647** / **잣 p.297**

효능과 치료 효과

재료	성질과 맛	효능과 치료 효과
무	평(平) / 신감(辛甘)	음식을 소화시키고 복부 창만, 위산 과다 등에 효능 있다. 해수, 천식, 가래, 기침, 음성 변조에 효능. 포도상구균, 대장균, 이질균 치료, 혈압 강하, 항염증, 항균 작용. 노인성 변비 치료, 고혈압
배추	량(凉) / 감(甘)	음식를 소화시키고, 기를 내리고 장위를 잘 통해 나오게 한다. 가슴속의 열을 내리고 술의 갈증을 풀며, 소갈을 그치게 한다.
미나리	감(甘) / 신감(辛甘)	지혈, 평간명목, 청열이습, 산후 자궁 출혈, 홍역 예방, 자궁 수축, 이뇨 작용, 눈을 밝게 한다.
파	온(溫) / 신(辛)	해표산한, 통양, 건위, 해독
표고버섯	평(平) / 감(甘)	신체 정기 쇠약 개선, 피곤과 무력 증상, 식은땀 개선, 혈압 강하, 만성 간염, 신체 면역 조절 활성, 항암 작용, 간염, 항산화 작용, 혈소판 응집 억제
석이버섯	량(凉) / 감(甘)	성질이 차고 혹은 편하다. 맛이 달고 독이 없다. 마음을 깨끗하게 하고 위를 양생하게 하고 혈을 그치게 하고 나이가 들수록 안색을 좋게 하며 사람으로 하여금 배고프지 않게 한다. 명산의 돌 낭떠러지 위에서 나니 영지버섯이라 한다.
대추	온(溫) / 감(甘)	속을 편안하게 하고 비장을 기르며 오장을 보호한다. 진액을 보하고 뜻을 강하게 하여 백약을 조화시킨다.
마늘	온(溫) / 신(辛)	종기나 상처가 부은 것을 삭아 없어지게 한다. 부스럼 등에 효과. 항균 작용과 진균 억제 작용이 있다. 폐결핵, 황달, 유행성 감기, 유행성 뇌척수염에 유효하다. 세균성 이질 등에 유효, 안 질환이나 열이 많은 사람은 조금만 섭취하거나 주의한다.
생강	온(溫) / 신(辛)	산한해표, 강역지구, 화담지해, 해독, 오장으로 돌아와서 가래를 삭이고 기를 내린다. 구토를 멎게 하고 풍한과 습기를 없애고 해역으로 상기하고 천식, 기침하는 것을 낫게 한다. 뜨겁게 사용할 때는 껍질을 벗기고 차게 사용할 때는 껍질을 그대로 사용한다. 독을 억제하고 반위의 성약이다.
잣	온(溫) / 감(甘)	윤조, 양혈, 거풍 작용이 있어 사지가 마비되는 증상, 관절염에 유효하다. 폐 건조로 일어나는 마른기침에 효능, 노인 변비에 효능, 대변이 묽은 증상이 있으면 복용을 삼간다.
배	량(凉) / 감미산(甘微酸)	열병으로 진액이 손상되어 가슴이 답답하고 갈증을 일으킬 때 사용, 소갈증 효능, 발열 및 해수해열에 효능, 대소변을 잘 못 보는 증상에 좋다. 설사가 있을 때는 복용을 멈춘다.
밤	온(溫) / 감(甘)	기를 더하고 장위를 두텁게 한다. 신기를 보하고 배고픔을 견디게 한다.

북어 보푸라기

찬

조리 방법

1 잘 마른 북어를 마른 행주로 씻어 정리한 다음, 북어 머리와 꼬리, 지느러미를 잘라 낸다.

2 북어 껍질을 벗기고 잔뼈를 발라낸 다음 위에서 아래로 일정한 규칙으로 균일하고 고운 북어 보푸라기를 준비한다(아래위로 막 갈면 보푸라기가 가루가 된다. 그리고 먼저 북어 껍질을 꼭 벗긴다).

3 갈아 놓은 보푸라기 뭉치를 3개의 덩어리로 나누어 놓는다.

4 흰색 북어 보푸라기에 들어갈 양념, 설탕 1/4작은술, 소금 1/6작은술, 참기름 1/6작은술, 깨소금 1/4작은술을 넣고 손으로 비비면서 보풀어진 뭉치를 풀어놓는다.

5 갈색 북어 보푸라기에 들어갈 양념, 간장 1작은술, 설탕 1/2작은술, 참기름 1/4작은술, 깨소금 1/4작은술 등 간장 양념이 들어가 숨이 가라앉으므로 다른 것보다 1/5 정도의 양을 가감하여 손으로 비비면서 보풀어진 뭉치를 풀어야 동량이 된다.

6 붉은색 북어 보푸라기에 들어갈 양념, 참기름 1/2작은술에 체에 친 고운 고춧가루 1/3작은술을 섞고 설탕, 소금 1/6작은술, 깨소금 1/4작은술을 섞어 보풀어진 뭉치 보푸라기를 조물조물 무쳐 놓는다.

7 삼색의 북어보푸라기 무침 중 제일 적은 양을 기준으로 한 접시에 3가지색을 보풀보풀하게 펼쳐 둥글게 모양을 내 보기 좋게 담아낸다(고춧가루는 체에 내려 사용하고, 삼색이 잘 나타나게 하고, 설탕과 소금이 잘 녹아 어우러지도록 오래 비빈다).

특징

북어(황태)는 생태보다도 단백질이 3배 이상 많고 칼슘, 인, 칼륨 등도 많이 들어 있다. 특히, 간을 보호해 주는 메티오닌(methionine), 리신(lysine), 트립토판(tryptophan)과 같은 필수 아미노산이 많이 포함되어 있다. 심혈 관계의 조절과 항산화 효과, 혈중 콜레스테롤 저하에도 도움이 된다. 황태는 성질이 따뜻하여 소화 기능이 약한 사람이나 손발이 찬 사람에게 좋은 식품이다. 간장을 해독하는 기능이 탁월하며 이뇨 작용, 통증 해소, 노화 방지, 미용식, 다이어트 식품으로 우수하다. 1997년 《한국식품과학회지》에 실린 논문에 따르면, 건강한 남성들에게 알코올을 투여하고 2시간 뒤 혈중 알코올 농도를 측정한 결과, 북어 추출액을 섭취한 쪽은 그러지 않은 쪽보다 혈중 알코올 농도 감소율이 40%, 약 2배나 빨랐다고 한다. 북어는 그만큼 해독력이 뛰어나 간의 부담을 덜어 준다.

주재료: 북어포(반으로 갈라 말린 껍질이 있는 것) 40g
양념 재료: 소금(정재염) 5g, 진간장 5ml, 백설탕 10g, 참기름 15ml, 깨소금 5g, 고춧가루 10g

안덕균(2003), 『한국본초도감』, 교학사. **참깨 p.740**

효능과 치료 효과

재료	성질과 맛	효능과 치료 효과
북어포	평(平) / 감(甘)	청열 해독, 간기능 활성, 눈을 밝게 한다. 중금속 배출, 숙취 해소
참기름	량(凉) / 감(甘)	윤장통변, 해독, 생기
간장	한(寒) / 감(甘)	청열해독, 번만을 그치게 한다. 오장을 편안하게 한다.
백설탕	평(平) / 감(甘)	화중완급, 생진윤조
고추	열(熱) / 감(甘)	식욕 증가, 혈압 상승, 해독, 각기 치료
참깨	평(平) / 감(甘)	간신 허약, 흰머리, 눈에 별이 보이는 증상에 쌀죽을 끓여 먹으면 유효하다. 독충에 효과, 피부 점막의 염증 회복, 동맥 경화 치료, 장관 완화 작용, 만성 신우염과 신증후군에 효과, 단백뇨에 호두 가루와 함께 매일 20g, 대추 7개와 복용하면 치료

무장아찌 찬

조리 방법

1 무는 사방 2cm로 썰어 깨끗하게 헹군 후 물기를 꼭 짠다.

2 중탕으로 약간 5분간 찐다(전자레인지에 5분간 돌려도 된다).

3 스테인리스볼에 놓고 고춧가루와 통깨, 참기름, 파, 마늘 다진 것을 넣고 조물조물 무친다.

특징

무는 음식을 잘 소화시키므로 음식 적체 증상에 사용되고, 복부 창만 트림, 위산 과다, 설사 등에 활용된다. 기운을 내리고 가래를 삭히므로 소화 장애를 겸한 해수, 천식에 좋으며, 기침, 가래, 음성이 변할 때 먹으면 효과적이다. 또한 소화 불량, 이질, 유방염이나 유즙 분비 부족에 사용하며, 포도상구균, 이질균 등에 현격한 억제 작용이 있다. 무는 노인성 변비에 좋고 고혈압 강하 작용이 있으며 항균 작용이 있어 피부의 진균을 억제시킨다.
무장아찌는 고추장(발효 음식)에 묻어 있던 것으로, 발효된 장아찌 음식이다. 발효 식품은 장수 식품으로, 건강과 면역성을 길러 준다.
고추는 항암 성분이 있으며 위액을 분비시켜 식욕을 증가시키고 혈압을 상승시키며 엔돌핀을 돌게 하여 우울증에 효과적이다. 우울증에는 매운 음식을 섭취하면 좋다.

효능과 치료 효과

재료	성질과 맛	효능과 치료 효과
무	평(平) / 신감(辛甘)	음식을 소화시키고 복부 창만, 위산 과다 등에 효능 있다. 해수, 천식, 가래, 기침, 음성 변조에 효능. 포도상구균, 대장균, 이질균 치료, 혈압 강하, 항염증, 항균 작용. 노인성 변비 치료, 고혈압
고추	열(熱) / 신(辛)	식욕 증가, 혈압 상승, 해독, 각기 치료

주재료: 무장아찌(200g) 반쪽
부재료: 참기름 1/2큰술, 소금 1/2큰술, 쪽파(다진 것) 1/2작은술, 마늘(다진 것) 1/2작은술, 고춧가루 2큰술, 생강(다진 것) 1/2작은술

안덕균(2003), 『한국본초도감』, 교학사. **무 p.499** / **고추 p.453**

산약궁중 떡볶이

찬

주재료: 산약 가래떡(10cm) 3개, 소고기 50g, 표고버섯 2장, 당근 1/2개, 달걀 1개, 양파 1/2개, 숙주 30g
가래떡 재료: 멥쌀(가루로 된 것) 800g, 찹쌀 200g, 복령(가루로 된 것) 500g, 산약(가루로 된 것) 300g, 녹두(가루로 된 것) 200g
소고기 양념장 재료: 간장 1큰술, 설탕 1/2큰술, 파(다진 것) 1작은술, 마늘(다진 것) 1/2작은술, 깨소금 약간, 참기름 약간, 후춧가루 약간

허준(1611), 『동의보감3. 침구탕액 편』, 최창록 역(2003), 푸른사상. **쌀 pp.89~90**
안덕균(2003), 『한국본초도감』, 교학사. **당근 p.498** / **산약 p.700**

조리 방법

1 산약 가래떡은 4cm 정도 길이로 자른 후 4등분하여 굳어 있으면 삶아 굳지 않도록 참기름과 간장으로 유장 처리한다.

2 소고기, 표고버섯 등은 채 썰어 고기 양념한다.

3 당근도 길이 5cm, 두께 0.2cm로 채 썰고 황·백지단도 같은 길이와 두께로 채 썬다.

4 숙주는 거두절미하여 삶아 놓고 양파도 썰어 둔다.

5 고기와 표고버섯은 프라이팬에 볶는다. 숙주도 볶고 당근도 볶아 놓는다.

6 프라이팬에 떡과 고기, 표고버섯채를 넣어 볶다가 당근, 숙주를 넣고 버무려 낸 후 그릇에 담고 지단채로 장식한다.

특징

멥쌀은 성질이 평이하고 맛이 달며 독이 없다. 위기를 편하게 하고 기육을 자라게 하며 속을 따뜻하게 하고 설사를 그치게 한다. 또한 기를 더하고 번열을 제거한다. 멥쌀은 밥이나 죽 모두 좋은데, 덜 익으면 위장에 좋지 못하니 완전히 뜸이 들게 조리하여 먹는다.

당근은 건위 및 소화 불량에 좋고, 오래된 이질에 효험이 있다. 백일해, 해수에 효험이 있으며, 부인이 기운이 없어 일어나는 복부 팽만한 증상을 치료한다. 장내 기생충(회충, 요충, 촌충)으로 인한 충적 복통과 소아 감적에 효력이 있다. 비타민 A의 전구체이고 혈당을 강하한다.

산약은 소화기 계통의 환자에게 효과적이며 혈당을 강하시키고 수명을 연장시킨다. 항노화, 습진, 폐결핵에 유효하다.

Tip

가래떡은 분량에 명시된 대로 미리 준비하여 방앗간에서 떡을 만들어 보관한다.

효능과 치료 효과

재료	성질과 맛	효능과 치료 효과
멥쌀	평(平) / 감(甘)	맛이 달고 독이 없다. 위기를 편하게 하고 기육을 자라게 하고 속을 따뜻하게 하고 설사를 그치게 하며 기를 더하고 번열을 제거한다.
표고버섯	평(平) / 감(甘)	신체 정기 쇠약 개선, 피곤과 무력 증상, 식은땀 개선, 혈압 강하, 만성 간염, 신체 면역 조절 활성, 항암 작용, 간염, 항산화 작용, 혈소판 응집 억제
소고기	온(溫) / 감(甘)	비위를 기르고 토설을 그치게 한다. 소갈을 치료하고 수종을 없앤다. 사람의 근골을 강하게 하고 허리와 다리를 보익한다.
당근	평(平) / 감(甘)	당근 씨를 남학슬이라 하는데 기생충으로 인한 소아 충적 복통에 효력이 있다. 백일해, 부인의 기운 허약에 의한 복부 팽만를 치료한다.
밤	온(溫) / 감(甘)	기를 더하고 장위를 두텁게 한다. 신기를 보하고 배고픔을 견디게 한다.
산약	평(平) / 감(甘)	혈당 강하, 수명 연장, 소화 불량, 폐결핵

후식류와 약선음식

음청 오미자보리수단 / 맥문동도라지배숙 / 국화차 / 도라지차 / 매화차 / 도라지식혜 / 원소병

한과 숙지황서리태흑임자다식 / 용안호박오가리찹쌀만주 / 산약복령다식 / 상수리다식 / 노라시사과편 / 녹가팥양갱 / 용안생강과 / 대추초·밤초 / 과편 / 약선삼색매작과

한방차 총명탕 / 사군자탕 / 사물탕 / 십전대보탕 / 쌍화탕

오미자 보리수단

음청

| 보기 항암 약선 |

조리 방법

1 수삼과 물을 냄비에 넣고 30분간 약한 불로 끓이고 나서 차게 식힌 다음 오미자 당 추출액을 혼합한다.

2 보리는 푹 삶아 여러 번 헹구고 나서 물기를 제거하고, 녹말가루를 묻혀 끓는 물에 데친 다음 찬물에 헹구고, 다시 물기를 제거하고 녹말을 입혀 데치고 헹구는 과정을 4~5회 하여 찬물에 헹구어 물기를 밴다.

3 시원하게 준비한 **1**의 냉차에 보리를 띄워 완성한다.

4 수삼을 넣은 오미자보리수단은 오묘한 맛을 내며 온몸에 힘을 불어 넣는다.

5 오미자청에 단맛이 있으므로 수삼의 맛을 느낄 수 있도록 설탕은 많이 넣지 않는다.

특징

오미자의 성미는 시고 따뜻하다. 오래된 해수, 천식에 좋다. 당뇨 혈당 강하 작용, 기관지 천식, 신경 쇠약으로 인한 두통, 불면, 어지럼증에 효과가 있다. 신 기능 허약에도 치료 효과가 있으며 폐렴균, 콜레라균, 이질균의 작용에 효력 있다. 오미자는 혈압 강하 작용이 있으며, 진해 작용, 호흡 흥분 작용, 당 대사 작용, 자궁 흥분 작용이 있으며, 만성 간염과 신경 쇠약, 당뇨에 좋다는 임상 보고가 있다.

보리는 성질이 차고 맛이 짜며 독이 없다. 주독과 폭열을 없애고 황달로 눈이 노란 것을 주치한다. 가슴의 열을 없애고 소장을 원활하게 소통하게 한다. 보리는 즙을 취하거나 삶아 먹는다.

Tip

인삼은 원기 부족으로 인한 신체 허약에 사용되며, 폐 기능 강화, 정유 성분을 함유하고 있으며, 말기 암 환자, 성 기능 활성, 고혈압 개선 등에 효과가 있다는 임상 결과의 보고가 있다.

효능과 치료 효과

재료	성질과 맛	효능과 치료 효과
오미자	온(溫) / 산(酸)	독이 없다. 허로하여 야윈 것을 보하고, 눈을 밝게 하고 신장을 따뜻하게 하고 음을 강하게 하며, 남성의 정을 더하고 소갈을 그치게 하고 번열을 없애고 주독을 풀고 해수와 상기를 치료한다. 맛이 단것이 좋다.
보리	미한(微寒) / 미함(微鹹)	맛이 짜며 독이 없다. 기를 더하고 속을 조절하고 설사를 그치게 하고 허함을 보하고 오장을 실하게 한다. 오래 먹으면 기육을 건강하고 원활하고 윤택하게 한다.
수삼	온(溫) / 감(甘), 미고(微苦)	원기 부족, 권태, 피로, 면역 활성, 항암 효과

주재료: 보리 1/2컵, 오미자(당 추출액) 1/2컵, 수삼 1뿌리
부재료: 물 12컵, 설탕 1컵, 꿀 3큰술, 녹말 1/2컵

허준(1611), 『동의보감3. 침구탕액 편』, 최창록 역(2003), 푸른사상. **보리 p.95**
안덕균(2003), 『한국본초도감』, 교학사. **인삼 p.692** / **오미자 p.804**

음청

맥문동 도라지배숙

주재료: 배 1개, 생강 2뿌리, 맥문동 20g, 도라지 10g, 인삼 1뿌리
부재료: 물 10컵, 설탕 1컵, 꿀 3큰술, 통후추 20알

안덕균(2003), 『한국본초도감』, 교학사. **길경 p.634** / **맥문동 p.720** / **인삼 p.692**
허준(1611), 『동의보감3. 침구탕액 편』, 최창록 역(2003), 푸른사상. **pp.243~244**

조리 방법

1 인삼과 맥문동, 도라지, 생강을 냄비에 물을 넣고 함께 끓인다.

2 배는 꽃 모양으로 찍어 통후추를 위에 박는다. 물이 1/2쯤 줄면 함께 넣는다.

3 배숙물이 1/3로 줄어 들면 배 건더기를 건져 내고 설탕과 꿀을 넣는다.

4 건져 낸 꽃 모양의 배에 통후추를 다시 정돈하여 끼운다. 배숙물은 잘 가라앉혀 맑은 물로 그릇에 따른 후 배를 띄운다(배숙의 농도가 알맞게 되면 배가 동동 떠 오른다).

특징

도라지는 거담 작용과 혈당 강하, 콜레스테롤 강하, 폐농양 제거, 진해, 항염증 작용, 면역 항진 작용, 급성 허리 근육 손상에 효험이 있고, 급성 편도선염, 인후염에 효능 있다. 학자들의 최근 연구에 의하면, 도라지가 암의 전이를 늦춘다고 한다. 갑상선암이나 각종 질환에도 도라지즙을 상복하면 좋다. 특히, 도라지는 편도선에 좋고 목을 많이 사용하는 성악가나 담배를 많이 피우는 사람에게 좋다.

맥문동은 마른기침과 해수, 각혈에 효험이 있다. 항산화 작용, 면역력 증강, 폐결핵, 소아 고열, 간염, 당뇨병, 윤장통변에 효과가 있어 변비에 좋으며, 불면증에도 효과적이다.

배는 성질이 차고 맛이 달며 독이 없어 목마른 데 좋나. 주길을 치료하지만 많이 먹으면 사람을 차게 한다. 객혈을 없애고 마음의 번거로움을 없애주며, 풍열을 없애고 가슴속에 열이 있는 것을 없앤다.

효능과 치료 효과

재료	성질과 맛	효능과 치료 효과
인삼	온(溫) / 감(甘), 미고(微苦)	원기 부족, 신체 허약, 권태, 피로, 폐 기능 약화, 꿈이 많은 허약 증세, 신 기능 허약자에 효능, 면역 기능 활성, 두뇌 활성화, 항피로, 면역 작용, 항암 효과, 성 기능 회복, 당뇨에 효능
생강	온(溫) / 신(辛)	산한해표, 강역지구, 화담지해, 해독. 오장으로 돌아와서 가래를 삭이고 기를 내린다. 구토를 멎게 하고 풍한과 습기를 없애고 해역으로 상기하고 천식 기침하는 것을 낫게 한다. 뜨겁게 사용할 때는 껍질을 벗기고 차게 사용할 때는 껍질을 그대로 사용한다. 독을 억제하고 반위의 성약이다.
배	량(凉) / 감미산(甘微酸)	폐위, 열병으로 진액이 손상되어 가슴이 답답하고 갈증을 일으킬 때 사용, 소갈증 효능, 발열 및 해수, 해열에 효능, 대소변을 잘 못 보는 증상에 효능, 설사가 있을 때는 복용을 멈춘다.
맥문동	미한(微寒) / 감(甘), 미고(微苦)	달고, 미온하며 쓰다. 마른기침, 소갈증에 효능, 변비 통변 효과, 항산화 작용, 면역력 강화에 효능, 폐결핵, 당뇨, 간염에 치료 효과
도라지	평(平) / 고신(苦辛)	폐위, 선폐거담, 이인, 배농
후추	열(熱) / 신(辛)	온중산한, 하기지통, 지사개위, 해독

국화차

음청

조리 방법

1 다기를 뜨거운 물에 헹구어 마른 면보로 닦아 놓는다.
2 황국 말린 것을 숙우에 담고 한 번 부어 버린다.
3 다기에 황국을 넣고 끓는 물을 붓는다.

특징

국화는 두통과 어지러움을 개선시킨다. 또 신경 써서 일어나는 고혈압으로 머리가 팽창되는 듯한 아픈 증상 치료, 간 기능 활성, 열독 제거와 피부가 헐어 생긴 발진에 유효하다. 그리고 혈압 강하, 해열, 항염증, 간 기능을 활성화시켜 눈이 충혈되고 아픈 증상을 개선시킨다.
국화차는 외감성으로 인한 오한, 열, 두통, 머리가 어지러운 증상을 개선시키고 신경을 지나치게 써서, 일어나는 고혈압으로 머리가 팽창되는 듯한 증상을 다스린다. 간 기능을 활성화시키고 눈이 충혈되고 아픈 증상을 해소시킨다. 열독을 제거하므로 피부 발진을 낫게 하고, 입 안 냄새를 제거하며 혈압 강하, 해열, 항염에 약리 작용이 있으며 고혈에 두통, 어지럼증, 불면증에 효능이 있다고 임상 보고되었다(『한국본초학도감』).

효능과 치료 효과

재료	성질과 맛	효능과 치료 효과
국화	미한(微寒) / 신감고(辛甘苦)	오한, 열, 두통, 어지러운 증세에 효능, 혈압으로 머리가 팽창되는 듯한 증상을 다스린다. 간 기능을 활성화시키므로 눈이 충혈되고 아픈 증상을 완화, 열독 제거, 혈압 강하, 해열, 불면증 고지혈증, 관상 동맥 증상에 치료 효과

주재료: 국화(말린 것)20g, 물(끓인 것) 10컵
부재료: 다기, 찻잔, 숙우

안덕균(2003), 『한국본초도감』, 교학사. **국화 p.37**

도라지차 음청

| 항암·만성 기관지 편도선 치료 약선 |

조리 방법

1 다기를 뜨거운 물에 헹구어 면보로 닦아 놓는다.
2 도라지 말린 것을 숙우에 담고 뜨거운 물로 부어 우린다.
3 다기에 도라지를 넣고 물을 붓는다.

특징

도라지는 거담 작용과 혈당 강하, 콜레스테롤 강하, 폐농양 제거, 진해, 항염증 작용, 면역 항진 작용, 급성 허리 근육 손상에 효험이 있고, 급성 편도선염, 인후염에 효능이 있다.

임상 보고에 의하면, 폐농양에 만족할 만한 효과를 거두었고, 진해 작용, 항염 작용, 면역 기능 항진, 항궤양 작용 진정, 진통 해열 작용, 혈당 강하 작용, 평활근 이완 작용, 항암 작용에 효과를 보았다. 폐렴에 어성초와 같이 달여서 복용하면 좋고, 만성 기관지염에 현저한 반응을 보였다. 소아 천식, 급성 편도선염, 인후염, 급성 허리 근육 손상에도 효능을 보였다(『한국본초학도감』).

효능과 치료 효과

재료	성질과 맛	효능과 치료 효과
도라지	평(平) / 고신(苦辛)	폐경에 작용, 감기로 인한 해수, 가래, 코 막힘, 오슬오슬 춥고 두통이 있는 것을 제거, 폐의 농을 배출시킨다. 전신 부종을 가라앉게 한다. 거담 작용, 혈당 강하, 폐농양 치료, 항암 작용, 면역 기능 항진, 폐렴, 폐결핵 치료, 급성 편도선염 치료, 급성 허리 근육 손상 치료

주재료: 도라지(말린 것) 10g, 물(끓인 것) 10컵
부재료: 다기, 찻잔, 숙우

안덕균(2003), 『한국본초도감』, 교학사. **도라지 p.634**

매화차

음청

조리 방법

1 다기를 뜨거운 물에 헹구어 면보로 닦아 놓는다.

2 매화 말린 것을 숙우에 담고 뜨거운 물로 부어 우린다.

3 다기에 매화를 넣고 물을 붓는다.

특징

매화꽃은 청열 작용이 있어 종기를 풀어 준다. 급성 황달염, 간염에 효능이 있고 맥관염(脈管炎)에 효험을 보인다. 매화는 간장과 폐경으로 흡수되어 효과를 보이며, 막힌 것을 풀어 주는 효능을 가지고 있다. 또 간의 기운이 울결된 것을 흩뜨려 시원하게 하는 효능을 가지고 있다. 그리고 가슴이 답답하고 팔다리가 요동치며 편하지 않은 것을 없애는 효능이 있다. 매화꽃은 몸속 독을 없애고 가래를 삭이며, 폐의 기운을 원활하게 하며 머리와 눈을 맑게 한다.

효능과 치료 효과

재료	성질과 맛	효능과 치료 효과
매화	냉(冷) / 고(苦)	청열 작용이 있어 종기를 풀어 준다. 간의 기운이 울혈된 것을 풀어 준다.

주재료: 매화(말린 것) 10g, 물(끓인 것) 10컵
부재료: 다기, 찻잔, 숙우

안덕균(2003), 『한국본초도감』, 교학사. p.158 / **매화 p.158**

도라지식혜

음청

주재료: 엿기름 4컵, 멥쌀 3컵, 물 25컵, 설탕 3컵, 생강 10g, 잣 2큰술, 건조 도라지 20g

안덕균(2003), 『한국본초도감』, 교학사. **질경 p.634** / **맥아 p.496**

조리 방법

1 건조 도라지는 깨끗하게 씻어 물에 미리 삶아 물 10컵 분량을 5컵이 되게 한다(건조 도라지는 미리 쓴물을 뺀 것으로, 끓여도 쓰지 않다).

2 따뜻한 물(15컵)에 엿기름가루를 주물러서 체에 걸러(2~3회 반복) 가라앉히고 앙금이 가라앉으면 맑은 윗물을 가만히 따라 내어 엿기름물을 준비한다.

3 멥쌀을 씻어 건져 찜통에 고슬고슬하게 쪄서 엿기름물과 끓여 놓은 도라지 물에 섞고, 60~65°C의 밥통에서 5시간쯤 발효시켜 둔다.

4 밥알이 4~5개 정도 뜨면서 발효되어 10개 이상 떠오르면 정지시키고 꺼내 가스 불에 한소끔 팔팔 끓인 후 밥알을 건져 찬물에 담가 단물이 완전히 빠지도록 헹구어 건져서 물기를 뺀 후 그릇에 보관한다.

5 밥알을 건져 낸 식혜 물에 설탕을 넣고 도톰하게 편썰기 한 생강 10쪽을 넣어 한 번 더 끓여 낸다. 이때 끓이면서 떠오르는 거품을 말끔히 걷어 낸다.

6 식혜 물을 시원하게 식혀서 그릇에 담고 밥알과 잣을 띄워 낸다.

7 밥알이 발효되어 당화되면 위로 떠오르는데, 식혜 원료인 엿기름에서도 당화가 되어 단맛이 우러나온다. 이 밥알을 찬물에 헹구지 않고 식혜 물과 함께 끓여 식어 차게 두었다가 설탕을 타 먹으면 이것이 감주가 된다.

특징

식혜는 자체가 약선음식이다 식혜의 재료인 엿기름(보리 싹) 속 효소인 아밀라아제(amylase)는 탄수화물을 분해시키는 효소로, 가벼운 식체, 소화불량, 식욕 부진, 복부 팽만감 등의 증상에 쓰여 소화를 시키는 효능이 있다. 그러나 고기류 등을 먹어 급체로 소화가 안 되는 증상에는 병원과 약사의 처방을 받아야 한다.

건조 도라지는 거담 작용과 혈당 강하, 콜레스테롤 강하, 폐농양 제거, 진해, 항염증 작용, 면역 항진 작용, 급성 허리 근육 손상에 효험이 있고, 급성 편도선염, 인후염, 가슴에 뭉친 것 같은 증상이 있을 때 효능이 있다.

효능과 치료 효과

재료	성질과 맛	효능과 치료 효과
도라지	평(平) / 고신(苦辛)	선폐거담, 이인, 배농, 답답한 가슴속 응어리를 풀어 준다.
맥아	평(平) / 감(甘)	전분성 음식의 소화 장애에 신통한 효력이 있다. 허약한 비위에 효력이 있다. 소화 촉진 작용과 혈당 강하 작용이 있다.

원소병 음청

| 피부 발진에 좋은 약선 |

조리 방법

1 찹쌀가루 1컵을 3등분한다.

2 치자는 씻어 쪼개서 따뜻한 물 1/3컵에 우려내고 헝겊에 걸러 노란색의 물을 만든다.

3 잘 씻은 쑥은 찧어서 생즙을 내어 녹색의 즙을 만든다.

4 오미자는 찬물 1/2컵에 오미자를 담가 10시간 이상 두었다가 고운 체에 걸러 붉은색을 만든다.

5 손질한 대추는 채 썰어 다시 곱게 다지고, 유자청 건지도 즙을 짜내 곱게 다진 후 섞어 계핏가루를 넣고 소를 만든다.

6 찹쌀가루를 각각 앞에서 만든 3가지 즙과 찬 설탕물로 반죽하여 노랑, 빨강, 초록의 떡 반죽을 준비한다.

7 반죽을 은행 2개 크기 만큼씩 떼어 그 속에 소와 잣 1~2알을 넣고 뭉쳐 구슬 모양으로 동그랗게 빚는다.

8 반죽하여 빚은 것을 체에 넣고 녹두 녹말을 담아 굴린 다음 끓는 물에 삶아 내어 재빠르게 찬물에 담갔다가 건진다.

9 원소떡을 화채 그릇에 담고, 미리 끓여 식힌 꿀물을 부은 다음 잣을 띄워 낸다(체에 녹말가루를 담고 원소를 굴리면 얇게 녹말 옷이 만들어져 자연스럽고 꿀물에 오래 담가 두어도 원소떡이 불지 않는다).

특징

찹쌀은 사지 관절 손상에 약물 가루로 환부에 붙이면 효능이 있고, 급성 황달염에 농축액을 사용하면 효험이 있으며, 황색 포도상구균과 뇌막염, 쌍구균 등 피부 진균에 강한 약리 작용이 있다.
쑥은 유산 전조증으로 출혈을 보일 때 유효하며 황색 포도상구균 등 피부 발진을 억제하는 약효가 있다(『한국본초학도감』).
유자는 껍질이 두텁고 맛이 달고 독이 없다. 위 속의 악기를 제거하고, 주독을 풀고, 술 마시는 사람의 입속의 구기(口氣)를 다스린다.

Tip

원소병은 한자로 元宵餠, 또는 圓小餠이라 쓴다. 원소는 정월 보름날 저녁이라는 뜻으로, 원소병은 이날 저녁에 먹는 떡이라는 의미이며, 작고 동그란 떡을 말한다. 조선왕조 창덕궁에서 전래된 원소병은 떡수단과 동격인 음료에 속하며, 정월 보름날 만들어 먹는 것이다. 원소병은 전통 음료로 찹쌀가루에 3가지의 색을 섞어 찬물에 반죽하여 떡 속에 소를 넣어 지름 2cm 정도의 구슬 모양으로 각각 3개씩 9개를 만든 다음 끓는 물에 얼른 삶아 찬물에 식힌 뒤 차게 만든 꿀물 2컵 정도에 넣어 잣을 띄워 그릇에 담아낸다.

주재료: 찹쌀(가루로 된 것) 1컵, 치자 1개, 쑥 30g, 오미자 1/3컵, 녹두·녹말 3큰술
소 재료: 대추 2개, 유자청 건지 1큰술, 계핏가루 1g
꿀물 재료: 물 2컵. 설탕 1컵. 꿀 1큰술. 잣 1큰술

허준(1611), 『동의보감』, 최창록 역(2003), 푸른사상. **유자 p.229**
안덕균(2003), 『한국본초도감』, 교학사. **찹쌀 p.500** / **치자 p.122** / **쑥 p.522** / **유자 p.492**

효능과 치료 효과

재료	성질과 맛	효능과 치료 효과
오미자	온(溫) / 산(酸)	허로하여 야윈 것을 보하고, 눈을 밝게 하고 신장을 따뜻하게 하며 남성의 정을 더한다. 소갈과 번열을 그치게 한다. 주독을 푼다.
찹쌀	온(溫) / 감(甘), 무독(無毒)	성질이 따뜻하다. 맛이 달고 독이 없다. 속을 보하고 기를 더한다. 곽란을 멈추나 열을 많게 하여 대변이 굳어진다. 많이 먹으면 좋지 않다. 소화를 촉진시키므로 비위가 허약한 소화 불량, 음식 부진, 설사 등에 유효하다. 건위 효과가 강하다. 소화 촉진과 각기병에 유효하다. 우유빛 소변에 유효하다
치자	한(寒) / 고(苦)	열병으로 인해 가슴속이 답답하고 팔다리가 편안하지 않아 가만두지 못하는 증상과 우울증에 효능이 있다. 습열로 인한 황달과 적색 소변에 효능, 삐었을 때, 부기, 동통, 혈압 강하 작용, 황색 포도상균에 사용
유자청	한(寒) / 감(甘)	독이 없다. 위 속의 나쁜 기운을 제거하고, 주독을 풀고 술 마시는 사람의 입 속의 기운을 다스린다.
대추	온(溫) / 감(甘)	속을 편안하게 하고 비장을 기르며 오장을 보호한다. 진액을 보하고 뜻을 강하게 하여 백약을 조화시킨다.
꿀	평(平) / 감(甘)	비위장 허약, 복통에 효능, 폐 허약, 오랜 기침, 변비, 안구 충혈, 구내염, 항균 혈압 강하, 체액 면역 기능, 해독 작용, 강장 작용, 화상, 각막 작용과 안검염, 비염에서 분비물 세척 작용

숙지황서리태 흑임자다식

한과

주재료: 흑임자(가루로 된 것) 1/2컵, 서리태(볶은 가루로 된 것) 1/2컵, 숙지황(가루로 된 것) 5g
부재료: 꿀 1컵, 물엿 1/2컵, 다식판 1개

허준(1611), 『동의보감3. 침구탕액 편』, 최창록 역(2003), 푸른사상. **숙지황 / p.282 / 흑임자 p.83**
안덕균(2003), 『한국본초도감』, 교학사. **서리태 p.421 / 꿀 p.797**

조리 방법

1 스테인리스볼에 3가지 재료(흑임자 가루, 서리태 가루, 숙지황 가루)를 넣고 반죽이 되게 꿀과 설탕을 넣는다.

2 다식판은 미리 씻어 물기를 말려 둔다.

3 3가지 재료를 섞은 반죽을 적당한 크기로 떼어 다식판에 놓고 다식을 찍어 낸다.

특징

숙지황은 성질이 따뜻하고 맛이 달며 조금 쓰지만 독은 없다. 혈이 쇠한 것을 크게 보하고 수염과 머리칼이 희게 된 것을 검게 한다. 또한 골수를 채우고 근골을 보하며 혈맥을 통하게 하고 기육을 자라게 하며 이목을 더한다.

서리태는 맛이 달고 성질이 따뜻하고 독이 없다. 번열을 없애고 약독을 풀어 주고 사지 경련에 효과적이다. 또한 이뇨 작용이 있어 전신 붓기와 각기를 치료한다. 모든 독극물에 해독 작용이 있다. 서리태는 가슴속의 번민과 울체되어 있는 기운을 풀어 주며 여름철 습으로 인한 사지 마비와 당기는 증상을 없애 준다. 서리태의 다이제인 성분은 소장의 경련을 풀어 주는데, 파파베린이 37배보다 더 함유되어 있다. 또 건위 작용이 있어 소화를 돕는다.

흑임자는 성질이 평이하고 맛이 달며 독이 없다. 기육을 자라게 하고 뇌수를 채우고 힘줄과 뼈를 단단하게 하며 오장을 보호한다. 오래 살게 하며 얼굴색을 좋게 한다.

중년이 되면 기력이 쇠약해지고 흰머리가 반백이 되며 눈이 침침해진다. 또한 먹어도 허기진 느낌을 가져 자꾸 먹게 되어 비만하기 쉽다. 숙지황서리태흑임자다식은 허기를 채우고 근골을 튼튼하게 하며 눈과 귀를 열고 검은 머리가 나게 하는 장수식품이다. 이 숙지황서리태흑임자다식을 오랜 시간 인생을 함께한 사람과 따뜻한 차 한잔을 곁들여 먹는다면 중년의 시간을 멈추게 하는 마법의 식품이 될 것이다.

효능과 치료 효과

재료	성질과 맛	효능과 치료 효과
숙지황	온(溫) / 감(甘)	조금 쓰고 독이 없다. 혈이 쇠한 것을 크게 보하고 수염과 머리칼을 검게 한다. 골수를 채우고 기육을 자라게 하며 근골을 돕고 허손을 보호한다. 혈맥을 통하게 하고 귀와 눈이 좋아지게 한다.
서리태	평(平) / 감(甘)	거풍 작용, 이뇨, 해독 작용, 풍한과 풍열을 치료, 가슴속 번민을 푼다. 소장 경련을 푼다. 머리칼을 검게 하고 다시 나게 한다.
흑임자	평(平) / 감(甘)	맛은 달고 독이 없다. 오장을 기름지게 한다. 머리칼을 검게 하고 다시 나게 한다.
꿀	평(平) / 감(甘)	비위장 허약 복통에 효능, 폐 허약, 오랜 기침, 변비, 안구 충혈, 구내염, 항균 혈압 강하, 체액 면역 기능, 해독 작용, 강장 작용, 화상, 각막 작용과 안검염, 비염에서 분비물에 세척 작용

| 노화 방지 · 면역력 증강 약선 |

한과

용안호박 오가리 찹쌀만주

조리 방법

1 용안과 늙은호박오가리를 잘게 썰어 냄비에 넣고 조린다.

2 조려지면 찹쌀가루를 넣고 뭉쳐질 때까지 다시 조린다.

3 슬라이스한 아몬드와 잣을 속에 넣고 양쪽에 잣을 끼워 완성한다.

4 만주가 꾸들꾸들해지면 완성이 된 것이다.

특징

늙은호박은 이뇨 작용이 탁월하여 출산 후 붓기를 빼 준다. 비타민 A, B_1, B_2, 카로틴, 비타민 C, 칼륨, 레시틴, 펙틴 성분이 풍부하게 들어 있어 몸속에 쌓인 노폐물 해독 작용의 효능이 있다. 항산화 작용을 하여 노화 방지, 암 예방에도 효능이 있다. 또한 촌충과 회충 구제에 효과적으로, 120g 정도를 생즙으로 갈아 마시면 좋다. 폐결핵, 복통, 생리불순에 사용되며 간디스토마에 일정한 효능이 있다. 산후 유즙 분비에 좋으며 전신 부종에 효과적이다.

용안은 옴균을 억제하는 약리 작용이 있으며, 강장 작용, 항산화 작용, 면역 기능 활성 작용을 한다. 소화 기능을 다스리고, 부인의 백대하를 제거시키며, 관상 농맥 실환, 이지럼증에 유효성을 보인다(『한국본초학도감』).

아몬드는 10대 슈퍼푸드 중 하나로, 불포화 지방산과 비타민, 폴리페놀 등의 영양 성분이 풍부하다. 또한 단백질이 풍부하며 노화를 방지하고, 면역력 증강에 좋고 두뇌를 발달시키며 변비를 개선시킨다.

효능과 치료 효과

재료	성질과 맛	효능과 치료 효과
호박	평(平) / 감(甘)	살충 효과, 복통, 생리 불순에 사용, 구내염, 폐결핵, 미열, 복통에 효능, 간디스토마 효능, 회충 치료, 산후 유즙 분비
용안육	온(溫) / 감(甘)	사려 깊어 가슴이 뛰고 진정되지 않으며 건망증과 불면증에 시달릴 때 장복하면 총명해지고 의지가 강해진다. 옴균 억제, 항산화 면역 기능이 있다.

주재료: 용안10g, 늙은호박(말린 것) 100g
부재료: 찹쌀가루 1/2컵, 잣 5큰술, 아몬드(슬라이스한 것) 10알

안덕균(2003), 『한국본초도감』, 교학사. **호박 p.508** / **용안육 p.774**

한과

산약 복령다식

조리 방법

1 스테인리스볼에 2가지 재료(산약 가루, 복령 가루)를 넣고 반죽이 되게 꿀을 넣는다.

2 다식판은 미리 씻어 물기를 말려 둔다.

3 2가지 재료를 섞은 반죽을 적당한 크기로 떼어 다식판에 놓고 다식을 찍어 낸다.

4 꿀과 물엿을 조금 섞어 만들어도 좋은 맛이 난다(꿀은 반죽의 되기 정도에 맞추어 적당하게 넣는다).

특징

복령은 성질이 평이하고 맛은 달며 독이 없다. 복령은 입맛을 돋우고 구역을 멎게 하며 마음과 정신을 안정하게 한다. 또 소갈을 멈추고 건망증을 낫게 하며 소변을 못 보며 배와 전신이 붓는 증상에 효험이 있다. 혈당 강하, 면역력 증강, 만성 정신 분열, 신경 과민, 심장 부종에 현저한 효과가 있으며 항종양 작용이 있다.

산약은 폐결핵, 복통, 설사, 소화 불량, 궤양성 구강염에 효과가 있다는 임상 보고가 있다. 항노화 식품으로 수명 연장 효과가 있는 혈당 강하 식품이며, 해수, 천식, 소갈증에 효능이 있다.

Tip

산약은 마를 말린 한약재이다. 맥문동도라지배숙과 함께 먹으면 좋고, 따뜻한 녹차와 함께 먹어도 산뜻하다.

효능과 치료 효과

재료	성질과 맛	효능과 치료 효과
산약	평(平) / 감(甘)	혈당 강하, 항노화, 수명 연장 효과
복령	평(平) / 감담(甘淡)	소변을 못 보고 전신이 붓는 증상에 효능, 신경 과민, 심장 부종에 효능, 항종양, 면역 증강, 혈당 강하, 악성 종양, 만성 정신 분열에 효과
꿀	평(平) / 감(甘)	비위장 허약, 복통에 효능, 폐 허약, 오랜 기침, 변비, 안구 충혈, 구내염, 항균, 혈압 강하, 체액 면역 기능, 해독 작용, 강장 작용, 화상, 각막 작용과 안검염, 비염에서 분비물에 세척 작용

주재료: 산약(가루로 된 것) 1/2컵, 복령(가루로 된 것) 1/5컵
부재료: 꿀 1컵

안덕균(2003), 『한국본초도감』, 교학사. **복령 p.416**

상수리다식

한과

| 설사 치료 약선 |

조리 방법

1 스테인리스볼에 도토리 가루를 넣고 반죽이 되게 꿀과 물엿을 넣어 반죽한다.

2 다식판은 미리 씻어 물기를 말려 둔다.

3 재료를 꼭꼭 주물러 반죽을 적당한 크기로 떼어 다식판에 놓고 다식을 찍어 낸다.

특징

상수리의 성질은 따뜻하고 맛은 쓰고 떫으나 독이 없다. 설사와 이질을 낫게 하고 장위를 튼튼하게 하며, 장을 수렴하여 설사를 멎게 하며 유선염에 쓰인다. 상수리는 너도밤나무과의 상수리 나무 열매로, 전분이 50%나 되며 한반도에서는 이미 구석기 시대부터 식량 대용으로 먹었던 흔적이 유적 발굴 결과 밝혀졌다. 상수리는 성미가 미온해서 누구나 먹어도 해가 없다.

효능과 치료 효과

재료	성질과 맛	효능과 치료 효과
상수리	미온(微溫) / 고삽(苦澁)	쓰고 떫다. 유선염에 쓰인다. 잎은 오래된 이질에 사용된다. 전분, 지방질, 탄닌 등이 함유되어 있다.
꿀	평(平) / 감(甘)	비위장 허약, 복통에 효능, 폐 허약, 오랜 기침, 변비, 안구 충혈, 구내염, 항균 혈압 강하, 체액 면역 기능, 해독 작용, 강장 작용, 화상, 각막 작용과 안검염, 비염에서 분비물에 세척 작용

주재료: 도토리(가루로 된 것) 1/2컵
부재료: 꿀 1/3컵, 물엿 1/5컵

안덕균(2003), 『한국본초도감』, 교학사. **상수리 p.823**

한과

도라지 사과정과

조리 방법

1 도라지는 길게 5cm, 두께 0.5m로 잘라 사과와 함께 각각 끓는 물에 데친다.

2 도라지와 사과에 각각 설탕과 물엿을 반씩 넣고 약한 불로 20~30분간 조린다.

3 정과가 완성되면 도라지를 꽃술로 하고, 사과 슬라이스는 장미잎으로 하여 장미꽃을 만든다.

4 접시에 예쁘게 장식하여 손님 상에 낸다.

특징

사과는 달고 냉하며 맛있다. 갈증을 그치게 하고, 폐의 호흡 기능을 활성화시키며 위장의 소화력을 촉진시키고, 기운 나게 하며 알코올에 대한 분해 작용이 크다. 국내외 연구 결과, 매일 1개 분량의 사과를 3달간 먹은 사람에게서 콜레스테롤 저하 현상이 나타났다.

도라지는 항암 작용과 편도선염에 좋으며 기관지 천식, 기침, 가래에 효능이 탁월하다.

도라지사과정과는 식이 섬유가 풍부하여 비만, 고혈압, 대장암 등을 예방한다.

효능과 치료 효과

재료	성질과 맛	효능과 치료 효과
사과	냉(冷) / 감(甘)	갈증을 그치게 한다. 폐의 호흡 기능을 활성화시키고 위장의 소화력 촉진, 기운 나게 한다. 알코올 분해 작용이 크다. 사과에는 탄수화물과 포도당이 풍부하다.
도라지	평(平) / 고신(苦辛)	감기로 인한 해수, 가래, 코 막힘, 오슬오슬 춥고 두통이 있는 것을 제거, 폐의 농을 배출, 전신 부종을 가라앉게 한다. 거담 작용, 혈당 강하, 폐농양 치료, 항암 작용, 면역 기능 항진, 폐렴, 폐결핵 치료, 급성 편도선염 치료, 급성 허리 근육 손상 치료
백설탕	평(平) / 감(甘)	화중완급, 생진윤조

주재료: 도라지 2뿌리, 사과(슬라이스 한 것) 1개 분량
부재료: 설탕 10큰술, 물엿 10큰술

안덕균(2003), 『한국본초도감』, 교학사. **사과 p.262** / **도라지 p.634** / **꿀 p.797**

녹각팥양갱

한과

주재료: 팥(앙금으로 된 것) 300g, 한천 10g, 젤라틴 10g, 녹각 30g, 갈근 5g
부재료: [illegible]컵, 냄비, 잣 2큰술, 설탕 1컵, 물엿 1/2 컵, 설탕 1/2 컵

허준(1611), 『동[illegible] 최창록 역(2003), 푸른사상.
안덕균(2003), 『한국[illegible] 녹각 pp.790~791 / 팥 p.411 / 칡 p.42 / 한천 p.363

조리 방법

1. 녹각과 갈근을 냄비에 넣고 물을 부은 후 2컵 정도가 되도록 달인다.
2. 물 1컵에 한천과 젤라틴을 녹여 끓인다.
3. 녹각 끓인 물에 팥 앙금을 섞어 함께 약한 불에서 끓이다가 한천과 젤라틴 녹인 것을 넣어 다시 끓인다.
4. 설탕과 엿을 넣고 한 번 더 끓이다가 양갱 판에 붓는다.
5. 속에 잣을 넣어 모양과 맛을 낸다(호두를 넣기도 한다).
6. 양갱이 굳으면 틀을 빼고 나뭇잎 모양 틀로 찍어 낸다.

특징

녹각은 성질이 따뜻하고 맛이 짜며 독이 없다. 옹저와 창종을 주치하며 나쁜 피를 없애고 뼈가 부러져 다친 데와 요척통를 치료한다. 『동의보감』에는 녹용(녹각)에 대해 "사슴은 수명이 천 년인데 500세에 털이 희게 변한다. 그 뼈를 약에 사용하면 좋다"라고 나와 있다. 녹각은 근육과 골격을 강하게 하며, 녹용 대용품으로 정력 증강, 요·척추 동통, 퇴행성 관절염 등에 효과적이고 정력 증강에 좋고 유정과 몽정에 효과적이다(『한국본초도감』).

팥은 전신이 붓는 증상, 각기 등에 유효하다. 열이 많은 종기, 소염, 배농 화농, 볼거리, 타박상에 효과적이고 간경화로 복수가 찼을 때 좋다.

갈근(칡)은 혈당 강하, 해열에 유효하다.

팥으로 만든 양갱은 팥의 이뇨 작용과 한천의 다이어트 효능 작용, 항암과 비만뿐 아니라 모든 질병을 예방한다. 특히 갈근은 여성 호르몬(에스트로겐)이 함유되어 있어 중년 여성들에게 좋은 식품이다.

효능과 치료 효과

재료	성질과 맛	효능과 치료 효과
팥	평(平) / 감산(甘酸)	볼거리염에 약물을 개어서 환부에 붙인다. 타박상이나 칼 등에 베인데 효능, 유즙 부족에 진하게 달여서 마신다. 이뇨 작용이 있다.
녹각	온(溫) / 감함(甘鹹)	근육과 골격을 강하게 하며 녹용 대용, 정력 증강, 요·척추 동통, 척추 디스크, 퇴행성 관절염, 만성 임질 등 양기 부족, 유뇨, 신기능 장애, 항피로, 재생 불량 빈혈, 요로 결석, 혈소판 감소증에 유효
갈근	냉(冷) / 감신(甘辛)	피부의 모공을 이완시켜 땀을 내게 해 목덜미가 뻣뻣한 증상 완화, 홍역 초기 발진 완화, 갈증 해소 열병 완화, 고혈압, 혈압 강하, 뇌혈관 작용, 편두통 치료, 혈당 강하, 급성 중이염, 해열을 촉진시킨다. 호흡 운동을 증가시킨다.
한천	한(寒) / 감함(甘鹹)	장염 설사와 항문 주위 염증에 달여 사용한다. 만성 변비에 완화 작용, 신우신염, 유방암, 자궁암에 효력, 풍열로 인한 해수 회충 구제에 사용, 비염 유행성 감기 바이러스와 볼거리염에 억제 효과, 에이즈 같은 질환의 병원균에도 억제 효과

용안생강과

한과

조리 방법

1 용안은 헹구어 곱게 다진다.
2 생강은 곱게 간 것을 물에 담가서 매운맛을 우려낸다.
3 생강 건지와 용안을 프라이팬에 조린다.
4 잣은 곱게 갈아 둔다.
5 생강이 조려지면 꿀과 설탕을 넣어 뭉쳐질 때까지 조린다.
6 조려지면 삼각뿔로 만들어 잣가루를 묻힌다.

특징

용안육은 장복하면 의지가 강해지고 총명해지며 건망증이 없어지며, 마음을 안정시킨다. 용안육은 달고 따뜻한 성미를 가지고 있으며 강장 작용, 항산화 작용, 면역 기능 활성화 작용, 옴균을 억제하는 작용이 있다. 임상 보고에 의하면, 용안은 소화기 질환을 다스리고 부인의 백대하를 제거시키며, 어지럼증, 관상 동맥 질환에 효능이 있다.
생강은 위액 분비 촉진과 장관의 연동 작용을 돕고 구토를 가라앉힌다. 혈관 운동, 중추 호흡과 심장 흥분 작용, 항염증 작용 및 진통 작용, 콜레라균, 개선균에 대해서 일정한 억균 작용이 있다. 또 이질, 구토에 효과, 만성 요통에 약침 제재로 효과가 있다(『한국본초도감』).

효능과 치료 효과

재료	성질과 맛	효능과 치료 효과
생강	미온(微溫) / 신(辛)	배 중앙에 냉기가 있고 통증이 있으며 차고 소화가 안 되고 구토 증상이 있을 때 사용한다. 생선이나 게를 먹고 복통을 일으킬 때 소엽과 함께 사용하면 효과가 있다. 항염증 작용, 진통 작용, 이질, 구토 등 치료, 만성 요통에 약침 제재로 사용, 콜레라균에 억제 작용
용안육	온(溫) / 감(甘)	사려 깊어 가슴이 뛰고 진정되지 않으며 건망증과 불면증에 시달릴 때 장복하면 총명해지고 의지가 강해진다. 옴균 억제, 항산화 면역 기능이 있다.

주재료: 용안 20g, 생강(갈은 것) 30g, 잣 20g
부재료: 꿀 3큰술, 설탕 3큰술

안덕균(2003), 『한국본초도감』, 교학사. **용안 p.774** / **생강 p.452**

대추초·밤초

한과

조리 방법

1 대추는 가볍게 씻어 물기를 제거하고 반으로 갈라 씨를 뺀다.
2 대추 안쪽에 꿀을 바르고 잣을 4~5개 넣어 제 모양대로 오므린다.
3 냄비에 분량의 꿀과 계핏가루를 넣고 저은 후 약한 불에 대추를 넣고 고루 조린다.
4 껍질을 벗긴 밤을 살짝 데친다.
5 설탕을 냄비에 넣고 녹인 후 밤을 넣고 조린다. 꿀을 넣는다.
6 설탕과 꿀물이 졸아 들면 타지 않도록 하여 완성한다.

특징

대추는 약재와 음식에 다양하게 널리 사용되며 따듯한 성미를 가지고 있어 유용한 식품이다. 대추차도 좋은 음료가 된다.
밤은 기력을 왕성하게 하며 근골을 튼튼하게 하고 다리에 힘을 주며, 노인이나 성장기 어린이에게 특히 좋은 식품이다.

Tip

대추가 너무 불려지지 않아 쪼글거리면 먹기에 딱딱하여 좋지 않다. 또한 너무 탈 정도로 조려져도 안 된다.

효능과 치료 효과

재료	성질과 맛	효능과 치료 효과
대추	온(溫) / 감(甘)	속을 편안하게 하고 비장을 기르며 오장을 보호한다. 진액을 보하고 뜻을 강하게 하여 백약을 조화시킨다.

대추초 재료: 대추5개, 꿀 3큰술, 잣 2큰술, 계핏가루 1/2큰술
밤초 재료: 밤 5개, 설탕 3큰술, 꿀 2큰술

허준(1611), 『동의보감3. 침구탕액 편』, 최창록 역(2003), 푸른사상. **대추, 밤 pp.230~231**

과편

한과

조리 방법

1 포도는 알알이 떼어 깨끗이 씻어 건진 후 같은 양의 물을 붓고 끓여 겹체에 거른다(2컵 분량).

2 **1**의 식힌 포도 물 1컵에 설탕과 녹말가루를 넣어 고루 잘 섞어 놓는다.

3 나머지 1컵의 포도 물을 끓이다가 끓기 시작하면 **2**의 녹말 물을 천천히 붓고 나무 주걱으로 저어 가며 중간 불에서 끓인다.

4 액체가 투명해지고 윤기와 끈기가 생기면 사기 접시나 쟁반에 부어 상온에서 식혀 준다.

5 **4**가 굳으면 4×2×0.7cm 크기로 잘라 접시에 담아낸다.

6 딸기와 귤도 같은 방법으로 한다.

특징

딸기는 청량감을 주고 갈증을 풀어 주며 비타민 C가 풍부하다.

포도는 성질이 평이하고 맛이 달며, 독이 없다. 습비를 주치하고 임질을 치료하고 소변이 통하게 하며 기를 더하고 뜻을 강하게 한다. 사람으로 하여금 살찌고 강하게 한다.

귤은 가슴에 울결된 기를 소산시켜 간염, 위염에 유효하며 알코올을 쉽게 분해시키고 갈증을 풀어 준다. 또한 위장의 소화력을 높이고 식욕을 증진시킨다.

Tip

과편은 과일즙으로 쑨 일종의 묵으로, 맛이 달콤해서 식사를 마무리하는 후식이나 어린이 간식으로 좋다.

효능과 치료 효과

재료	성질과 맛	효능과 치료 효과
포도	평(平) / 감산(甘酸)	기혈이 허약한 사람에게 유효하며 폐 기능이 약한 기침에 효력을 보인다. 풍습과 이뇨 작용이 있다. 자양 강장, 위산을 내린다. 담즙 분비 촉진 작용이 있다.
귤	평(平) / 감산(甘酸)	이기화위, 윤폐생진. 가슴에 울결된 기를 소산시켜 간염, 위염에 유효하며 알코올을 쉽게 분해시키고 갈증을 풀어 준다. 위장의 소화력을 높이고 식욕을 증진시킨다.
딸기	평(平) / 감(甘)	청량감을 주고 갈증을 풀어 준다. 포도당과 비타민 C가 많다.

주재료: 포도 200g, 물(포도 물) 2컵, 설탕 80g, 녹말 30g, 소금 1/6작은술, 딸기 200g, 귤 200g

안덕균(2003), 『한국본초도감』, 교학사. **딸기 p.219** / **포도 p.769**
허준(1611), 『동의보감3. 침구탕액 편』, 최창록 역(2003), 푸른사상. **포도 p.231**

한과

약선삼색 매작과

조리 방법

1 생강을 강판에 갈아 즙을 만들어 놓는다.

2 밀가루는 체에 내린 뒤 3등분하여 당귀 잎 가루, 치자 잎 우린 물, 백련초 가루 각각에 생강즙을 3등분하여 소금물과 함께 말랑말랑한 촉감의 농도로 반죽하여 숙성시킨다.

3 설탕 시럽은 물과 설탕을 동량으로 넣어 중간 불에서 젓지 말고 반 정도 되게 시럽으로 조린다.

4 숙성된 반죽을 방망이로 밀어 도톰하게 펼친 후 5×2×0.3cm 크기로 잘라 3군데에 칼집을 넣어 매작과 모양을 만든다.

5 잣은 고깔을 떼고 종이 위에 놓고 곱게 다진다.

6 기름 온도를 150°C로 맞추어 밀가루에 기포가 생기지 않게 노릇하게 튀겨 설탕 시럽에 집청을 한다.

7 접시에 담고 잣가루를 뿌린다.

특징

백년초는 신비의 식물로, 백 가지 병을 고친다는 설이 있는 식물이며 약재이다. 예로부터 해열 진정, 기관지 천식, 소화 불량, 위경련 증상, 변비, 가슴 통증, 혈액 순환 불량, 위장병, 뒷목 당기는 증상, 비염에 민간 요법 약재로 사용되어 왔다. 백련초는 비타민 C가 알로에보다 5배나 많이 함유되어 있고 칼슘과 식이 섬유도 많이 함유하고 있다. 근래에 와서 백련초가 페놀성 물질과 플라보노이드 성분이 칡뿌리, 호두, 생강보다 많이 들어 있어서 고혈압, 암 발생 억제, 노화 억제 효과 등이 있는 것으로 밝혀지고 있다. 성미는 차지만 설탕 시럽에 집청하여 평의 성질이 된다. 치자도 쓰고 차지만 설탕 시럽에 담구어 평이 되고, 당귀의 단맛과 따뜻한 성질로 서로 평이 되어 누구나 먹어도 좋다.

효능과 치료 효과

재료	성질과 맛	효능과 치료 효과
치자	한(寒) / 고(苦)	열병으로 팔다리를 가만두지 못할 때와 우울 증상에 효능, 알코올 진정 작용과 체온 하강 작용이 있다. 혈압 강하 작용, 포도상구균 등 억제 작용이 있다.
백련초	한(寒) / 고(苦)	쓰고 찬 약성은 오래된 복통을 그치게 한다. 급성 이질과 치질 치료에 달여서 먹는다. 기관지 해수, 폐결핵에 유효, 위·십이지장 궤양에 오적골(烏賊骨)과 배합하여 사용 후 유효한 반응을 보인다.
당귀	온(溫) / 감신(甘辛)	안색 창백, 눈에 보혈 효능이 있다. 항산화, 항염증, 항방사능, 기관지 천식에 유효, 결혈성 중풍, 습진 등과 심장 박동 이상 치료

주재료: 밀가루 1컵, 생강 1쪽, 잣 1큰술, 소금 약간, 식용유 1리터 약간
색 내는 식품 재료: 치자물 1/2작은술, 백련초 가루 1/3작은술, 당귀 잎 가루 1/2작은술
설탕 시럽 재료: 설탕 1/2컵, 물 1/2컵

안덕균(2003), 『한국본초도감』, 교학사. **치자 p.122** / **백련초 p.521** / **당귀 p.702**

총명탕

한방차

조리 방법

1 재료를 깨끗이 씻는다.

2 생수 2리터를 냄비에 넣고 씻어 둔 약재를 중간 불에서 1시간 정도 달인 후 백복령을 넣고 한 시간 더 달인다(수돗물을 사용하면 안 된다).

3 반으로 줄어들면 불을 끄고 약재를 면보에 걸러 보온병에 넣고 보관해 따뜻하게 마신다.

4 맛이 좀 특별하기 때문에 대추를 가감할 수도 있다.

Tip

총명탕에 들어가는 3가지 약재에는 공통적으로 스트레스와 긴장을 풀어 주고 항진된 심리 상태를 안정시켜 주는 작용이 있어 스트레스가 많거나 심리적으로 긴장되어 있는 사람에게 좋은 탕약이다. 또한 스트레스에 민감하게 반응하는 심경락과 간경락에 작용하여 나쁜 기운을 흩어 주고 기운은 상승시켜 주어 긴장을 풀어 주는 작용을 한다.

특징

창포는 성질이 따뜻하고 맛이 맵고 독이 없다. 창포는 심공을 열고 오장을 보하고 구규를 통하게 하고 눈과 귀를 밝게 하며, 음성이 나오게 하고 풍습의 저림을 치료하고 배에 숨어 있는 충을 죽이며, 벼룩과 이를 물리치고 건망증을 낫게 하고 지혜를 기르고 심복통을 그치게 한다.

원지는 성질이 따뜻하고 맛이 쓰고 독이 없다. 원지는 건망증을 낫게 하고 혼백을 편안하게 하여 사람으로 하여금 미혹하지 않게 한다. 또 정을 더하고 허손하여 몽설하는 것을 주치한다.

복령은 맛이 달고 평이하다. 복령은 전신이 붓는 증상에 유효하며 항종양, 면역 증강 작용에 약리성이 있다.

용안육에는 면역 기능과 마음을 안정시키는 성분이 있어 심신을 안정시킨다.

감초는 모든 약을 조화시켜 공효 있게 하기 때문에 국노(國老)라 하며 기육을 자라게 한다.

『동의보감』에 실린 총명탕은 머리를 맑게 하고 집중력을 높여 주는 약재로 처방이 되어 과거 시험을 준비하는 선비들이 마셨다고 기록되어 있다.

"총명탕은 건망증을 치료하고 오래 복용하면 하루 천 마디 말을 외울 수 있다."

『동의보감』

주재료: 석창포 10g, 원지 10g, 복령 10g, 용안육 10g, 산약 10g, 감초 5g, 대추 5개, 통생강 1쪽, 꿀 3큰술

허준(1611), 『동의보감1. 내경 편』, 최창록 역(2003), 푸른사상. **총명탕 p.153**
안덕균(2003), 『한국본초도감』, 교학사. **복령 p.419** / **원지 p.665** / **감초 p.710** / **석창포 p.686**

효능과 치료 효과

재료	성질과 맛	효능과 치료 효과
석창포	온(溫) / 신(辛)	오장을 보하고 풍습으로 인한 저림을 치료하고 충을 없애고 지혜를 기른다.
원지	온(溫) / 신고(辛苦)	지혜를 더하고 이목을 총명하게 하고 의지를 강하게 한다.
복령	평(平) / 감담(甘淡)	면역 증강, 이뇨 작용, 항종양, 혈당 강하 작용, 만성 정신 분열에 효능
감초	평(平) / 감(甘)	산후 뇌하수체 기능 감퇴에 치료 효과, 소화성 궤양에 양호한 반응과 폐결핵에도 치료 효과가 있다는 임상 보고가 있다. 모든 약의 기준이 된다
용안육	온(溫) / 감(甘)	사려 깊어 가슴이 뛰고 진정되지 않으며 건망증과 불면증에 시달릴 때 장복하면 총명해지고 의지가 강해진다. 옴균 억제, 항산화 면역 기능이 있다.

사군자탕 한방차

| 강장 보혈 약선차 |

조리 방법

1 약재를 깨끗하게 씻어 놓는다.
2 냄비에 약재를 넣고 생수 2리터 정도를 넣은 다음 중간 불로 1시간 정도 달인다(수돗물을 사용하면 안 된다).
3 반으로 줄어들면 면보에 걸러 따뜻하게 마신다.
4 1컵 분량 0.2리터 정도 2번 마실 양이다.

특징

인삼은 원기가 부족한 신체 허약 증상에 기를 보하며 비위를 튼튼하게 하며 비위의 기를 보하며 비위에 정체된 수습을 없애고 몸을 가볍게 하여 기운을 나게 한다. 폐 기능의 약화로 인한 호흡 치료, 정신력 증강, 소갈 치료, 면역 기능 활성, 성선 촉진 작용, 단백질 합성 촉진 작용, 항암 효능이 있다.
백출은 간경화로 복수에 물이 찼을 때와 지연성 간염, 원발성 간암에 유효하다. 소아의 복통, 설사와 내이(內耳)의 장애로 인한 어지럼증, 만성 요통, 급성 장염, 변비 치료 등에 임상 치료 효과가 있다. 항궤양, 면역 증강, 항암 작용 등에 약리 효과가 있으며 임신 중 구토에 탁월한 반응을 보이며, 위장 장애와 감기 사지통에도 응용된다(『한국본초학도감』).
복령은 맛이 달고 평이하다. 전신이 붓는 증상에 유효하며 항종양, 면역 증강 작용이 있다.
감초는 모든 약을 조화시켜 공효 있게 하기 때문에 국노라 하며, 기육을 자라게 한다. 남성 기력 보충에 좋은 탕제이다.

"기가 허한 데 쓴다."

『동의보감』

주재료: 인삼 10g, 백출 10g, 복령 10g, 감초 6g

허준(1611), 『동의보감4. 잡병 편1』, 최창록 역(2003), 푸른사상. **사군자탕 p.132**
안덕균(2003), 『한국본초도감』, 교학사. **복령 p.419** / **감초 p.710** / **백출 p.711**

효능과 치료 효과

재료	성질과 맛	효능과 치료 효과
인삼	온(溫) / 감(甘), 미고(微苦)	항암, 급성 간염, 성 기능 회복, 심근경색 쇼크 등에 임상적인 효능을 보인다. 항노화 작용의 약리가 있다.
백출	온(溫) / 감고(甘苦)	항암 작용, 면역 기능 항진, 혈관 확장 작용, 혈당 강하 작용
복령	평(平) / 감담(甘淡)	면역 증강, 이뇨 작용, 항종양, 혈당 강하 작용, 만성 정신 분열에 효능
감초	평(平) / 감(甘)	산후 뇌하수체 기능 감퇴에 치료 효과, 소화성 궤양에 양호한 반응과 폐결핵에도 치료 효과가 있다는 임상 보고가 있다. 모든 약의 기준이 된다.

사물탕 한방차

| 보혈 약선차 |

주재료: 숙지황 10g, 당귀

허준(1611), 『동의보 잡병 편1』, 최창록 역(2003), 푸른사상. **사물탕 p.132**
안덕균(2003), 초도감』, 교학사. **숙지황 p.698** / **당귀 p.702** / **백작약 p.713** / **천궁 p.555**

조리 방법

1 약재를 깨끗하게 씻어 놓는다.

2 냄비에 생수 1리터를 넣고 1시간 동안 중간 불로 물이 반이 될 때까지 달인다(수돗물을 사용하면 안 된다).

3 반이 되면 면보에 걸러 2컵 분량을 준비한다.

4 따뜻할 때 한 번에 1컵씩 하루 두세 번 마신다.

Tip

사물탕은 대표적인 보혈제다. 보혈제는 혈허를 개선시키는 약이다. 여성은 매달 생리를 하기 때문에 혈허가 될 가능성이 높다. 따라서 사물탕은 한약방에서 여성 처방약으로 사용된다. 혈허이라 함은 피가 모자라 생기는 병증을 말한다. 즉, 피의 내용이나 기능이 모자란 것으로 몸 전체나 몸의 일부에 영양이 불량한 증세가 나타난다. 또한 동시에 내분비 조절 이상, 순환 불량, 자율 신경계 및 신경계의 실조가 나타난다. 혈허의 일반적인 증상은 안색이 나쁘고, 피부에 윤기가 없으며, 어지럽고, 눈의 가물거림, 손톱에 윤기가 없고 무르며, 탈모와 마비감이 있다. 이러한 증상은 빈혈증이나 발조 순환 장애라고 표현된다.

Tip

사물탕은 혈액이 항상 부족하기 쉬운 여성들에게 없어서는 안 될 한약 처방이다. 여성의 생리 불순이나 생리통, 그리고 자궁 질환 등 제반 생리 증후군은 물론 모든 혈증에 대하여 임상적으로 가감하여 치료할 수 있는 약이다. 처방의 내용은 숙지황, 백작약, 당귀, 천궁 각 5g씩 4가지 약물로 되어 있으며, 이를 은근한 불로 달여서 복용하면 된다. 일반적으로 가정에서도 사용 가능한 처방이다. 이 처방은 생혈(生血)·통혈(統血)·장혈(藏血)의 기능을 담당하는 심장과 비장과 간장을 도와 보혈 효능이 탁월하여 부인과 제반 혈증 치료에 매우 중요한 처방으로 한약방에서 사용하여 왔다. 왜냐하면 남성은 기를 위주로 생리 활동을 하는 반면 여성은 혈을 위주로 생리 활동을 하기 때문이다.

특징

숙지황은 맛이 달고 중간 정도의 따스함으로 평이한 약재이다. 숙지황은 피가 부족하여(血虛, 혈허) 안색이 창백하고 어지러우며 가슴이 뛰고 잠못 이루는 증상에 당귀와 함께 보혈제로 사용한다. 자음시키는 효능이 강하며 정수를 보해 주므로 소아의 발육 부진과 치매와 성인의 조루증, 일찍 머리가 세고 발기 부진으로 아기를 갖지 못하는 증상에 약재로 사용된다. 또 토혈과 코피, 자궁의 출혈을 그치게 하고 부인의 생리 불순과 임신 중 태아의 불안 상태를 안정되게 한다. 숙지황은 혈당을 내리고 간 기능을 보호하며 항균 작용 등의 약리 효능이 있으며 감초와 배합한 약침 제제는 전염성 간염에 일정한 효능이 있다.

당귀의 성미는 달고 맵고 따뜻하다. 당귀는 단백질 합성을 촉진시키고 자궁 홍분 억제 작용, 결혈성 중풍과 심장 박동 이상 치료, 습진, 만성 비염 치료, 자궁 탈수, 불면증 치료, 흉부외과 수술 후 통증 완화, 기관지 천식에 효능이 있으며, 항산화 작용을 한다.

백작약은 쓰고 시며 약간 차다. 백작약은 간에 피가 부족하여 얼굴이 창백하고 어지러우며 귀에 이명이 들리는 증세에 보혈 및 화혈 작용을 보인다. 또한 여성의 간혈 부족으로 인한 생리 불순을 다스리며 화를 내며 머리가 무거운 증상을 다스리고 중추 신경 억제 작용이 있다.

천궁은 혈액 순환을 활발하게 하고 기운의 순행을 도와서 통증을 제거한다. 여성의 생리통에 향부자와 함께 사용한다. 천궁은 두통에 지통 효과가 높으며 산전·산후에 널리 사용된다. 항궤양 작용, 혈압 강하, 항균 작용이 있다.

1

2

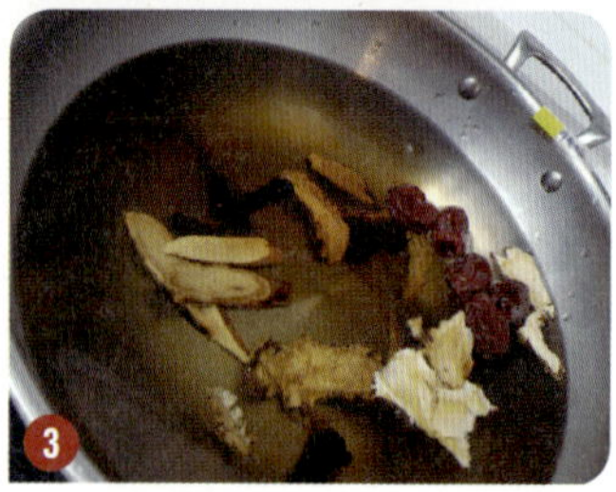
3

"혈허하여 기운이 없고 창백한 증상에 쓴다."

『동의보감』

효능과 치료 효과

재료	성질과 맛	효능과 치료 효과
숙지황	미온(微溫) / 감(甘)	풍습성과 신경성 피부염, 전염성 간염에 유효하다. 혈당을 내리고 순환기 계통에 강심 및 이뇨 작용을 한다.
당귀	온(溫) / 감신(甘辛)	자궁 흥분 억제, 유산 방지, 항산화, 항방사능, 세균 발육 억제, 기관지 천식, 결혈성 중풍, 뇌 동맥 경화, 간장 질환, 신우염, 대상포진, 만성 간염, 위·십이지장 궤염
백작약	미한(微寒) / 고산(苦酸)	습관성 변비, 위·십이지장염에 유효하다. 약침 제제로 진통 효과 입증, 당뇨 혈당 강하
천궁	온(溫) / 신(辛)	심장 박동 이상에 유효하며, 관상동맥에 알코올 제제로 사용한다. 혈압 강하와 항균 작용이 있다.

십전대보탕

한방차

조리 방법

1 약재를 깨끗이 씻어 놓는다

2 냄비에 약재와 생수를 넣고 1시간 동안 중간 불로 달인다(수돗물을 사용하면 안 된다).

3 약물이 반으로 줄어 들면 불을 끄고 면보에 걸러 낸다

4 약물을 유리병에 넣고 따뜻하게 하여 한 번에 1컵씩 마신다.

"몸이 허로하여 저절로 땀이 나는 증상을 치료한다."

『동의보감』

효능과 치료 효과

재료	성질과 맛	효능과 치료 효과
인삼	온(溫) / 감(甘), 미고(微苦)	항암, 급성 간염, 성 기능 회복, 심근경색 쇼크 등에 임상적인 효능을 보인다. 항노화 작용의 약리가 있다.
백출	온(溫) / 감고(甘苦)	항암 작용, 면역 기능 항진, 혈관 확장 작용, 혈당 강하 작용
복령	평(平) / 감담(甘淡)	면역 증강, 이뇨 작용, 항종양, 혈당 강하 작용, 만성 정신 분열에 효능
숙지황	미온(微溫) / 감(甘)	풍습성과 신경성 피부염, 전염성 간염에 유효하다. 혈당을 내리고 순환기 계통에 강심 및 이뇨 작용을 한다.
당귀	온(溫) / 감신(甘辛)	자궁 흥분 억제, 유산 방지, 항산화, 항방사능, 세균 발육 억제, 기관지 천식, 결혈성 중풍, 뇌동맥경화, 간장 질환, 신우염, 대상포진, 만성 간염, 위·십이지장 궤염
백작약	미한(微寒) / 고산(苦酸)	습관성 변비, 위·십이지장에 유효하다. 약침 제제로 진통 효과 입증, 당뇨 혈당 강하
천궁	온(溫) / 신(辛)	심장 박동 이상에 유효성이 나타난다. 관상 동맥에 알코올 제제로 사용하며, 혈압 강하, 항균 작용이 있다.
감초	평(平) / 감(甘)	산후 뇌하수체 기능 감퇴에 치료 효과, 소화성 궤양에 양호한 반응과 폐결핵에도 치료 효과가 있다는 임상 보고가 있다. 모든 약의 기준이 된다.
황기	미온(微溫) / 감(甘)	뇌혈전 형성 억제, 해수 천식 치료, 위·십이지장염 치료, 백혈구 감소증에 효능, 망막 박리 수술 후 시력 감퇴 회복에 효능
계피	열(熱) / 신(辛)	요통에 현저한 반응, 담마진, 기관지 천식, 부자 중독에 5g을 달여 마시면 완화, 이뇨 작용

주재료: 인삼 10g, 백출 10g, 백복령 10g, 감초 5g, 숙지황 10g, 당귀 10g, 백작약 10g, 천궁 10g, 황기 10g, 육계 10g, 생강 3쪽, 대추 5개, 생수 2리터

허준(1611), 『동의보감4. 잡병 편1』, 최창록 역(2003), 푸른사상. **십전대보당 p.536**
안덕균(2003), 『한국본초도감』, 교학사. **숙지황 p.698** / **당귀 p.702** / **백작약 p.713** / **천궁 p.555** / **황기 p.738**

특징

인삼은 원기가 부족한 신체 허약 증상에 기를 보하고 비위를 튼튼하게 하며 비위의 기를 보하고 비위에 정체된 수습을 없애며 몸을 가볍게 하여 기운을 나게 한다. 폐 기능의 약화로 인한 호흡 치료, 정신력 증강, 소갈 치료, 면역 기능 활성, 성선 촉진 작용, 단백질 합성 촉진 작용, 항암 효능이 있다.

백출은 간경화로 복수에 물이 찼을 때와 지연성 간염, 원발성 간암에 유효하다. 소아의 복통, 설사와 내이의 장애로 인한 어지럼증, 만성 요통, 급성 장염, 변비 치료 등에 임상 치료 효과가 있다. 항궤양, 면역 증강, 항암 작용 등에 약리 효과가 있으며 임신 중 구토에 탁월한 반응을 보이고, 위장 장애와 감기 사지통에도 응용된다(『한국본초도감』).

복령은 맛이 달고 평이하다. 전신이 붓는 증상에 유효하며 항종양, 면역 증강 작용에 약리성이 있다.

감초는 모든 약의 독성을 조화시켜서 약효가 잘 나타나게 하며, 장부의 한열과 사기를 다스리고 모든 혈맥의 소통을 잘 시키고, 근육과 뼈를 튼튼히 한다. 감초는 해독 작용, 간염, 두드러기, 피부염, 습진 등에 효과가 있으며, 거담, 근육 이완, 이뇨 작용, 항염 작용이 있고 소화성 궤양을 억제한다. 그러나 대량이나 장기 복용은 금한다.

백작약은 맛이 쓰고 시며 약간 서늘하다. 백작약은 간에 피가 부족하여 얼굴이 창백하고 어지러우며 귀에 이명이 들리는 증세에 보혈 및 화혈 작용을 보인다. 또한 여성의 간혈 부족으로 인한 생리불순을 다스린다. 화를 내며 머리가 무거운 증상을 다스리고 중추 신경 억제 작용이 있다.

천궁은 혈액 순환을 활발하게 하고 기운의 순행을 도와서 통증을 제거한다. 여성의 생리통에 향부자와 함께 사용한다. 천궁은 두통에 지통 효과가 높으며 출산 전후에 널리 사용된다. 항궤양 작용, 혈압 강하, 항균 작용이 있다.

황기는 얼굴색이 창백한 사람, 권태, 무력증에 사용한다. 기허 조절 작용이 있으며 자궁 출혈, 토혈 등에 사용하고 중풍 소갈, 어지럼증에 사용한다. 황기 우린 물은 혈관 확장 작용을 하여 혈압을 내린다. 황기는 감기 예방, 소아 호흡기 감염, 해수, 천식, 위·십이지장에 임상적인 치료 효과가 있었다. 또한 뇌의 혈전 형성 억제, 전립선 비대증에도 효능이 있다.

육계는 맵고 열이 있다. 육계는 신체의 하조가 차고 허약한 것을 치료하며 양기 부족을 치료하고 종기가 잘 낫지 않는 피부 궤양을 치료한다. 또 흉복부의 냉증 치료, 초기 감기 치료, 해열 작용, 항방사능 효험, 유행성 감기 바이러스 억제, 신양허로 인한 요통에 임상적 치료 효과가 있다.

Tip

십(十)이란 숫자는 완전한 것을 뜻하는데, 인체의 기혈과 음양이 두루 온전한다는 뜻이다. 옛 서적에는 기혈이 모두 약하고 음양이 모두 쇠한 것을 치료한다고 되어 있다. 사군자탕은 원기를 돋우고 비·위장 및 소화기의 기능을 튼튼히 하고, 사물탕은 음액과 혈액을 보하여 기혈을 잘 돌게 하는 작용을 한다. 따라서 사군자탕과 사물탕을 합방한 십전대보탕은 광범위하게 두루 사용할 수 있다. 당귀는 피를 만드는 조혈 작용이 있으며 천궁은 피의 흐름을 도와주고 백작약은 피를 맑게 해 주며, 인삼과 백출은 기운을 돋우며 소화 기능을 보강한다.
특히 몸이 허약하고 빈혈 증상이 있으면서 위의 무력으로 인한 식욕 부진과 면역력의 저하로 인한 만성 염증에 시달리거나 밤에 땀이 나고 체력이 약할 때 쓰인다. 면역력을 강화하고 적혈구를 생성하여 빈혈을 없애며 혈액 순환을 촉진하고 세포에 영양을 공급하여 허약 체질을 개선한다.

쌍화탕 한방차

주재료: 백작약 10g, 숙지황 3g, 황기 3g, 당귀 3g, 천궁 3g, 감초 3g, 계피 3g, 생강 3쪽, 대추 2개

허준(1611), 『동의보감4. 잡병 편1』, 최창록 역(2003), 푸른사상. **쌍화탕 p.536**

조리 방법

1. 약재를 흐르는 물에 깨끗하게 씻는다.
2. 냄비에 생수물 1리터와 약재를 넣고 반이 될 때까지 달인다(수돗물을 사용하면 안 된다).
3. 물이 반으로 졸여지면 면보에 거른다.
4. 따뜻할 때 마신다.

"심력이 모두 피로하여 기혈이 부족할 때 쓴다."

『동의보감』

Tip

쌍화탕(雙和湯)은 탕약에서 유래된 것이다. 쌍화는 "서로 합치다" 또는 "서로 짝이 되다"라는 뜻으로, 쌍화탕은 부족한 기운을 보충한다. 또 한방에서 기혈을 보하고 피로 회복과 허한 것을 다스리는 처방이다. 쌍화산이라고도 한다.

쌍화차는 몸을 따뜻하게 하고 체력을 증진시키는 효과가 크다. '쌍화'라는 이름이 붙은 것도 음과 양의 두 기운을 조화시킨다는 뜻에서다. 피로를 쉽게 느끼거나 감기에 잘 걸리는 사람, 병치레 후 몸이 허약해진 사람이 장복하면 좋다.

특징

숙지황은 맛이 달고 중간 정도의 따스함으로 평이한 약재이다. 숙지황은 피가 부족하여(血虛, 혈어) 안색이 창백하고 어지러우며 가슴이 뛰고 잠못 이루는 증상에 당귀와 함께 보혈제로 사용한다. 자음시키는 효능이 강하며 정수를 보해 주므로 소아의 발육 부진과 치매와 성인의 조루증, 일찍 머리가 세고 발기 부진으로 아기를 갖지 못하는 증상에 약재로 사용된다. 또 토혈과 코피, 자궁의 출혈을 그치게 하고 부인의 생리 불순과 임신 중 태아의 불안 상태를 안정되게 한다. 숙지황은 혈당을 내리고 간 기능을 보호하며 항균 작용 등의 약리 효능이 있으며 감초와 배합한 약침 제제는 전염성 간염에 일정한 효능이 있다.

당귀의 성미는 달고 맵고 따뜻하다. 당귀는 단백질 합성을 촉진시키고 자궁 홍분 억제 작용, 결혈성 중풍과 심장 박동 이상 치료, 습진, 만성 비염 치료, 자궁 탈수, 불면증 치료, 흉부외과 수술 후 통증 완화, 기관지 천식에 효능이 있으며, 항산화 작용을 한다.

백작약은 쓰고 시며 약간 서늘하다. 백작약은 간에 피가 부족하여 얼굴이 창백하고 어지러우며 귀에 이명이 들리는 증세에 보혈 및 화혈 작용을 보인다. 또한 여성의 간혈 부족으로 인한 생리 불순을 다스리며 화를 내며 머리가 무거운 증상을 다스리고 중추 신경 억제 작용이 있다.

천궁은 혈액 순환을 활발하게 하고 기운의 순행을 도와서 통증을 제거한다. 여성의 생리통에 향부자와 함께 사용한다. 천궁은 두통에 지통 효과가 높으며 산전·산후에 널리 사용된다. 항궤양 작용, 혈압 강하, 항균 작용이 있다.

효능과 치료 효과

재료	성질과 맛	효능과 치료 효과
숙지황	미온(微溫) / 감(甘)	풍습성과 신경성 피부염, 전염성 간염에 유효하다. 혈당을 내리고 순환기 계통에 강심 및 이뇨 작용을 한다.
당귀	온(溫) / 감(甘), 신(辛)	자궁 흥분 억제, 유산 방지, 항산화, 항방사능, 세균 발육 억제, 기관지 천식, 결혈성 중풍, 뇌동맥 경화, 간장 질환, 신우염, 대상포진, 만성 간염, 위·십이지장 궤양
백작약	미한(微寒) / 고산(苦酸)	습관성 변비, 위·십이지장에 유효하다. 약침 제제로 진통 효과 입증, 당뇨 혈당 강하
천궁	온(溫) / 신(辛)	심장 박동 이상에 유효성이 나타난다. 관상동맥에 알코올 제제로 사용한다. 혈압 강하, 항균 작용이 있다.
감초	평(平) / 감(甘)	산후 뇌하수체 기능 감퇴에 치료 효과, 소화성 궤양에 양호한 반응과 폐결핵에도 치료 효과가 있다는 임상 보고가 있다. 모든 약의 기준이 된다.
황기	미온(微溫) / 감(甘)	뇌혈전 형성 억제, 해수 천식 치료, 위·십이지장 치료, 백혈구 감소증에 효능, 망막 박리 수술 후 시력 감퇴 회복에 효능
계피	열(熱) / 신(辛)	요통에 현저한 반응, 담마진, 기관지 천식, 부자 중독에 5g을 달여 마시면 완화, 이뇨 작용

부록

곡류와 서류

재료	성질과 맛	귀경	효능과 치료 효과
멥쌀	평(平) / 감(甘)	脾(비), 胃(위)	맛이 달고 독이 없다. 위기를 편하게 하고 기육을 자라게 하고 속을 따듯하게 하고 설사를 그치게 하고 기를 더하고 번열을 제거한다.
찹쌀	온(溫) / 감(甘), 무독(無毒)	비(脾), 위(胃), 폐경(肺經)	성질이 차거나 약간 차다. 맛이 달고 독이 없다. 속을 보하고 기를 더한다. 곽란을 멈추나 사람이 열을 많게 하여 대변이 굳어진다. 많이 먹으면 좋지 않다. 소화를 촉진시키므로 비위가 허약한 소화 불량, 음식 부진, 설사 등에 유효하다. 건위 효과가 강하다. 소화 촉진과 각기병에 유효하다. 우유빛 소변에 유효하다.
보리	미한(微寒) / 미(微), 함(鹹)	비(脾), 위경(胃經)	맛이 짜며 독이 없다. 기를 더하고 속을 조절하고 설사를 그치게 하고 허함을 보하고 오장을 실하게 한다. 오래 먹으면 기육을 건강하고 원활하고 윤택하게 한다.
밀	량(凉) / 감(甘), 무독(無毒)	심(心), 비(脾), 신경(腎經)	맛은 달고 독이 없다. 번열을 없애고 잠을 적게 하고 목마름을 그치게 하고 소변을 원활히 하고 간기를 기른다. 밀의 껍질은 차갑고 살은 뜨거우니 합해서 끓이면 완전하다.
옥수수	평(平) / 감(甘), 무독(無毒)	대장(大腸), 위경(胃經)	본초명은 옥미수(玉米鬚)로 옥수수 수염을 뜻하는데, 약재로 사용되며 만성 신우신염에 치료 효과가 있다. 또한 담즙 분비를 촉진하고 혈압과 혈당을 내리고 지혈 작용을 나타낸다.
좁쌀	량(凉) / 감(甘), 함(鹹), 무독(無毒)	량(凉) / 감(甘), 함(鹹), 무독(無毒)	화중익신(和中益腎), 제열(際熱), 해독, 비위허열(脾胃虛熱), 반위구토(反胃嘔吐), 복만식소(腹滿食少), 구건(口乾), 소갈(消渴), 사리(瀉痢)
수수	온(溫) / 감(甘), 삽(澁), 무독(無毒)	비(脾), 위(胃), 폐경(肺經)	건비지사(健脾止瀉), 화담안신(化痰安神), 허한복통(虛寒腹痛), 곽란(霍亂), 실명다몽(失眠多夢), 비허설사(脾虛泄瀉), 소화 불량
율무쌀	량(凉) / 감(甘), 담(淡), 무독(無毒)	비(脾), 폐(肺), 신경(腎經)	비위 허약, 수종(水腫), 각기(脚氣), 소변임력(小便淋瀝), 대하(帶下), 습온병(濕溫病), 설사, 풍습비통(風濕痺痛), 근맥구련(筋脈拘攣), 폐옹(肺癰), 장옹(腸癰)
메밀	량(凉) / 감(甘), 소독(小毒)	비(脾), 위(胃), 대장경(大腸經)	건비소적(健脾消積), 하기관장통변(下氣寬腸通便), 장위적체(腸胃積滯), 변비, 설사, 이질, 백탁(白濁), 대하(帶下), 포진(疱疹), 단독(丹毒), 등창
고구마	평(平) / 감(甘), 온(溫), 무독(無毒)	비(脾)	건비익기(健脾益氣), 보중화혈(補中和血), 기생진(益氣生進), 관장통변(寬腸通便), 비허수종(脾虛水腫), 변설(便泄), 대변비결(大便秘結)
감자	평(平) / 감(甘), 무독(無毒)	위(胃), 대장경(大腸經)	익기건비(益氣健脾), 화위조중(和胃調中), 해독소종(解毒消腫), 위, 십이지장궤양, 이하선염, 창절옹종(瘡癤癰腫), 수화탕상(水火湯傷), 피부 습진, 화상, 암, 근골 손상, 습관성 변비
마	평(平) / 감(甘), 무독(無毒)	폐(肺), 비(脾), 신경(腎經)	해수 천식, 권태감, 무력감, 가래, 정액이 흘러나오는 증상 치료, 조루, 신체 허약, 수명 연장, 혈당 강하, 복통, 소아 설사, 궤양성 구강염, 습진, 피부염, 폐결핵으로 인한 고열 증상 소실
토란	평(平) / 감(甘), 신(辛), 소독(小毒)	비(脾), 위경(胃經)	건비보허(健脾補虛), 산결해독(散結解毒), 연견산결(軟堅散結), 비위허약(脾胃虛弱), 식욕 부진, 소갈(消渴), 나력(瘰癧), 무명종독(無名種毒), 사마귀, 개선(疥癬), 우피선(牛皮癬), 탕화상(湯火傷), 벌레나 벌에 쏘인 상처

(계속)

재료	성질과 맛	귀경	효능과 치료 효과
구약	한(寒) / 신(辛), 고(苦), 약간 유독(有毒)	폐강(肺經)	화담소적(化痰消積), 해독산결(解毒散結), 행어지통(行瘀止痛), 담해(痰嗽), 적채(積滯), 나력(瘰疾), 옹종(癰癧) , 단독(丹毒), 사교상(蛇咬傷)
당근	평(平) / 감(甘)	폐(肺), 비(脾), 간경(肝經)	당근 씨를 남학슬이라 하는데 기생충으로 인한 소아 충적 복통에 효력이 있다. 백일해, 부인의 기운 허약에 의한 복부 팽만를 치료한다.
무	평(平) / 신감(辛甘)	폐(肺), 위경(胃經)	음식을 소화시키고 복부 창만, 위산 과다 등에 효능이 있다. 해수, 천식, 가래, 기침, 음성 변조에 효능. 포도상구균, 대장균, 이질균 치료, 혈압 강하, 항염증, 항균 작용. 노인성 변비 치료, 고혈압
서리태	평(平) / 감(甘), 무독(無毒)	비(脾), 신경(腎經)	활혈이수(活血利水), 거풍해독(祛風解毒), 건비익신(健脾益腎), 수종창만(水腫脹滿), 황달부종(黃疸浮腫), 각기(脚氣), 식물중독(食物中毒), 산후제질(産後諸疾), 유뇨(遺尿), 옹종창동(擁腫瘡毒), 약물(藥物), 신허요통(腎虛腰痛)
메주콩	평(平) / 감(甘), 무독(無毒)	비(脾), 대장경(大腸經)	건비관중(健脾寬中), 이수소종(利水消腫), 해독(解毒), 감적사리(疳積瀉痢), 복창이수(腹脹羸瘦), 비허수종(脾虛水腫), 창옹종독(瘡癰腫毒), 기타 골다공증, 고지혈증, 고혈압, 관상, 동맥 질환, 당뇨병
팥	편량(平凉) /감(甘), 산(酸), 무독(無毒)	심(心), 소상경(小腸經)	이수제습소종(利水除濕消腫), 퇴황(退黃), 화혈배농(和血排膿), 해독소옹(解毒消癰), 조경통유(調經通乳), 수족창만(水腫脹滿), 각기(脚氣), 임병(淋病), 습열황달(濕熱黃疸), 혈변(血便), 창양종독(瘡瘍腫毒), 단독(丹毒), 산후 오로부진(惡露不盡), 월경 부조, 유즙불통(乳汁不通)
녹두	량(凉) / 감(甘), 무독(無毒)	심(心), 위경(胃經)	청열해독(淸熱解毒), 소서지갈(消署止渴), 이수소종(利水消腫). 일체의 중독(식중독, 약물, 알코올, 중금속, 가스 등), 창양옹종(瘡瘍擁腫), 풍진단독(風疹丹毒), 수화탕상(水火湯傷), 부자, 조오의 중독을 해독시킨다. 여름에 끓여 차로 마시면 가슴 번열과 갈증을 제거한다. 이뇨 작용, 고지혈증에 치료 작용이 있다. 농약 중독에 해독 작용, 납 중독에 녹두 150g, 감초 20g, 비타민 C와 함께 복용하면 치료 효과가 있다.
완두콩	평(平) / 감(甘), 무독(無毒)	비(脾), 위경(胃經)	화중하기(和中下氣), 통유(通乳), 이수지설(利水止泄), 해독소옹(解毒消癰), 소갈(消渴), 토역(吐逆), 설리복창(泄痢腹脹), 곽난전근(霍亂轉筋), 유소(乳少), 각기수종(脚氣水腫), 창옹(瘡癰), 고혈압, 당뇨 등
까치콩	평(平) / 감(甘), 담(淡), 무독(無毒)	비(脾), 위경(胃經)	건비화중(健脾和中), 화습(化濕), 소서(消署), 비허생습(脾虛生濕), 식소변당(食少便溏), 적백대하(赤白帶下), 서습토사(暑濕吐瀉), 번갈흉민(煩渴胸悶), 소아감적(小兒疳積)
동부콩	평(平) / 감(甘), 무독(無毒)	비(脾), 신경(腎經)	건비익기(健脾益氣), 보신익정(補腎益精), 비위 허약, 설사, 이질, 토역(吐逆), 신허(腎虛) 요통, 유정(遺精), 백대(白帶), 백탁(白濁), 소변 빈삭, 소갈, 당뇨병 등
땅콩	평(平) / 감(甘), 무독(無毒)	비(脾), 폐경(肺經)	화위보비(和胃補脾), 윤폐화담지해(潤肺化痰止咳), 하유(下乳), 통변(通便), 양혈(養血), 지혈(止血), 비허불운(脾虛不運), 반위불서(反胃不舒), 유즙부족(乳汁不足), 폐조해수(肺燥咳嗽), 대변조결(大便燥結), 해수소담(咳嗽少痰), 빈혈, 혈소판 감소성 자전, 각종 출혈증

(계속)

재료	성질과 맛	귀경	효능과 치료 효과
작두콩	온(溫) / 감(甘), 무독(無毒)	비(脾), 위(胃), 신경(腎經), 비위신(脾胃腎)	온중하기(溫中下氣), 지구역(止嘔逆), 이장위(利腸胃), 익신보원(益腎補元), 항암해독(抗癌解毒), 허한애역(虛寒呃逆), 기체애역(氣滯呃逆), 위한구토(胃寒嘔吐), 산기(疝氣), 노년, 해천(咳喘), 신허요통(腎虛腰痛), 복창(腹脹)
두유	평(平) / 감(甘), 무독(無毒)	폐(肺), 위경(胃經)	보허윤조(補虛潤燥), 청폐화담(淸肺化痰), 허로해수(虛勞咳嗽), 담화효천(痰火哮喘), 변비, 임탁(淋濁), 각기종통(脚氣腫痛), 철분 결핍성 빈혈, 간수
두부	량(凉) / 감(甘)	비(脾), 위(胃), 대장경(大腸經)	생진윤조(生津潤燥), 청열해독(淸熱解毒), 화중익기(和中益氣), 목적종통(目赤腫痛), 폐열해수(肺熱咳嗽), 소갈(消渴), 휴식리(休息痢), 비허복창(脾虛腹脹), 인통(咽痛), 위화구취(胃火口臭), 연로이수(年老羸瘦), 고지혈증, 비만증, 유소(乳少). 맛이 달며 독이 있다. 기를 더하고 비위를 부드럽게 한다. 성질이 차다. 신기를 발하게 하고 두풍(頭風)과 부스럼을 발하게 한다. 많이 먹으면 배가 팽창하여 사람을 죽이고 술을 먹으면 더 심하니 냉수를 마시면 곧 없어진다. 설사와 방귀를 많이 뀌면 먹지 않는다.

채소류

재료	본초	성질과 맛	귀경	효능과 치료 효과
결구배추	황아백채(黃芽白菜)	량(凉) / 감(甘)	위	통리장위, 양위화중, 이소변
양배추	감람(甘藍)	평(平) / 감(甘)	간위	건위통량, 산결지통, 청리습열, 보신장골
유채	운대(蕓薹)	평(平) / 신감(辛甘)	폐간비	행어산혈, 행어산혈, 해독소종
시금치	파채(菠菜)	평(平) / 감(甘)	간위다소장	청열제번, 양혈윤조, 통리장위
쑥	애엽(艾葉)	온(溫) / 신고(辛苦)	비간신	온경지혈, 산한지통, 거습지양
갓	개채(芥菜)	온(溫) / 신(辛)	폐위신	선폐할담, 소종산결, 온중행기
배추	숭채(菘菜)	량(凉) / 감(甘)	폐위대장	음식를 소화시키고, 기를 내리고 장위를 잘 통해 나오게 한다. 가슴속의 열을 내리고 술의 갈증을 풀며, 소갈을 그치게 한다.
냉이	제채(薺菜)	량(凉) / 감담(甘淡)	간비방광	이질에 효력, 이뇨 작용, 토혈, 대변 출혈, 자궁 출혈, 해산후 전신 부종, 눈을 밝게 한다. 자궁 수축 작용, 혈압 강하, 지혈 작용, 홍역 예방에 효력, 산후 자궁 출혈에 40g을 달여서 복용하면 치료된다.
미나리	수근(水芹)	량(凉) / 신(辛), 감(甘)	폐간방광	이질에 효력, 이뇨 작용, 토혈, 대변 출혈, 자궁 출혈, 해산 후 전신 부종, 눈을 밝게 한다. 자궁 수축 작용, 혈압 강하, 지혈 작용, 홍역 예방에 효력, 산후 자궁 출혈에 40g 달여 복용하면 치료된다.
셀러리	한근(旱芹)	량(凉) / 감신미고	간위폐	평간, 청열, 량혈지혈, 거풍이수
상추	와거(萵苣)	량(凉) / 고감(苦甘)	위대장	이수, 통유, 청열해독
쑥갓	동호(茼蒿)	량(凉) / 신감(辛甘)	심비위	화비위, 소담음, 안심신
원추리	김침채(金針菜)	량(凉) / 감(甘)	심간비	관흉해올안신, 청열이습, 해독
아욱	동규자(冬葵葉)	한(寒) / 감(甘)	폐대장소장	청열이습, 활장, 통유
곰취	호로칠(胡蘆七)	온(溫) / 감(甘), 신(辛)		해수, 천식, 백일해, 폐결핵으로 인한 각혈에 진해 거담 작용을 보이며 타박상 및 허리와 다리의 동통을 완화시킨다. 취나물은 따뜻한 성질을 갖고 있어 한방에서는 혈액 순환을 촉진하고, 감기, 인후염, 두통에 좋은 약재로도 쓰인다.

연

재료	성질과 맛	귀경	효능과 치료 효과
연밥	평(平) / 감삽(甘澁)	비신심(脾腎心)	보비지사(補裨止瀉), 익신고정(益腎固精), 양심안신(養心安神)
연자심	한(寒) / 고(苦)	심신(心腎)	청심(淸心), 평간(平肝), 지혈(止血), 고정(固精)
연방	평(平) / 고삽(苦澁)	간(肝)	산어지혈(散瘀止血)
연화	평(平) / 고감(苦甘)	간위(肝胃)	산어지혈(散瘀止血), 거습소풍(祛濕消風)
연수	평(平) / 고삽(苦澁)	신간(腎肝)	청심익신(淸心益腎), 섭정지혈(攝精止血)
하엽	평(平) / 고삽(苦澁)	심간비(心肝脾)	청열해서(淸熱解暑), 승양(昇陽), 지혈(止血)
하경	평(平) / 고(苦)	간비위(肝脾胃)	해서청열(解暑淸熱), 이기화습(理氣化濕)
한천	한(寒) / 감함(甘鹹)	장염 설사와 항문 주위 염증에 달여 사용한다. 만성 변비에 완화 작용, 신우신염, 유방암, 자궁암에 효력, 풍열로 인한 해수 회충 구제에 사용, 비염 유행성 감기 바이러스와 볼거리염에 억제 효과, 에이즈 같은 질환의 병원균에도 억제 효과	

채소류와 인삼

재료	본초	성질과 맛	귀경	효능과 치료 효과
파	총(蔥)	온(溫) / 신(辛)	폐위	해표산한, 통양, 건위, 해독
마늘	대산(大蒜)	온(溫) / 신(辛)	비, 위, 폐, 대장	종기나 상처가 부은 것을 삭아 없어지게 한다. 부스럼 등에 효과, 항균 작용과 진균 억제 작용이 있다. 폐결핵, 황달, 유행성 감기, 유행성 뇌척수염에 유효하다. 세균성 이질 등에 유효, 안 질환이나 열이 많은 사람은 조금만 섭취하거나 주의한다.
생강	생강(生薑)	온(溫) / 신(辛)	비위폐	산한해표, 강역지구, 화담지해, 해독, 오장으로 돌아와서 가래(痰)를 삭이고 기를 내린다. 구토를 멎게 하고 풍한과 습기를 없애고 해역으로 상기하고 천식, 기침하는 것을 낫게 한다. 뜨겁게 사용할 때는 껍질을 벗기고 차게 사용할 때는 껍질을 그대로 사용한다. 독을 억제하고 반위의 성약(聖藥)이다.
부추	구자(韭子)	온(溫) / 신감(辛甘)	간(肝), 위(胃), 신경(腎經)	양기 부족, 발기 부전, 설사, 임신 실패 등 증상 개선, 위장암, 토혈, 코피, 소변 출혈에 효과, 혈압 강하, 심장 흥분 작용, 화상으로 인한 녹농균 감염 치료
도라지	길경(桔梗)	량(凉) / 고신(苦辛)	폐위	선폐거담, 이인, 배농
인삼	원삼(園蔘)	미온(微溫) / 감(甘), 고(苦)	폐(肺), 심경(心經)	원기 부족, 신체 허약, 권태, 피로, 폐 기능 악화, 꿈이 많은 허약 증세, 신기능 허약자에 효능, 면역 기능 활성, 두뇌 활성화 항피로, 면역 작용, 항암 효과, 성 기능 회복, 당뇨에 효능
무	나복(蘿蔔)	량(凉) / 신감(辛甘)	비위폐 대장	소식화담, 하기관중, 생진지갈, 성주
죽순	죽순(竹笋)	한(寒) / 감(甘)	위폐대장	청열화담, 상위(傷胃), 소창투진, 소갈을 그치게 하고 수도를 잘 나오게 하며 번열을 없애고 기운 나게 한다. 담을 삭이고 위기를 상쾌하게 하니 찌거나 삶아 먹는다.
연근	우(藕)	한(寒) / 감(甘)	심간비위	청열생진, 량혈지혈, 산어

채소류

재료	본초	성질과 맛	귀경	효능과 치료 효과
오이	황과(黃瓜)	량(凉) / 감(甘)	폐비위	청열해서, 생진지갈, 이수해독. 열을 내리고 가슴이 답답한 증상을 풀어 준다. 눈이 충혈되고 아픈 것을 치료한다. 이뇨 작용, 항종양 작용이 있다.
수박	서과(西瓜)	한(寒) / 감(甘)	심위방광	청열해서, 생진지갈, 이소변
참외	첨과(甛瓜)	한(寒) / 감(甘)	심위	청서열, 해번갈, 이소변
동아	동과(冬瓜)	량(凉) / 감담(甘淡)	폐대장 소장방광	청열제번, 이수소종, 화담, 해독
호박	남과(南瓜)	평(平) / 감(甘)	폐비위	살충 효과, 복통·생리 불순에 사용, 구내염, 폐결핵, 미열, 복통에 효능, 간디스토마 효능, 회충 치료, 산후 유즙 분비
가지	가자(茄子)	량(凉) / 감(甘)	비위대장	청열, 활혈지통, 이뇨소종. 오장이 피로한 증세와 폐병, 신경 쇠약, 기운이 없는 증세를 치료한다. 많이 먹으면 좋지 않다.
토마토	번가(番茄)	량(凉) / 산미감(酸微甘)	간비위	생진지갈, 건위소식, 량혈평간
고추	번초(蕃椒)	열(熱) / 신온(辛溫)	비위	식욕 증가, 혈압 상승, 해독, 각기 치료
딸기	초매(草莓)	량(凉) / 감미산(甘微酸)	비위	청량지갈, 건위소식, 청량감을 주고 갈증을 풀어 준다. 포도당과 비타민 C가 많다.

나물류

재료	성질과 맛	효능과 치료 효과
달래	온(溫) / 신(辛)	성미는 맵고 따뜻하다. 여름철 토사곽란과 명치부터 배까지 더부룩하고 아픈 증상을 치료하고, 종기와 독충에 물린 증상을 가라앉힌다.
방풍	미온(微溫) / 신감(辛甘)	면역 기능, 풍증 제거, 해열, 항염 작용이 있다. 안면성 신경 마비 치료, 사마귀 제거
곰취	온(溫) / 감(甘), 신(辛)	해수 천식, 백일해, 폐결핵으로 인한 각혈에 진해 거담 작용을 보이며 타박상 및 허리와 다리의 동통을 완화시킨다. 취나물은 따뜻한 성질을 갖고 있어 한방에서는 혈액 순환을 촉진하고, 감기·인후염·두통에 좋은 약재로도 쓰인다.
아욱	한(寒) / 감(甘)	이뇨 작용, 변비 치료, 폐렴 증상, 대소변을 잘 못 보는 증상, 소갈, 연동 운동에 효능
참나물	향취, 맛	복부가 차서 일어나는 동통과 설사에 이질에 효력이 있다. 기침을 멎게 하고 간염, 고혈압, 중풍기, 신경통으로 아플 때 약으로 사용한다.

과일류

재료	성질과 맛	효능과 치료 효과
생과일	량(凉) / 감산(甘酸)	양음보허(養陰補虛), 청열생진(淸熱生津), 제번지갈(除煩止渴), 소식개위(消食開胃), 통리이변(通利二便), 성주(聖酒) 등
말린 과일	온(溫) 일부	익비위(益脾胃), 보오장(補五臟), 일부구충(驅蟲), 윤장통변(潤腸通便)
오미자	온(溫) / 산(酸)	독이 없다. 허로하여 야윈 것을 보하고 눈을 밝게 하고 신장을 따뜻하게 하고 음을 강하게 하고 남성의 정을 더하고 소갈을 그치게 하고 번열을 없애고 주독을 풀고 해수와 상기를 치료한다. 맛이 단것이 좋다.
치자	고(苦) / 한(寒)	열병으로 인해 가슴속이 답답하고 팔다리가 편안하지 않아 가만두지 못하는 증상과 우울증에 효능이 있다. 습열로 인한 황달과 적색 소변에 효능, 삐었을 때, 부기, 동통, 혈압 강하 작용, 황색포도상구균에 사용
유자청	감(甘)	독이 없다. 위 속의 나쁜 기운을 제거하고, 주독을 풀고 술 마시는 사람의 입 속의 기운을 다스린다.

감

재료	본초명	성질과 맛	귀경	효능과 치료 효과
단감	시자(柿子)	량(凉) / 감삽(甘澁)	심폐대장(心肺大腸)	청열생진, 윤폐지해(潤肺止咳), 해독
곶감	시병(柿餠)	온(溫) / 감평미(甘平微)	폐(肺), 심(心)	윤폐(潤肺), 지혈(止血), 건비(健碑), 삽장(澁腸)
곶감분	시상(柿霜)	량(凉) / 감(甘)	폐(肺), 심(心)	윤폐지해(潤肺止咳), 생진이인(生津利咽), 지혈(止血)
감잎	시엽(柿葉)	한(寒) / 고(苦)	폐(肺)	지해정천(止咳定喘), 생진(生津), 지혈(止血)
감꼭지	시체(柿蔕)	평(平) / 고삽(苦澁)	위(胃)	강역하기(降逆下氣)

인과류

재료	본초명	성질과 맛	귀경	효능과 치료 효과
귤	귤(橘)	평(平) / 감산(甘酸)	폐위	이기화위, 윤폐생진. 가슴에 울결된 기를 소산시켜 간염, 위염에 유효하며 알코올을 쉽게 분해시키고 갈증을 풀어 준다. 위장의 소화력을 높이고 식욕을 증진시킨다.
매실	청매(靑梅)	평(平) / 산(酸)	폐위대장	생진이인, 삽장지사, 이근맥
자두	이자(利子)	평(平) / 감산(甘酸)	간신	청열, 생진
은행	백과(白果)	평(平) / 감(甘), 한(寒), 독(毒)	폐신	폐위의 탁기를 깨끗이 하고 천식을 진정시키고, 은행 생 것은 목구멍을 자극하고 어린이가 먹으면 경기한다. 기침을 그치게 한다.
사과	평과(苹果)	량(凉) / 감산(甘酸)	비위심	익위생진, 제번갈, 성주
배	이(梨)	량(凉) / 감미산(甘微酸)	폐위	열병으로 진액이 손상되어 가슴이 답답하고 갈증을 일으킬 때 사용, 소갈증 효능, 발열 및 해수 해열에 효능, 대소변을 잘 못 보는 증상에, 설사가 있을 때는 복용을 멈춘다.
감	시자(柿子)	량(凉) / 감삽(甘澁)	심폐대장	청열윤폐, 생진지갈, 해독
레몬	녕몽(檸檬)	량(凉) / 감산(甘酸)	위폐	생진해서, 화위안태
산사	산사(山査)	미온(微溫) / 감산(甘酸)	비위간	소식건위, 행기소체, 활혈지통
잣	해송자 (海松子)	온(溫) / 감(甘)	간폐대장	윤조, 양혈, 거풍 작용이 있어 사지가 마비되는 증상, 관절염에 유효하다. 폐 건조로 일어나는 마른기침 효능, 노인 변비에 효능, 대변이 묽은 증상이 있으면 복용을 삼간다.

뽕나무

재료	본초명	성질과 맛	귀경	효능과 치료 효과
오디	상심자(桑椹子)	한(寒) / 감산(甘酸)	간신(肝腎)	자음양혈(滋陰養血), 보간익신(補肝益腎), 생진윤장(生津潤腸)
뽕잎	상엽(桑葉)	한(寒) / 고감(苦甘)	폐간(肺肝)	소산풍열(疏散風熱), 청폐명목(淸肺明目)
뽕나무 가지	상지(桑枝)	평(平) / 고(苦)	간(刊)	거풍통락(祛風通絡), 행수기(行水氣)
뽕나무 뿌리껍질	상백피(桑白皮)	한(寒) / 감(甘)	폐비(肺脾)	청폐지해평천(淸肺止咳平喘), 이수소종(利水消腫)
뽕나무 겨우살이	상기생(桑寄生)	평(平) / 고감(苦甘)	간신(肝腎)	거풍습(祛風濕), 보간신(補肝腎), 강근골(强筋骨), 양혈안태(養血安胎)

과일류

재료	본초명	성질과 맛	귀경	효능과 치료 효과
포도	포도(葡萄)	평(平) / 감산(甘酸)	폐비신	익기보혈, 강장근골, 통리소변
무화과	무화과(無花果)	량(凉) / 감(甘)	폐위대장	청열생진, 이인, 건비개위, 해독소종
오디	상심(桑椹)	한(寒) / 감산(甘酸)	간신	자음양혈, 보간익신, 생진윤장
키위	미후도(獼猴桃)	한(寒) / 산감(酸甘)	위간신	청열지갈, 화위, 통림
석류	석류(石榴)	온(溫) / 감산삽(甘酸澁)	시고 떫은맛은 대장에 들어가 이질을 치료한다. 장내 기충으로 인한 복통에 약물로 달여 마신다. 촌충 살충 효과, 콜레라 이질균, 세균성 이질 치료, 아메바성 이질 치료	
모과	목과(木瓜)	온(溫) / 산(酸)	간비위	서근활락, 화위화습
복숭아	도(桃)	온(溫) / 감산(甘酸)	폐대장	생진윤장, 활혈소적
살구	행자(杏子)	온(溫) / 감산(甘酸)	폐심	윤폐정천, 생진지갈
앵두	앵도(櫻桃)	온(溫) / 감산(甘酸)	비신	익신, 건비
대추	대조(大棗)	온(溫) / 감(甘)	심비위	속을 편안하게 하고 비장을 기르며 오장을 보호한다. 진액을 보하고 뜻을 강하게 하여 백약을 조화시킨다.
용안육	계원(桂圓)	온(溫) / 감(甘)	심비	사려 깊어 가슴이 뛰고 진정되지 않으며 건망증과 불면증에 시달릴 때 장복하면 총명해지고 의지가 강해진다. 옴균 억제, 항산화 면역 기능이 있다.

견과류

재료	본초명	성질과 맛	귀경	효능과 치료 효과
연밥	연자육	평(平) / 감산(甘酸)	심비신	보비지사, 양심안신, 익신고정
가시연밥	검실, 검인	평(平) / 감산(甘酸)	비신	고신삽정, 건비지사, 제습지대
밤	율자(栗子)	평(平) / 감미함(甘微鹹)	비위신	기를 더하고 장위를 두텁게 하고 신기를 보한다. 배고픔을 견디게 한다.
잣	해송자(海松子)	온(溫) / 감(甘)	간폐대장	윤폐골장(潤肺滑腸), 양혈, 거풍
호두	호도인(胡桃仁)	열(熱) / 평(平)	신간폐	경맥을 통하게 하고 혈맥을 윤택하게 한다. 머리칼을 검게 한다.
해바라기씨	향일규자(向日葵子)	평(平) / 감(甘)	간대장	강압(强壓), 치혈리(治血痢), 통변
비자	비자(榧子)	평(平) / 감산(甘酸)	대장위폐	살충, 소적, 윤조
흑임자	흑지마(黑芝麻)	평(平) / 감(甘)	보익간신	양혈익정, 윤장통변
상수리	미온(微溫)	온(溫) / 고삽(苦澁)	심(心), 대장경(大臟經)	쓰고 떫다. 유선염에 쓰인다. 잎은 오래된 이질에 사용된다. 전분 지방질, 탄닌 등이 함유되어 있다.

열대과류

재료	본초명	성질과 맛	귀경	효능과 치료 효과
파인애플	파라(菠蘿)	평량(平凉) / 감산(甘酸)	위신	생진지갈, 익기건비, 소식성주
바나나	향초(香焦)	량(凉) / 감산(甘)	폐위대장	지번갈, 윤폐활장, 통혈맥
망고	망과(芒果)	평량(平凉) / 감산(甘酸)	폐비위	익위생진, 지구, 지해
야자	야자(椰子)	온(溫) / 감(甘)	심비경	청열해서, 생진지갈, 익기보허, 강심이뇨

버섯류

재료	본초명	성질과 맛	귀경	효능과 치료 효과
양송이 버섯	마고(蘑菇)	평(平) / 감(甘)	장위폐	건비개위, 평간제신
표고버섯	향고(香菇)	평(平) / 감(甘)	간위	신체 정기 쇠약 개선, 피곤과 무력 증상, 식은땀 개선, 혈압 강하, 만성 간염, 신체 면역 조절 활성, 항암 작용, 간염, 항산화 작용, 혈소판 응집 억제
누루 궁뎅이	후두고(猴頭菇)	평(平) / 감(甘)	비위	건비양위, 안신, 항암
목이버섯	목이(木耳)	평(平) / 감(甘)	폐비대장간	신체 허약, 기혈 보호, 폐혈증, 해수 객혈에 유효, 고혈압 강하, 항암에 유효, 혈액 응고 억제, 항혈전 형성 억제, 항암, 돌연변이, 항균, 면역 기능 촉진, 항방사능
백목이	은이(銀耳)	평(平) / 감담(甘淡)	폐위신	자음생진, 윤폐양위

기타 버섯류

<table>
<tr><th>재료</th><th>본초명</th><th>성질과 맛</th><th>귀경</th><th>효능과 치료 효과</th></tr>
<tr><td>송이버섯</td><td>송심(松蕈)</td><td>평(平) / 감(甘)</td><td colspan="2">맛이 달고 독이 없다. 향기가 매우 좋으니 소나무 냄새가 있다. 산중의 오래된 소나무 아래에서 기를 빌려서 난다. 나무버섯 중에서 제1이다.</td></tr>
<tr><td>느타리 버섯</td><td>측이(側耳)</td><td>온(溫) / 신감(辛甘)</td><td>–</td><td>추풍산한(抽風散寒)</td></tr>
<tr><td>팽이버섯</td><td>동고(冬菇)</td><td>–</td><td>–</td><td>이간(李肝), 양장위(養陽胃)</td></tr>
<tr><td>석이버섯</td><td>석이(石耳)</td><td>량(凉) / 감(甘)</td><td colspan="2">성질이 차고 혹은 평이하다. 맛이 달고 독이 없다. 마음을 깨끗하게 하고 위를 양생하게 하고 혈을 그치게 하며, 나이가 들수록 안색을 좋게 하고 사람으로 하여금 배고프지 않게 한다. 명산의 돌 낭떠러지 위에서 나니 영지버섯이라 한다.</td></tr>
</table>

소고기

재료	본초명	성질과 맛	귀경	효능과 치료 효과
소고기	우육(牛肉)	온(甘) / 감(溫)	비위(脾胃)	비위를 기르고, 토설을 그치게 한다. 소갈을 치료하고 수종을 없앤다. 사람의 근골을 강하게 하고 허리와 다리를 보익한다.
소피	우피(牛皮)	평(平) / 함(鹹)		건비보중(健卑補中), 양혈활혈(養血活血)
소간	우간(牛肝)	평(平) / 감(甘)	간(肝)	보간(補肝), 양혈(養血), 명목(明目)
소골수	우수(牛髓)	온(溫) / 감(甘)	신심비(腎心脾)	보신전수(補腎塡髓), 윤폐(潤肺), 지혈(止血), 지대(止帶)
소간	우간(牛肝)	평(平) / 감(甘)	간(肝)	보간(補肝), 양혈(養血), 명목(明目)
소위	우두(牛肚)	온(溫) / 감(甘)	비위(脾胃)	보허(補虛), 건비위(健脾胃)
천엽	백엽(百葉)	온(溫) / 평(平)	비(脾), 위경(胃經)	열기(熱氣)와 수기(水氣)를 주치한다. 술과 피로와 설사를 풀어 준다.

돼지고기

재료	본초명	성질과 맛	귀경	효능과 치료 효과
돼지고기	저육(猪肉)	온(甘) / 감(溫)	비위신경 (脾胃腎經)	보비위(補脾胃), 익기혈(益氣血), 강근골(强筋骨), 오래 먹으면 풍(風)이 동한다.
돼지 껍질	저부(猪膚)	평(平) / 함(鹹)	–	건비보중(健脾補中), 양혈활혈(養血活血)
돼지 곱창	저장(猪腸)	한(寒) / 감미(甘微)	대소장(大小腸)	거풍(袪風), 해독(解毒), 지혈(止血)
돼지 뼈	저골(猪骨)	온(溫) / 감(甘)	신경(腎經)	지갈(止渴), 보허(補虛), 해독(解毒)
돼지 피	저혈(猪血)	평(平) / 함(鹹)	심간(心肝)	보혈(補血), 양심(養心), 지혈(止血)
돼지 족	저제(猪蹄)	평(平) / 감함(甘鹹)	위(胃)	보혈(補血), 윤부(潤膚), 통유(通乳), 탁창(托瘡)
돼지 콩팥	저신(猪腎)	평(平) / 함(鹹)	신(腎)	보신익정(補腎益精), 이수(利水)
돼지 위	저두(猪杜)	온(溫) / 감(甘)	비위(脾胃)	보허손(補虛損), 건비위(健脾胃)
돼지 염통	저심(猪心)	평(平) / 감함(甘鹹)	심(心)	양심(養心), 안신(安神), 진경(鎭驚)
돼지 간	저간(猪肝)	온(溫) / 감고(甘苦)	비위간(脾胃肝)	보간명목(補肝明目), 양혈건비(養血健脾)
돼지 허파	저폐(猪肺)	한(寒) / 감미(甘微)	폐(肺)	보폐(補肺), 지해(止咳), 지혈(止血)
돼지 쓸개	저담(猪膽)	한(寒) / 고(苦)	간담폐(肝膽肺), 대장(大腸)	청열(淸熱), 지해(止咳), 명목(明目), 통변(通便), 해독(解毒)

수육류

재료	본초명	성질과 맛	귀경	효능과 치료 효과
멧돼지 고기	야저육(野猪肉)	평(平) / 감(甘)	폐비위대장	자보오장, 윤양기부, 거풍해독
돼지고기	저육(猪肉)	감함(甘鹹) / 미한(微鹹)	비위신	보허자음, 윤조
소고기	황우(우육, 牛肉)	온(溫) / 감(甘)	비위	보비위, 익기혈, 강근골
개고기	구육(狗肉)	온(溫) / 함산(鹹酸)	비위신	보비난위, 온신장양, 전정
사슴 고기	녹육(鹿肉)	온(溫) / 감(甘)	비신	보신조양, 익기양혈, 거풍
양 고기	양육(羊肉)	열(熱) / 감(甘)	비위신	온중난신, 익기보허

금육류

재료	본초명	성질과 맛	귀경	효능과 치료 효과
오골계 고기	오골계(烏骨鷄)	평(平) / 감(甘)	간신폐	보간익신, 보기양혈, 퇴허열
메추리 고기	암순(鵪鶉)	평(平) / 감(甘)	비경(脾經), 대장경(大臟經)	보중익기, 강장근골, 지사리
오리고기	백압육(白鴨肉)	평(平) / 감미함(甘微鹹)	폐비신	보기자음, 이수소종
닭고기	계육(鷄肉)	온(溫) / 감(甘)	비위	온중이기, 보정전수
붉은 수탉	단웅계육(丹雄鷄肉)	미온(微溫) / 감(甘)	간장(肝臟)	여인의 적백붕류(赤白崩漏)를 주치한다. 허함을 보하며 속을 따뜻하게 한다.
흰 수탉	백웅계육(白雄鷄肉)	미온(微溫) / 산(酸)	간장(肝臟)	광사 치료, 오장 편안, 소갈과 소변을 주치한다. 단독을 없앤다.
검은 수탉	오웅계육(烏雄鷄肉)	미온(微溫) / 독이 없다	간장(肝臟)	가슴앓이, 배알이를 주치한다. 태를 보하고 허약하고 야윈 것을 보한다. 절상 옹저 치료
검은 암탉	오비계육(烏비鷄肉)	온(溫) / 감(甘), 산(酸)	간장(肝臟)	풍한, 습비를 주치한다. 반위를 치료하고 태를 편안하게 한다. 옹저를 치료한다.
누런 암탉	황자계육(黃雌鷄肉)	평(平), 온(溫) / 감(甘), 산(酸)	간장(肝臟)	소갈과 소변이 잦은 것과 설리를 주치하고 오장을 보호한다. 골수와 양기를 보호한다.
꿩고기	치(雉)	온(溫) / 감산(甘酸)	비위간	보중익기, 생진지갈

달걀

재료	본초명	성질과 맛	귀경	효능과 치료 효과
달걀	계자(鷄子)	평(平) / 감(甘)	肺脾胃(폐비위), 자음윤조(滋陰潤燥), 양혈안신(養血安神), 안태(安胎), 간질과 목 뻣뻣한 증세 치료, 목구멍을 열고 오장을 편안하게 한다.	
달걀 흰자	계자백(鷄子白)	량(凉) / 감(甘)	폐(肺)	윤폐이인(潤肺利咽), 청열해독(淸熱解毒)
달걀 노른자	계자황(鷄子黃)	평(平) / 감(甘)	심신비(心腎脾)	자음윤조(滋陰潤燥), 양혈식풍(養血熄風)
달걀 껍질	계자각(鷄子殼)	평(平) / 담(淡)	–	제산(制酸), 지통(止痛), 장골(壯骨), 명목(明目)

내단류

재료	본초명	성질과 맛	귀경	효능과 치료 효과
우유	우유(牛乳)	미한(微寒) / 감(甘)	심폐위	보허손, 익폐위, 양혈, 생진윤조
양유	양유(羊乳)	미온(微溫) / 감(甘)	심폐	보허윤조, 화위, 해독
달걀	계단(鷄蛋)	평(平) / 감(甘)	폐비위	자음윤조, 양혈안태
오리 알	압란(鴨卵)	량(凉) / 감(甘)	심폐	자음평간, 청폐지해, 지사
메추리 알	암순단(鵪鶉蛋)	평(平) / 감담(甘淡)	비위	보중익기, 건뇌

기타 어류

재료	본초명	성질과 맛	귀경	효능과 치료 효과
쏘가리	궐어(鱖魚)	평(平) / 감(甘)	비위(脾胃)	보기혈(補氣血), 익비위(益脾胃)
연어	대마합어(大馬哈魚)	온(溫) / 감미(甘微)	위신(胃腎)	자보(滋補), 이수(利水), 건위(健胃)
민어	면어(鮸魚)	평(平) / 감(甘)	비위(脾胃)	보중익기(補中益氣)
광어	비목어(比目魚)	평(平) / 감(甘)	비위(脾胃)	건비익기(健脾益氣), 해독(解毒)
대구	설어(鱈魚)	평(平) / 고함(苦鹹)	심신(心腎)	활혈(活血), 소종(消腫), 지통(止痛)
고등어	태어(鮐魚)	온(溫) / 고함(苦鹹)	신폐비(腎肺脾)	보익강장(補益强壯)
복어	하돈(河豚)	유독(有毒) / 감온(甘溫)	간신(肝腎)	자보간신(滋補肝腎), 거습지통(祛濕止痛)

어류

재료	본초명	성질과 맛	귀경	효능과 치료 효과
잉어	리어(鯉魚)	평(平) / 감(甘)	비신위담	건비화위, 이수하기, 통유, 안태
붕어	즉어(鯽魚)	평(平) / 감(甘)	비위대장	건비화위, 이수소종, 통혈맥
뱀장어	만려어(鰻鱺魚)	한(寒), 평(平) / 감(甘)	비간신	건비보폐, 익신고충, 치질과 부스럼을 주치한다. 모든 충을 죽이고 악창 및 부인의 음호의 충양을 치료한다. 오장의 허손을 보하고 피로하여 앓는 증상을 치료한다.
미꾸라지	니추(泥鰍)	평(平) / 감(甘)	비간신	보익비신, 이수, 해독
갈치	대어(帶魚)	평(平) / 감(甘)	위	보허, 해독, 지혈
조기	석수어(石首魚)	평(平) / 감함(甘鹹)	위간신	익기양위, 보신, 명목
병어	창어(鯧魚)	평(平) / 감(甘)	심위	익기양혈, 서근이골
자라 고기	별육(鱉肉)	평(平) / 감(甘)	간신	자음보신, 청퇴허열
가물치	예(魚)	량(凉) / 감(甘)	비위폐신	보비익위, 이수소종
북어		평(平) / 감(甘)	간비경(肝脾經)	청열 해독 작용이 있으며 간 기능을 활발하게 하고 눈을 밝게 하며 이뇨 작용이 있다. 진통 작용과 알레르기 체질을 개선시키는 효능과 숙취 제거 효능이 있다. 또한 몸속에 축적된 농약이나 중금속을 배출하고 소화 기능이 약한 사람에게 도움이 되고 소변이 잘 나오지 않는 사람에게 효과가 있다. 온몸이 가려운 증상, 알레르기 증상 완화
낙지	평(平) / 감(甘)	맛이 좋다. 마른 소에게 낙지를 먹이면 힘을 얻는다.		원기 회복, 힘을 얻는다
도미	진조	온(溫) / 감(甘)	비위(脾胃)	보혈하는 식품으로 기름기가 적고 담백하다. 성인병을 예방하는 효능이 있고, 젤라틴 성분이 많아 피부 미용에 좋다.
해삼	해삼(海蔘)	평(平) / 감함(甘鹹)	신폐	보식익정, 양혈윤조, 지혈
해파리	철(海)	평(平) / 함(鹹)	폐간신	청열평간, 화담소적, 윤장
오징어	조적어(烏賊魚)	평(平) / 함(鹹)	간신	기를 더하고 의지를 강하게 한다. 월경을 통하게 한다. 오래 먹으면 정을 더하고 사람으로 하여금 자식을 두게 된다.
굴	모려육(牡蠣肉)	평(平) / 감함(甘鹹)	심간	양혈안신, 연견소종
전복	포어(鮑魚)	평(平) / 감함(甘鹹)		자음청열, 익정명목, 조경윤장
참게	해(蟹)	한(寒) / 함(鹹)	위간	청열, 산어, 소종해독
백합	문합육(文蛤肉)	한(寒) / 함(鹹)	위	윤조지갈, 연견소종
다시마	곤포(昆布)	한(寒) / 함(鹹)	간위신	화담연견, 이수소종

(계속)

재료	본초명	성질과 맛	귀경	효능과 치료 효과
김	곤채(滋菜)	한(寒) / 감함(甘鹹)	폐비 방광	화담연견, 이인지해, 청열제번, 이수제습
민물새우	하(蝦)	미온(微溫) / 감(甘)	간위신	보신장양, 통유, 탁독
새우	대하(對蝦)	온(溫) / 감함(甘鹹)	간신	보신장양, 자음식풍, 독이 조금 있으며 치질을 주치한다. 어린이의 적백 부스럼을 주치한다. 그러나 오래 먹으면 풍이 동해 좋지 않다.
홍합	담채(淡菜)	온(溫) / 감함(甘鹹)	간신	오장을 보하고 허리와 다리에 이롭고 양사를 더한다. 산후 혈을 풀어 주고 배 아픈 증세를 치료한다. 삶아서 먹는다.

조미류 1

재료	본초명	성질과 맛	귀경	효능과 치료 효과
백설탕	백사탕(白砂糖)	평(平) / 감(甘)	비폐	화중완급, 생진윤조
꿀	봉밀(蜂蜜)	평(平) / 감(甘)	비위폐 대장	비위장 허약 복통에 효능, 폐 허약, 오랜 기침, 변비, 안구 충혈, 구내염, 항균, 혈압 강하, 체액 면역 기능, 해독 작용, 강장 작용, 화상, 각막 작용과 안검염, 비염에서 분비물에 세척 작용
참기름	마유(麻油)	량(凉) / 감(甘)	대장	윤장, 통변, 해독, 생기
소금	식염(食鹽)	함(鹹) / 함(鹹)	위신대 소장	용토, 량혈해독, 연견
된장	시(豉)	한(寒) / 고함감(苦鹹甘)	비위신소장	상한 두통, 번민, 한열 풀다. 관절을 통한다. 약 중독 해독
간장	장유(醬油)	한(寒) / 감(甘)	비위신	청열해독, 제번, 번만을 그치게 한다. 오장을 편안하게 한다.
계피	계피(桂皮)	온(溫) / 신감(辛甘)	비위간신	온중산한, 이기지통
정향	정향(丁香)	온(溫) / 신(辛)	비위신	온중, 강역지구, 난신
회향	소회향(小茴香)	온(溫) / 신(辛)	간신방 광위	온신난간, 행기지통, 화위
식초	초(醋)	온(溫) / 신감(辛甘)	간위	산어소적, 지혈, 안회, 해독
흑설탕	적사탕(赤砂糖)	온(溫) / 감(甘)	간비위	보비완간, 활혈산어
엿	이탕(飴糖)	온(溫) / 감(甘)	비위폐	완중, 보허, 생진윤조
겨자	개자(芥子)	열(熱) / 신(辛)	위폐	온중산한, 할담이규, 통락소종

조미류 2

재료	성질과 맛	효능과 치료 효과
들깨	임자(荏子)	기를 내리고 기침을 그치게 하고 갈증을 멎게 한다. 폐를 윤기 있게 하고 속을 보하고 정수를 채운다.
산초	온(溫) / 신(辛)	온중지통, 제습지사. 살충지양, 온중시키므로 복부의 냉증을 치료한다. 구토 설사를 그치게 한다. 회충, 간디스토마에 효과가 있다. 지루성 피부염에 효능
후추	열(熱) / 신(辛)	위대장간, 온중산한, 하기지통, 지사개위, 해독
참깨	평(平) / 감(甘)	간신 허약, 흰머리, 눈에 별이 보이는 증상에 쌀죽을 끓여 먹으면 유효하다. 독충에 효과, 피부 점막의 염증 회복, 동맥 경화 치료, 장관 완화 작용, 만성 신우염과 신증후군에 효과, 단백뇨에 호두가루와 함께 매일 20g, 대추 7개와 복용하면 치료

본초

재료	성질과 맛	효능과 치료 효과
복령	평(平) / 감담(甘淡)	항종양 작용, 면역 증강, 혈당 강하, 억균 작용, 위를 열고 구역질을 그치게 하고 심신을 편안하게 한다. 폐위담옹을 주치하고 신장의 사기를 치고 소변이 잘 나오게 하고 수종과 임질이 맺힌 것을 내리고 소갈을 그치게 하고 건망증을 낫게 한다.
칡	냉(冷) / 감신(甘辛)	피부의 모공을 이완시켜 땀을 내게 해 목덜미가 뻣뻣한 증상 완화, 홍역 초기 발진 완화, 갈증 해소, 열병 완화, 고혈압, 혈압 강하, 뇌혈관 작용, 편두통 치료, 혈당 강하, 급성 중이염, 해열을 촉진시킨다. 호흡 운동을 증가시킨다.
맥문동	미안(微溫) / 감미고(甘微苦)	마른기침, 소갈증에 효능, 변비 통변 효과, 항산화 작용, 면역 증강력에 효능, 폐결핵, 당뇨, 간염에 치료 효과
도라지	평(平) / 고신(苦辛)	폐경에 작용, 감기로 인한 해수, 가래, 코 막힘, 오슬오슬 춥고 두통이 있는 것을 제거한다. 폐의 농을 배출시킨다. 전신 부종을 가라앉게 한다. 거담 작용, 혈당 강하, 폐농양 치료, 항암 작용, 면역 기능 항진, 폐렴, 폐결핵 치료, 급성 편도선염 치료, 급성 허리 근육 손상 치료
인삼	온(溫) / 감미고(甘微苦)	원기 부족, 신체 허약, 권태, 피로, 폐 기능 약화, 꿈이 많은 허약 증세, 신기능 허약자에 효능, 면역 기능 활성, 두뇌 활성화, 항피로, 면역 작용, 항암 효과, 성 기능 회복, 당뇨에 효능
녹각	온(溫) / 감(甘), 함(鹹)	근육과 골격을 강하게 하며 녹용 대용, 정력 증강, 요척추 동통, 척추 디스크, 퇴행성 관절염, 만성 임질 등, 양기 부족, 유뇨, 신기능 장애, 항피로, 재생성 불량 빈혈, 요로 결석, 혈소판 감소증에 유효
구기자	평(平) / 감(甘)	간신음허로 인한 어지러움과 남성이 임신이 안 될 때 효능, 흰머리를 검게, 폐 기능의 허약에 효능. 혈당, 혈압 강하, 면역 증강 조절 작용, 약물의 조혈 기능, 콜레스테롤 강하와 지방간을 저하시킨다. 생장 촉진 작용, 암세포 억제 작용, 남성 정액 분비 촉진, 학질, 청념, 사마귀 치료
엄나무	평(平) / 온(溫), 고(苦), 무독(無毒)	허리와 다리가 마비된 것을 주치한다. 적백이질 설사 주치, 풍기(중풍)를 치료한다. 곽란을 치료한다. 어금니 통증 치료, 눈이 빨간것 치료
느릅	평(平) / 감(甘), 무독(無毒)	대소변 불통을 원활히 한다. 소변 길 소통, 장위사열을 제거, 부종을 없앤다. 불면증 치료, 코 고는 증세 치료
감초	평(平) / 감(甘)	백약의 독을 푼다. 72종의 석재와 1,200종의 초재를 편안하게 조화시킨다. 오장육부의 한열 사기를 주치한다. 근골을 단단하게 한다. 모든 약을 조화시켜 공효 있게 하기 때문에 국노(國老)라 한다. 기육을 자라게 한다.
헛개나무	평(平) / 감(甘)	열병번열 치료, 구토, 알코올 중독에 유효하다. 글루코스 다량 함유
우슬	평(平) / 고(苦), 산(酸)	어혈 제거 기능, 생리 불순에 효능, 간신 부족 원인으로 무릎 골격 증상 약화에 효능, 토혈, 혈당 강하, 간 기능 개선, 자궁 경관 확장 작용, 기능성 자궁 출혈에 효능
두충	온(溫) / 감(甘)	간신 기능, 부족 원인인 요통과 무릎 기능 저하에 근육 탄력 강하, 골질을 형성시킨다. 항노화, 유산 방지, 혈압 강하, 원발성과 골 신경통에 치료 효과, 풍습성 간절염, 골다공증에 효력이 있다.
당귀	온(溫) / 감신(甘辛)	안색 창백, 눈에 보혈 효능이 있다. 항산화, 항염증, 항방사능, 기관지 천식에 유효, 결혈성 중풍, 습진 등과 심장 박동 이상 치료
산약	평(平) / 감(甘), 무독(無毒)	해수 천식, 권태감, 무력감, 가래, 정액 흘러나오는 증상, 조루, 신체 허약 주치. 항노화 작용이 있어 수명을 연장시킨다. 혈당 강하, 임상 보고로는 복통, 소아 설사, 궤양성 구강염, 습진, 피부염, 폐결핵으로 인한 고열 증상 소실

참고문헌
REFERENCE

강인희(1960), 『한국의 보양식』, 대한출판사.

김규열, 박성혜, 양미옥, 최윤희(2012), 『식료본초학』, 의성당.

김호철(2006), 『건강기능음식』, 경희대학교 한의대임상영양연구소.

빙허각 이씨(1815), 『규합총서』, 윤숙자 역(2003), 질시루.

빙허각 이씨(1815), 『규합총서』, 정양완 역(1975), 보진재.

서유구(1764), 『임원십육지』, 「정조지」, 이효지 외 역(2007), 교문사.

송일병(1988), 〈사상체질과체질음식〉, 《한국식문화학회지》 8차 특별 강연, N4 1988(P347P~P348).

신재용(2008), 『체질음식 동의보감』, 웰빙플러스.

안덕균 (2003), 『한국본초학도감』, 교학사.

유중림(1766), 『산림경제』, 농촌진흥청 역(2003), 『증보산림경제 II』(1~3), 농촌진흥청.

유중림(1766), 『증보산림경제』, 윤숙자 역(2005), 지구문화사.

이상인(1989), 『본초학』, 경희대학교한의과대학 본초학교실, 수서원.

이제마(1901), 『동의수세보원』, 이민수 역(2000), 을유문화사.

작자 미상(1880 말엽), 『시의전서』, 이효지 외 역(2004), 신광출판사.

전순의(1460), 『식료찬요』, 농촌진흥청 역(2003), 농촌진흥청.

전순의(1460), 『식료찬요』, 윤숙자 · 김종덕 역(2012), 지구문화사.

조정순 외(2012), 『약선조리 이론과 실제』, 교문사.

허준(1611), 『동의보감1, 2, 3, 4, 5』, 최창록 역(2003), 푸른사상.

찾아보기
INDEX

저자소개

복혜자 고려대학교 식품학 박사
원광디지털대학교 한방자연건강학 석사 재학
조리기능장 · 약용식물자원관리사
조리기능장 · 조리산업기사 실기 감독위원
전) 경동대학교 · 고려대학교 · 세종대학교 외래교수
현) 경기대학교 외식조리관리학과 외래교수

김정선 영남대학교 식품학 박사
조리기능사 실기 감독위원
전) 영남대학교 외래교수
현) 경남정보대학교 식품영양과 겸임교수
현) 부경대학교 평생교육원 외래교수
현) 부산여성문화회관 조리과 강사

전혜경 동의대학교 외식산업경영학 박사
조리기능장 · WACS 국내 심사위원
조리기능장 · 조리산업기사 실기 감독위원
현) 동래요리학원 대표
현) 동의대학교 외식산업경영학과 겸임교수
현) 가야대학교 호텔조리영양학과 외래교수

장경희 영남대학교 식품학 박사
조리기능사 실기 감독위원
전) 경북대학교 외래교수
현) 영남대학교 외래교수
현) 부산여성문화회관 조리과 강사
현) 장경희 쿠킹스튜디오 대표

서순애 동의대학교 외식산업경영학 박사
조리기능장·조리기능사 실기 감독위원
현) 요리나라조리학원 원장
현) 동의대학교 외식산업경영학과 겸임교수

배근아 원광대학교 한국문화학 박사
현) 약선음식, 사찰음식, 차음식 강의
현) 자연치유식 연구가
현) 신세계백화점 사찰음식 강사
현) 위덕대학교 평생교육원 외래교수
현) 사찰음식문화원 '화풍정' 원장

정광열 대구한의대학교 한방식품학 박사
조리기능장·한약도매관리사·약선조리사·조리산업기사 실기 감독위원
기능경기대회(조리 부분) 심사위원
대구한의대학교 약선세계화사업단 단원
현) 대구한의대학교 강사
현) 삼성웰스토리 조리컨설팅 팀장

감수

이병삼 경희대학교 한의학 박사
서강대학교 교수
전) 서울디지털대학교·숭실사이버대학교·세계사이버대학교 교수
현) 원광디지털대학교 교수
현) 이병삼경희한의원 원장

약선음식

2016년 3월 31일 초판 인쇄
2016년 4월 1일 초판 발행

지은이 복혜자 · 김정선 · 전혜경 · 장경희 · 서순애 · 배근아 · 정광열
감 수 이병삼
펴낸이 유제구

펴낸곳 파워북

주소 경기도 고양시 일산동구 호수로 358-25 동문굿모닝타워2차 529호
전화 02-730-1412
팩스 031-908-1410
등록 1997. 1. 1. 제300-1997-13

정가 25,000원
ISBN 978-89-8160-273-4 (93590)

* 잘못된 책은 바꿔 드립니다.